Soziale Aspekte der Führung

Peter Hennerfeind • Barbara
Hennerfeind • Regina Swoboda

Soziale Aspekte der Führung

Selbstführung – Fremdführung –
Horizontale Beziehungen

Peter Hennerfeind
Mödling, Österreich

Barbara Hennerfeind
Mödling, Österreich

Regina Swoboda
Wien, Österreich

ISBN 978-3-658-29509-7   ISBN 978-3-658-29510-3 (eBook)
https://doi.org/10.1007/978-3-658-29510-3

Die Deutsche Nationalbibliothek verzeichnet diese Publikation in der Deutschen Nationalbibliografie;
detaillierte bibliografische Daten sind im Internet über http://dnb.d-nb.de abrufbar.

Springer Gabler

Springer Gabler ist ein Imprint der eingetragenen Gesellschaft Springer Fachmedien Wiesbaden GmbH
und ist ein Teil von Springer Nature.
Die Anschrift der Gesellschaft ist: Abraham-Lincoln-Str. 46, 65189 Wiesbaden, Germany

Vorwort

Dieses Buch wurde nicht geschrieben, um herkömmliches Management-Wissen zu widerlegen. Es soll die sozialen Aspekte und Komponenten hervorheben, die für erfolgreiches Führen in allen Ebenen notwendig sind. So wichtig die herkömmlichen Managementwerkzeuge und Führungsstile sind, so wirkungslos werden sie, wenn man sie nicht an die Frau oder den Mann bringt. Dieses Buch soll dazu anregen, an den Menschen und seine Bedürfnisse zu denken; und gerade deswegen große Erfolge als Führungskraft zu erzielen. Gut führen heißt gut wirtschaften; und zwar zum Wohle aller. Es reicht nicht aus, die angenehmste und netteste Führungskraft zu sein, wenn das Unternehmen seine Zahlen nicht erreicht. Seien wir ehrlich: Die letzte Instanz ist stets die, erfolgreich zu wirtschaften. So unromantisch das klingen mag, aber die Hauptaufgabe einer Führungskraft ist lediglich, so viel als möglich aus sich und seinen Mitarbeitern herauszuholen, um den größtmöglichen Erfolg für das Unternehmen zu erzielen. Prestige, Marktanteil oder Macht sind Wörter, die im Endeffekt wieder nur auf erfolgreiches Wirtschaften hinweisen. Sich dem zu verschließen, bringt absolut nichts. Auch wenn Unternehmen gemeinnützig arbeiten und der Zweck von deren Leistung die Unterstützung anderer ist, geht es doch wiederum um Geld. Je besser so ein Unternehmen wirtschaftet, desto besser kann es anderen helfen, desto wirksamer ist es. Unternehmen sind nicht dazu da, die Lebensträume von Menschen zu erfüllen oder sie glücklich zu machen. Sie sind da, um Geld zu erwirtschaften. Tun sie das nicht, können sie nicht helfen, können keine Qualität abliefern und keine Kunden zufriedenstellen. Ohne wirtschaftlichen Erfolg sind Unternehmen nicht dazu fähig, ihren Zweck zu erfüllen.

Die langfristig erfolgreichen Führungskräfte haben das stets im Gedächtnis, oder besser noch, an erster Stelle ihrer Prioritätsskala. Ihre einzige Aufgabe ist die, Mitarbeiter so zu führen, dass sie alles Mögliche dazu tun, dem Gesamterfolg des Unternehmens zu dienen. Denn der Gesamterfolg eines Unternehmens ist die Grundlage für zufriedene Mitarbeiter. Wenn es dem Unternehmen ökonomisch gut geht, kann es auch dem einzelnen Mitarbeiter gut gehen. „Langfristig" erfolgreiche Unternehmen haben Mitarbeiter, die sich mit ihrem Unternehmen verbunden fühlen, die es so behandeln, als wäre es ihre eigene Firma. Die Betonung liegt bewusst auf dem Wort „langfristig", denn seine Mitarbeiter auszubeuten, um kurzfristig gut zu verdienen und sich dann wieder vom Markt zu verabschieden, ist unethisch und verstößt gegen jede Menschenwürde. Solche Unternehmensführungen sollten unserer Meinung nach hart bestraft werden. Wenn die Bereicherung einzelner Menschen zu Lasten vieler geht, die nach ihrer vorherigen Ausbeutung auch noch ihren Job verlieren, dann müsste von der Legislative viel härter eingegriffen werden. Solchen Führungskräften sollte das Recht zur Führung auf Dauer entzogen werden. Unsere Wirtschaft stellt sich manchmal anders dar, aber Gott sei Dank gibt es eine Vielzahl von Führungskräften, die sozial und ethisch handeln.

Betrachtet man lange am Markt befindliche, erfolgreiche Unternehmen, so handeln deren Führungskräfte immer sozial und im Dienst des Menschen. Es ginge bei manchen Führungskräften womöglich noch besser, wenn sie die sozialen Aspekte der Führung noch stärker und bewusster berücksichtigen würden, aber die Tendenz dorthin zeichnet sich immer stärker ab.

Dieses Buch soll dem wichtigsten Teil eines Unternehmens, dem Menschen, besondere Aufmerksamkeit widmen. Ungeachtet dessen, ob er führt oder geführt wird.

Laut einer Befragung durch die Wirtschaftskammer Österreich im Jahr 2018 meinen 240 Geschäftsführer und Vorstände großer österreichischer Unternehmen, dass die wichtigsten Voraussetzungen für die Wettbewerbsfähigkeit eines Landes in der Bildung und in gut ausgebildeten Fachkräften liegen. Dahinter reihen sich Infrastruktur, Digitalisierung, Innovation ...[1]

In Unternehmen wird über vieles nachgedacht und unzählige Faktoren werden berücksichtigt. Es wird stets an der Organisation und an zugehörigen Werkzeugen gefeilt. Sieht man jedoch den Menschen als wichtigsten Teil des Unternehmens, wie es die Topmanager der österreichischen Wirtschaft prognostizieren, wird man langfristige Erfolge einfahren, und wir behaupten „nur dann".

Wie definiert sich nun eine Führungskraft?

Führungskraft im weitesten Sinn ist jeder, der für die Geschicke anderer Menschen im Arbeitsumfeld zuständig ist.

Freilich vergrößert sich der Verantwortungsrahmen in höheren Positionen, aber der soziale Umgang mit den Menschen bleibt derselbe. Auch die Verantwortung, gut zu wirtschaften, ändert sich nicht. Viele Bücher über Management richten sich an das Topmanagement, an die CEO's großer Unternehmen, doch insbesondere große Unternehmen beschäftigen meist hunderte von Menschen, die sich nicht als Führungskraft sehen und ihre Möglichkeiten und Verpflichtungen anderen Menschen und dem Unternehmen gegenüber nicht wahrnehmen. Daher richtet sich dieses Buch an alle Menschen, die andere führen.

Dazu ein Zitat von Fredmund Malik über den Anteil von Führungskräften in der beschäftigten Bevölkerung:

Wenn man moderne Bereiche untersucht, Computer, Informatik, Software Engineering, die Bio-Branche, Consulting, den Finanzbereich, Dienstleistungsorganisationen ganz generell oder dann die Organisationen der Wissenschaft, von Kunst und Kultur, dann liegt der Anteil [an Führungskräften] wesentlich höher, nämlich bei 20 bis 25 Prozent – mit steigender Tendenz. (Malik 2006, S. 66)

---

[1] Laut einem Bericht der Zeitung der Wirtschaftskammer Wien, Ausgabe Nr. 48 vom 29.11.2018, S. 14.

Je „richtiger" in „allen" Ebenen geführt wird, desto effektiver und erfolgreicher sind Unternehmen, und desto wertschätzender und verant-
wortungsbewusster werden Menschen in Unternehmen behandelt. Der
CEO, der sich jetzt auf den Schlips – oder in Österreich auf die Kra-
watte – getreten fühlt, hat seine Möglichkeiten noch nicht erkannt. Denn
je besser seine Mitarbeiter führen, desto einfacher wird es für ihn, sie
zu führen.

Dazu ein Beispiel: Neulich sprach ich mit einem Freund, der für ein
innovatives deutsches Unternehmen arbeitet. Seine Aufgabe ist die örtli-
che Bauüberwachung hochkomplexer Bauvorhaben. Er sah sich selbst
nicht als Führungskraft, da er weitere Hierarchieebenen über sich hat.
Trotzdem unterliegt seiner Tätigkeit ein großer Verantwortungsbereich.
Er arbeitet täglich mit Menschen, die er überwacht und denen er Weisungen gibt; eine klassische Führungskraft also. Als ich ihn darauf an-
sprach, wie er die Menschen in seinem Umfeld führt, wusste er nicht,
wovon ich sprach, da er seiner Meinung nach geführt wird und selbst
niemanden führt. Nachdem ich ihm seine offensichtliche Lage vor Augen
geführt habe, war er verwundert und begann sich für das Thema zu interessieren. Ihm wurde bewusst, dass er keinerlei Wissen über Führung im
Speziellen hat. Was so natürlich nicht stimmt, denn hätte er es nicht,
könnte er seinen Job nicht hervorragend erledigen. Es war ihm nicht
bewusst, welche Techniken er anwendet, um Menschen zu beeinflussen
und sie zu lenken. Er wusste, dass er mit anderen manchmal Probleme im
Umgang und dann wieder leichtes Spiel hat. Hätte er sich näher mit seiner Führungsaufgabe auseinandergesetzt, wären ihm die Probleme möglicherweise erspart geblieben.

Auch wenn viele Menschen der Meinung sind, dass Menschlichkeit
und Emotionen in der Arbeitswelt keinen Platz haben und nur Sachlichkeit regieren sollte: Führung findet immer – ob wir es wollen oder nicht –
auf der zwischenmenschlichen Ebene statt. Daher sollten alle Aspekte der
Führung auch von der menschlichen und sozialen Seite aus betrachtet werden.

Wir möchten an dieser Stelle darauf hinweisen, dass wir in diesem Buch ganz bewusst auf Gendern verzichtet haben, um den Lesefluss nicht zu beeinträchtigen. Selbstverständlich ist jederzeit und mit größtem Respekt die weibliche und männliche Form gemeint.

Sie werden in den folgenden Kapiteln immer wieder die Ich-Form in der Schreibweise vorfinden. Jeglicher Text, der in der Ich-Form geschrieben wurde, stammt vom Autor Peter Hennerfeind und spiegelt seine persönliche Meinung wider.

Mödling, Österreich	Peter Hennerfeind
Mödling, Österreich	Barbara Hennerfeind
Wien, Österreich	Regina Swoboda

Literatur

Malik, F. (2006). *Führen, Leisten, Leben*. Frankfurt a. M.: Campus.

Inhaltsverzeichnis

Über die Autoren

Peter Hennerfeind, geboren 1969 in Wien, ist Führungskraft, Techniker, Musiker, Autor und begeisterter Motorradfahrer. Nebenbei beschäftigt er sich mit Philosophie, angetrieben durch die existentielle Sinnfrage. Er vereint den Drang nach Effektivität und Harmonie, Management und Gerechtigkeit. Wohlwissend, dass sich diese Bereiche manchmal im Weg stehen, ist es doch der Gesamtansatz, den er zeit seines Lebens verfolgt. Dies spiegelt sich auch in diesem Buch wider. Zusammen mit seinen beiden Co-Autorinnen, seiner Ehefrau Barbara Hennerfeind und Regina Swoboda, versucht er die Balance zu finden zwischen Geschäftssinn und Menschlichkeit, erfolgreichem Wirtschaften und ethischem Handeln. Bezeichnend für ihn ist der Umstand, dass die Liebe zur Philosophie während des Managementstudiums offensichtlich wurde. Er ist seit fast 30 Jahren in der Technik tätig und davon mehr als 20 Jahre als Führungskraft. Als Musiker (Blues, Rock, Jazz) steht er seit 35 Jahren aktiv auf der Bühne.

Barbara Hennerfeind, geboren 1970 in Wien, ergänzt das Buch in fachlicher und in persönlicher Hinsicht. Sie gilt als lebensfroher und optimistischer Mensch mit großer Empathie. Nach einer Fremdenverkehrsausbildung war sie viele Jahre im Tourismus tätig, wo sie Kompetenz sowohl als Führungskraft als auch im Umgang mit Menschen erlangt hat. 2004 wechselte sie in die Medizintechnik und ist bis heute im technischen Consulting in Krankenhäusern mit direktem Kontakt zu Patienten und Ärzten tätig. In diesem Umfeld sind die psychosozialen Aspekte besonders wichtig, daher absolvierte sie eine Ausbildung zur systemischen Beraterin, sowie einen Universitätslehrgang für Beratungswissenschaften und Management sozialer Systeme. Ihre psychosozial charakterisierte Sicht auf die Dinge bereichert dieses Buch vor allem in den Bereichen Energiehaushalt, Abgrenzung, Körpersprache, Konflikte und Krisen, sowie Stress und Burnout.

Regina Swoboda, geboren 1974 in Wien, gilt als Expertin in den Bereichen Mentaltraining, Persönlichkeitsentwicklung und Resilienz. Nach ihrem Studium war sie unter anderem im klassischen Marketing und im Kundenbeziehungsmanagement für mittlere und Großunternehmen tätig, bevor sie ihre Karriere als Trainerin und Coach begann. Seit 2011 leitet sie das Institut „mental erleben", welches sowohl auf One-on-One Coachings & Trainings als auch auf die Ausbildung von Fachtrainern in der Erwachsenenbildung spezialisiert ist. Sie ist akademische psychosoziale Beraterin und zertifizierte Fachtrainerin und arbeitet als Mental-Coach mit Führungskräften großer und namhafter Unternehmen. Ihre Kompetenz als langjährige Führungskraft und ihr Fachwissen vervollständigen dieses Buch in den Bereichen Selbstwirksamkeit, Lebensbalance, Visualisierung, Motivation, Stressverstärker und Gruppendynamiken.

1

Einleitung

Zusammenfassung In diesem Kapitel wird auf die Dringlichkeit des Buchthemas hingewiesen und die Hauptgliederung wird erklärt.

Ich bin seit vielen Jahren in der Führungsebene tätig und habe 2016 eine Masterarbeit zum Thema „Erforderliches Wissen für Führungskräfte im Bereich der Gebäudetechnik im deutschsprachigen Raum" geschrieben und erfolgreich verteidigt. In dieser Arbeit, wo es unter anderem um das Ermitteln von sinnvollen Lehrinhalten für einen zukünftigen Lehrgang auf der Universität ging, wurden die derzeitig am Markt befindlichen Lehrgänge untersucht und Interviews mit Geschäftsführern großer Unternehmen geführt. Abschließend gab es einen Vergleich der Ergebnisse, der zu einem überraschenden Resultat geführt hat: Die am wenigsten gelehrten jedoch am meisten benötigten Faktoren, um ein Unternehmen erfolgreich zu führen, sind der soziale Umgang und die Kommunikation. In den Lehrgängen hingegen wird zum großen Teil auf technisches Wissen gesetzt.

© Springer Fachmedien Wiesbaden GmbH, ein Teil von Springer Nature 2020
P. Hennerfeind et al., *Soziale Aspekte der Führung*,
https://doi.org/10.1007/978-3-658-29510-3_1

Ein wesentlicher Grund, ein Buch über die sozialen Aspekte der Führung zu schreiben. Ein weiterer Grund, dies zu tun war das Studium einschlägiger Managementliteratur, in der die sozialen Aspekte, wenn dann, nur am Rande behandelt werden. Der Fokus liegt sehr oft auf den Werkzeugen, auf den Systemen und dem Handlungsbedarf. Das Zwischenmenschliche wird zum großen Teil vorausgesetzt. Gutes Benehmen oder ethisches Verhalten wird nur am Rande erwähnt. Ich möchte damit nicht sagen, dass derartige Bücher nicht sinnvoll und wichtig sind. Ich selbst habe daraus enorm viel Wichtiges und Richtiges gelernt. Mir wurde aber dadurch bewusst, dass ich nur mit Managementwissen nichts bewirken kann. Ich benötige dazu den richtigen Umgang mit Menschen. Ich muss sie verstehen, einschätzen, erkennen, bestärken, beraten und noch vieles mehr. Denn schließlich erwarte ich Leistung von ihnen. Manchmal muss ich ihnen Aufgaben stellen, die für sie wenig Sinn ergeben. Wenn ich diese Aufgaben bloß befehle, darf ich nicht mit Selbstverantwortung rechnen. Dazu braucht es Vertrauen.

Ich behaupte, dass soziale, zwischenmenschliche Handlungen zwei Drittel der Aufgabe einer Führungskraft einnehmen.

Was so viel heißt wie: Führungskräfte vollbringen zwei Drittel ihrer Zeit Handlungen, die sie nicht explizit gelernt haben. Was nicht ganz stimmt, denn jeder Mensch hat eine Erziehung genossen. Aber wurde ihm auch beigebracht, den Umgang mit Menschen an Bedürfnisse anzupassen? Wurde ihm beigebracht, dass sein beruflicher Erfolg vom Umgang mit anderen Menschen abhängt?

In meinem Fall war das nicht so. Ich hatte eine umsorgte, liebevolle Erziehung und danach eine harte, zum Teil sehr ungerechte, menschenunwürdige Schulbildung. Mein Wissen über den Umgang mit Menschen war definitiv einseitig. Ich lernte mich zu wehren, zurückzuschlagen und dass es besser ist, mich auf mich selbst zu verlassen. Mich auf andere zu konzentrieren und deren Geschicke zu leiten, war mir fremd. Als ich als junger Berufstätiger in diese Situation kam, ging ich stets von meinem Zugang aus. Alles was ich konnte und wusste, verlangte ich von anderen.

Ich war es gewohnt, Dinge mühsam zu erlernen und sie unter großem Kraftaufwand auch umzusetzen. Dass dies einen enormen Energieaufwand bedeutet hat, war mir damals nicht klar. Für mich war es die einzige und richtige Vorgangsweise. Menschen, die anders aufgewachsen sind und andere Antriebe haben, gehen völlig anders an die Dinge heran. Sie konnten mit meiner Art wenig anfangen und waren maßlos überfordert durch den Druck, den ich ihnen auferlegt habe. Durch diese Überforderung war es ihnen meist nicht möglich, die von mir gestellten Aufgaben zu erfüllen.

Ich habe also durch meine eigenen Antriebe und aufgrund des mangelnden Wissens darüber, andere Menschen überfordert, deren und meinen Erfolg geschmälert und im schlimmsten Fall verhindert.

Heute weiß ich, dass es meine Aufgabe als Führungskraft ist, die Menschen zu verstehen, die ich leite. Ich höre ihnen zu und lerne ihre Antriebe kennen, um sie so zu behandeln, dass sie ihre volle Leistungsfähigkeit ausspielen können – für ihren, für meinen und für den Erfolg des ganzen Unternehmens.

Ich habe oft Führungskräfte gehört, die sich darüber beklagt haben, wie ein Psychiater handeln zu müssen, sich um die Probleme ihrer Mitarbeiter kümmern zu müssen. „Die sollen ihre Arbeit machen und das Persönliche daheimlassen!", hörte ich des Öfteren.

Auch Fredmund Malik sieht das Erkennen von Problemen wie folgt:

Die Fixierung auf Schwierigkeiten, Probleme, Konflikte, Beziehungs- und Kommunikationsstörungen, die so oft in der Managementausbildung zu beobachten ist, führt entweder zu einer Abstumpfung der Menschen für tatsächlich wichtige psychologische Fragen oder zu ihrer Neurotisierung. Wenn schon, dann würden wir im Management also eine Psychologie des gesunden und nicht des kranken Menschen brauchen. (Malik 2006, S. 54)

Für mich war dieses Klagen ein Beweis dafür, dass sie ihre Aufgabe als Führungskraft nicht verstanden haben. Wer sonst soll sich um die Probleme der Mitarbeiter kümmern, wenn nicht die Führungskraft? Aus diesem Grund ist man Führungskraft, deswegen führt man andere Menschen! Wenn man damit überfordert ist und sich lieber mit Zahlen auseinandersetzt, dann soll man als Zahlenexperte arbeiten und das Führen anderen überlassen.

> Ich kann nur gut führen, wenn mich Menschen interessieren.

So viele Menschen nehmen berufliche Positionen ein, wo es alleine darum geht, sich um andere Menschen zu kümmern – sie zu führen. Und sehr oft tun sie genau das Gegenteil, weil sie damit überfordert sind, sich lieber um anderes kümmern oder im schlimmsten Fall keinen Umgang mit anderen wollen.

Warum ist das so?
Die Antwort liegt auf der Hand: Sie wurden nie für diese Aufgabe ausgebildet! Sie haben fachliches Wissen erlangt und sich durch besondere Leistungen ausgezeichnet. Und nur das war der Grund, warum sie in die Position einer Führungskraft gekommen sind; damit andere Menschen von ihnen lernen können. Doch für diese Aufgabe sind sie nicht geeignet. Für diese Aufgabe haben sie keine besonderen Leistungen erbracht. Die Aufgabe der Führung wurde ihnen übertragen, weil sie ihre fachlichen Aufgaben gut gemeistert haben. Doch das eine hat mit dem anderen nichts zu tun!

Dieses Buch soll helfen, die notwendigen Kenntnisse zu erlangen, um andere Menschen „sozial" und „erfolgreich" zu führen, ohne sich dabei überfordert zu fühlen.

Ich habe mich unter anderem mit den Managementlehren von Peter Drucker, Reinhard K. Sprenger und Fredmund Malik beschäftigt, wo ich sehr viel Wichtiges, Sinnvolles und vor allem Wirkungsvolles lesen und auch lernen durfte. Maliks Beobachtungen von tausenden von Führungskräften und das Erarbeiten von den notwendigen Skills, die es im Management braucht, sind exzellent.

„Vor diesem Hintergrund schlage ich vor, Management als einen Beruf zu sehen, im Prinzip als einen Beruf wie jeden anderen." (Malik 2006, S. 60)

Betrachtet man den „Beruf" Management, wie er es nennt, aus rein sachlicher, objektiver Sicht, sind in seinen Werken viele notwendige

Werkzeuge vorhanden. Ich gehe konform mit ihm, was diesen Teil von Management betrifft. Womit ich allerdings nicht einverstanden bin, ist sein Zugang zu Zwischenmenschlichem, der sich an nachfolgendem Zitat erklärt:

„Zum Beispiel braucht man, um als Führungskraft wirksam zu sein, weder Begeisterung noch Visionen, weder Leadership noch Charisma. Was hingegen nötig ist, sind Professionalität, Sachverstand und Erfahrung." (Malik 2006, S. 25)

> **Beispiel**
>
> Stellen Sie sich eine Führungskraft vor mit enormer Erfahrung, riesigem Sachverstand, die höchst professionell in ihrem Kämmerchen sitzt und Entscheidungen über Mitarbeiter fällt. Nehmen wir an, es geht um personelle Veränderung im Unternehmen oder um das Einführen eines neuen Organisationswerkzeuges, das alle Mitarbeiter betrifft.
>
> Stellen Sie sich auf der anderen Seite eine charismatische Führungskraft vor, die sich in selber Angelegenheit vor die Mitarbeiter stellt und mit Begeisterung darüber spricht.
>
> Welche Führungskraft wird wohl eher akzeptiert werden, welcher wird man eher vertrauen?

Hätte man die wirkungsvollen, erfolgreichen Führungskräfte, die Fredmund Malik über die Jahre beobachtet hat, auch zu deren zwischenmenschlichen, sozialen Fähigkeiten untersucht, wäre man auf die anderen wesentlichen Merkmale gekommen, die es braucht, um langfristig erfolgreich zu führen.

Ich gehe mit seiner Meinung konform, dass die einseitige Betrachtung von Management und Führung zu wenig ist, indem man sich z. B. nur auf die sozialen Aspekte konzentriert. Sachliches, organisiertes Vorgehen braucht es ebenso wie zwischenmenschliche Kompetenz. Mit dem „richtigen" und „guten" Management, wie Fredmund Malik es nennt, läuft man dem optimalen Ergebnis hinterher. Man ist stets am Kontrollieren und Verbessern, am Organisieren und Strukturieren. Man versucht stets die unberechenbare Komponente Mensch, durch weitere Schritte in der Organisation zu kompensieren, statt sich direkt um den Menschen zu kümmern, und so ein unnötiges Aufblähen der Organisation zu verhindern.

Beachtet man im Gegensatz dazu die sozialen Aspekte, erkennt man bessere Zusammenarbeit durch mehr Sympathie, Leistungssteigerung durch positives Arbeitsgefühl und durch Freude am Tun, effektivere Teamarbeit durch eine bessere Chemie sich verstehender Menschen, weniger Fehler durch Transparenz und durch Mut, Fragen zu stellen. Weniger Mobbing durch freundliches Umgehen miteinander, weniger Angst. Mehr Visionen und Innovationen durch den Einsatz von kreativen Freidenkern und der Akzeptanz derer möglichen Ineffektivität.

Lässt man die zwischenmenschlichen Chancen brach liegen und konzentriert sich nur auf systematisches Management, ist man zudem leicht imitierbar. Liegt das Hauptaugenmerk jedoch auf zwischenmenschlichen Belangen sind Leistungen jenseits der Vorstellungskraft möglich. Die Originalität eines Unternehmens liegt an seinen Mitarbeitern, an der Art wie sie denken und wie sie agieren – und vor allem wie sie führen und geführt werden. Reduziert man Menschen auf einheitliche Funktionsträger, die jederzeit austauschbar sind, macht man das ganze Unternehmen am Markt austauschbar.

Es ist nicht der einfache Weg, sich auf die sozialen Aspekte der Führung zu konzentrieren, aber bestimmt der nachhaltige mit den größeren Chancen auf Besonderes – und ich behaupte: Der einzige Weg, der langfristigen Erfolg verspricht.

Wie bereits angeführt, macht der soziale Anteil der Aufgaben einer Führungskraft zwei von drei Drittel aus. Was wiederum den sachlichen Anteil, das Management, auf ein Drittel minimiert. Um hundertprozentigen Erfolg einzufahren, bedarf es also aller drei Drittel!

Dieses Buch beschäftigt sich hauptsächlich mit dem Führen. Um ein gesamtes Bild zu bekommen, um Führung und Management gesamthaft zu verstehen, sollte man sich mit allen drei Dritteln befassen. Daher werde ich des Öfteren auf die Managementlehren von führenden Managementgurus wie etwa Peter Drucker oder Fredmund Malik eingehen.

Das Buch ist in die folgenden Bereiche gegliedert:

* Selbstführung
* Fremdführung
* Horizontale Beziehungen

Wir beginnen bewusst mit der Selbstführung; dem ersten Schritt, sich mit sich selbst zu befassen. Denn erst wer sich selbst ausreichend kennt und versteht, kümmert sich um andere, um frei von eigenen Antrieben und Verhaltensmustern zu agieren. Um nicht eigene Ängste auf andere zu projizieren und, um mit innerer Sicherheit zu führen.

Dann befassen wir uns mit der Fremdführung, wo man sich ausschließlich anderen Menschen widmet, um deren soziales Gefüge zu erkennen und deren Leistungsfähigkeit zu optimieren.

Als letzten Punkt behandeln wir „Horizontale Beziehungen". Denn hier liegt ein großer Teil der Verantwortung für ein erfolgreiches Gesamtergebnis eines Unternehmens. Hier steht ganz besonders der Kunde im Vordergrund.

Literatur

Malik, F. (2006). *Führen, Leisten, Leben*. Frankfurt a. M.: Campus.

Teil I

Selbstführung

1.1 Ich konzentriere mich auf mich

„Wer sich nicht selbst befiehlt, bleibt immer Knecht." (Johann Wolfgang von Goethe)

2

Persönliche Verhaltensgewohnheiten

*„Von Natur aus sind die Menschen fast gleich; erst die Gewohnheiten
entfernen sie voneinander.“*

(Konfuzius)

Zusammenfassung Wie wichtig sind die Faktoren Charakter, Charisma, Kompetenz, Humor oder Vertrauen für eine Führungskraft? Inwieweit müssen diese „von Gott gegeben sein“ und wie viel davon kann man erlernen? In diesem Kapitel werden Beispiele genannt, wie man bestimmte persönliche Verhaltensweisen erlernen kann und wie sie sinnvoll in den Alltag einer Führungskraft passen.

2.1 Charakter

„Gott hat den Gemütern der Menschen gewisse eigentümliche Charaktere eingedrückt, die so wie ihre äußere Gestalt vielleicht wohl ein wenig verbessert, aber schwerlich ganz umgeformt und in das Gegenteil verwandelt werden können.“ (Locke 1920, E-Book Pos. 858)

© Springer Fachmedien Wiesbaden GmbH, ein Teil von Springer Nature 2020
P. Hennerfeind et al., *Soziale Aspekte der Führung*,
https://doi.org/10.1007/978-3-658-29510-3_2

Der Charakter eines Menschen umfasst alle seine Wesenszüge, seine Werte, seine Antriebe, seine Ängste und seine Wünsche. Er ist ein Indikator für moralisches Handeln.

„Willst du den Charakter eines Menschen erkennen, so gib ihm Macht." (Abraham Lincoln)

Mir meiner Wesenszüge bewusst zu sein, ist ein wichtiger Aspekt für ein zufriedenes Leben. Nur dann kann ich mich in die Gesellschaft einordnen, und verstehen, warum ich was wie mache. Dieses Wissen ist Grundlage für den Umgang mit anderen Menschen. Und es geht ausschließlich um den Umgang mit anderen Menschen. Sobald ich Führungskraft bin, übernehme ich Verantwortung über die Geschicke anderer. Je besser ich mich selbst kenne, desto einfacher wird die Kommunikation mit anderen. Und wie schon Paul Watzlawick sagte: „Man kann nicht nicht kommunizieren."

Denn auch, wenn ich jemand ignoriere, beeinflusse ich ihn; möglicherweise stärker, wie wenn ich ihn anspreche.

Sehr oft liest man in einschlägiger Managementliteratur, dass Charakter völlig nebensächlich sei. Es macht nichts aus, ob jemand nett ist oder seine Mitarbeiter tyrannisiert. Wichtig ist nur, dass er die richtigen Dinge tut, die richtigen Werkzeuge anwendet, dann kommen die Erfolge.

Ich bezweifle ernsthaft, dass es auf Dauer funktioniert, unfreundlich und tyrannisch zu sein. Aber das ist nicht so wichtig. Denn eigentlich kann man den Autoren diverser Managementfibeln keinen Vorwurf machen. Sie haben durch das verbissene Dementieren des zwischenmenschlichen Einflusses auf Erfolg, genau auf das Gegenteil hingewiesen.

> Als Führungskraft erfolgreich zu sein, hängt ausschließlich vom sozialen Umgang ab.

Je mehr Werkzeuge und Handlungsdringlichkeiten beschrieben werden, desto klarer liegt auf der Hand, dass es nicht gelingt, alles auf die sachliche Ebene herunter zu brechen. Ich bin ein Verfechter von richtigem Wissen und von sinnvollen Werkzeugen: Ohne sie ist man von Glück und Zufall abhängig, und ich bezweifle, dass dies auf Dauer gut geht. Doch es gilt zu beachten, dass Wissen allein nichts bewirkt.

> Wenn ich mein Wissen nicht einsetzen und nicht richtig kommunizieren kann, ist es mit einem Buch vergleichbar, das niemand liest.

Wenn ich jedoch als reflektierter Mensch, als um meine Charaktereigenschaften Wissender agiere, etwaige Vorzüge clever einsetze und meine Schwächen akzeptiere, habe ich ein viel wertvolleres Werkzeug in der Hand, das überdies notwendig ist, um diverse andere Werkzeuge effektiv einzusetzen. Der Charakter ist also sehr wohl wichtig. Ob es den notwendigen Charakter gibt, um als Führungskraft erfolgreich zu sein, bezweifle ich.

Wie bereits beschrieben ist es jedoch wichtig, seine eigenen Charaktereigenschaften zu kennen, um erfolgreich zu sein.

2.2 Charisma

Was versteht man unter Charisma?

Geht man nach dem christlichen Glauben, handelt es sich um von Gott gegebene Fähigkeiten. Die meiner Meinung nach jeder besitzt, denn es gibt keinen Menschen auf dieser Welt, der nicht zumindest eine Fähigkeit besitzt, die auf Charisma hinweist. Und doch sind es auserwählte Persönlichkeiten, die man explizit als charismatisch bezeichnet. Es sind die smarten, gewieften, selbstsicheren Menschen, denen keine Herausforderung zu groß ist, die immer das richtige Wort parat haben und deren bloßes Auftreten magisch wirkt; so als würde eine besonders helle Aura um sie sein.

In einer Biografie über den Musiker Johnny Cash steht geschrieben, dass lediglich sein Erscheinen, die Menschen rund um ihn verstummen ließ. Als er bei einer Einladung im Weißen Haus selbst den Präsidenten der Vereinigten Staaten von Amerika neben sich klein wirken ließ.

Ich bezweifle, dass er dieselbe Wirkung erzielt hätte, wenn er damals nicht schon weltberühmt gewesen wäre. Zudem war er der Grund des Empfangs. Die Anwesenden warteten auf seinen Auftritt. Er hatte die volle Aufmerksamkeit. Wenn man sich alte Filmaufnahmen von Johnny

Cash ansieht, erkennt man, dass er stets mit erhobenem Kinn und interessiertem Blick in die Menge sah. Seine Körperhaltung wies auf Selbstsicherheit und Stärke hin. Er verkörperte den mutigen, aufmerksamen Anführer, der sich mit erhobenem Haupt der Menge stellt, und das obwohl er eigentlich stets mit sich selbst haderte.

Dieses Phänomen lässt sich bei vielen Künstlern beobachten. Sobald sie die Bühne betreten, werden sie zu anderen Menschen. Sie wissen, was das Publikum von ihnen erwartet und konzentrieren sich genau auf diese Aufgabe. Ich selbst bin seit mehr als 30 Jahren Musiker und kenne die Vorgangsweise nur zu gut. Vor dem Auftritt lebt man sein alltägliches Leben mit all seinen Problemen und Herausforderungen. Man denkt an Vergangenes und an Zukünftiges. Sobald man jedoch die Bühne betritt, ändert sich die Sichtweise. Plötzlich zählt nur mehr die Gegenwart. In diesem Moment weiß man, was zu tun ist und konzentriert sich exakt auf die Aufgabe. Trifft man die Erwartungen des Publikums, wird man gefeiert. In solchen Momenten habe ich oft den Ausdruck Charisma gehört.

> Charisma ist also etwas Zuordenbares, etwas Situationsbedingtes. Wenn man die Erwartungen einer bestimmten Gruppe von Menschen erfüllt, wird man von ihr als charismatisch bezeichnet. Was wiederum bedeuten würde, dass man sich nicht auf von Gott gegebene Fähigkeiten verlassen muss, sondern sehr wohl lernen kann, sich in wichtigen Situationen richtig zu verhalten. Die Kunst liegt im Erkennen der Situation, denn um große Wirkung zu erzielen, bedarf es den richtigen Augenblick abzuwarten und dann massenwirksam zu handeln.

Der eine mag die erforderlichen Fähigkeiten bereits haben, der andere eignet sie sich an. Der eine erkennt Situationen schneller, der andere braucht Zeit, um sich zu orientieren. Es ist möglich Charisma zu erlernen, wenn man die Erwartung der zu beeinflussenden Gruppe kennt.

Dazu ein Zitat von Fredmund Malik:

> Noch immer gibt es die Meinung, dass man zum Manager geboren sein müsse, dass Management demzufolge eine Sache der Persönlichkeit sei und nicht erlernt werden könne. Persönlichkeit ist nicht unwichtig, und wer bestimmte Persönlichkeitszüge hat, kann im Vorteil sein. Wie immer man dazu steht, sicher ist, dass man viel mehr erlernen kann, als die meisten zu wissen scheinen. (Malik 2006, S. 26)

Als Führungskraft ist man ständig unter Beobachtung seiner Mitarbeiter. Alles was man tut, wird gegen deren Erwartungen abgewogen. Wenn man lernt charismatisch zu sein, wird das ständige Abwägen der Handlungen wegfallen.

Fazit

Charisma bezeichnet das massenwirksame Erfüllen von Erwartungen einer Gruppe von Menschen in einer bestimmten Situation.

2.3   Kompetenz

Wenn man Charisma erlernen kann, gilt dasselbe für Kompetenz. Im Prinzip ist Kompetenz mit Charisma vergleichbar. Sie wird jedoch im Gegensatz zu Charisma als etwas Erlernbares empfunden. Und sehr oft wird sie auf Fachwissen reduziert, was meiner Ansicht nach grundlegend falsch ist. Ich habe kompetente Menschen kennengelernt, die nicht mit Fachwissen brillierten, sondern mit zufriedenstellenden Antworten. Der einzige Unterschied, der mir zu Charisma auffällt, ist das Motivierende, das sich bei Kompetenz nicht unbedingt aufdrängt. Kompetente Menschen sind nicht unbedingt darauf aus, andere zu beeinflussen. Sie tun es meist, doch es ist nicht ihr vordergründiges Ziel. Ihre Kraft äußert sich mehr in der inneren Ruhe, die sie ausstrahlen. Einem kompetenten Menschen traut man zu, stets Herr der Lage zu sein. Er wird immer einen Ausweg finden, wo andere straucheln und nicht mehr weiterwissen. Daher ist Kompetenz für eine Führungskraft wesentlich, denn ohne sie gibt sie dem Mitarbeiter zu verstehen, dass sie überfordert ist; dass sie Situationen ohne innere Gewissheit entscheidet und damit die Sache in Gefahr bringt. Sie gleicht in gewisser Weise der Ausgeglichenheit. Den Unterschied macht die Handlung.

Kompetenz zeigt sich nur durch Handlungen, die andere Menschen positiv beeinflussen.

Fredmund Malik sieht Kompetenz bei Führungskräften als wesentlich, vor allem, wenn es um die Ausbildung späterer Manager geht.

Eine kleine Minderheit – das ist der zweite Weg – hatte das große Glück, auf ihrer ersten oder zweiten Stelle – also früh – einen kompetenten Chef zu haben. Man beachte, dass ich nicht sage, einen kooperativen oder einen angenehmen oder einen modernen Chef, sondern einen kompetenten. (Malik 2006, S. 80)

Ich denke, dass Kompetenz viel mit Kooperation und Umgang zu tun hat. Wer anderen Menschen gegenüber unkooperativ oder unangenehm ist, verwehrt sich die Möglichkeit, bei anderen als kompetent zu wirken. Ein weiterer Faktor für Kompetenz ist die Autorisierung. Um kompetent zu sein, muss man die Angelegenheit auch erledigen dürfen. Die Basis, die Grundlage oder notwendige Ausbildung spielt eine große Rolle. Mangelhaftes Fachwissen wird zum Beispiel durch Erfahrung kompensiert. Einem Facharzt spricht man in gesundheitlichen Fragen eher Kompetenz zu als einem Wunderheiler, obwohl die tatsächliche Heilungsrate ganz anders aussehen kann.

Fazit

Kompetenz kann man lernen, wenn man sich seiner Aufgaben – vor allem im Umgang mit Menschen – vollständig bewusst wird. Sie ist für eine Führungskraft wesentlich, da sie das Sicherheitsgefühl anderer Menschen stärkt, egal ob bei Mitarbeitern oder Kunden.

2.4   Humor

„Der Humor ist der Regenschirm der Weisen." (Erich Kästner)

Den Begriff Humor konnte ich in den vielen Managementbüchern, die ich bisher gelesen habe, nicht finden. Und doch bin ich der Meinung, dass Humor ein wesentlicher Aspekt im sozialen Umgang mit anderen Menschen ist. Er erfüllt mehrere gleichermaßen wichtige Zwecke:

- Durch Humor bleibt man bei der Sache: Der trockenste Stoff bleibt im Gedächtnis, wenn er humorvoll vorgetragen wurde.
- Humor löst Kontaktschwierigkeiten: Unsichere Menschen können mit Humor beeinflusst werden, sich dem anderen leichter zu öffnen.
- Mit Humor lässt sich Verzweiflung verhindern: Nach einem Tiefschlag hilft Humor, sich abzulenken und den Geist für Lösungsansätze zu öffnen.

Nicht jeder verfügt über eine humoristische Ader, aber meist wirkt sich schon der Versuch positiv aus. Gemeinsames Lachen verbindet und es nimmt die Angst. Die Anwendungsmöglichkeiten für Humor sind schier endlos. Gute Laune färbt auf andere ab, insbesondere beeinflusst sie das Betriebsklima.

Humor kann auch eine wirkungsvolle Möglichkeit sein, wenn jemand sein Ziel verloren hat und man ihm den rechten Weg weisen möchte. Sobald Menschen über sich selbst lachen können, scheint die Veränderung halb so schwer. Die Kunst liegt darin, den Betroffenen dorthin zu führen. Statt Kritik verwendet man Ironie. Sie trifft mindestens genauso schwer, doch fällt es dem Betroffenen leichter, nicht sofort in Abwehrhaltung zu gehen und sich zu rechtfertigen. Humor gibt die Möglichkeit vorerst mal darüber zu lachen, bevor man sich mit dem Kern der Aussage auseinandersetzt. Lachen entspannt die Gesichtsmuskeln im Gegensatz zu Ärger. Und diese Entspannung löst Blockaden und ermöglicht ein schnelleres Umdenken.

2.5   Vertrauen

„Wir müssen nur echte Sorge um das Wohlbefinden anderer zeigen. So entsteht Vertrauen." (Dalai Lama et al. 2016, S. 74)

Wem darf man als Führungskraft vertrauen? Ein guter Freund, der einige Jahre im Top-Management tätig war, bezeichnete es so: „Solang man mir nicht das Gegenteil beweist, gilt der Vertrauensvorschuss!"

Ein mutiger Ansatz. Ist man doch oft von Menschen umgeben, die ihresgleichen an die erste Stelle setzen. Oder hat man gar keine andere Möglichkeit, als den Menschen zu vertrauen, wenn man sie führt?

Anselm Grün sieht das folgendermaßen:

„Nur wenn ich an den guten Kern im Menschen glaube, kann ich diesen guten Kern hervorlocken." (Janssen und Grün 2017, S. 40)

Vertrauen ist jedenfalls die einfachere Art des Umganges. Jemandem nicht zu vertrauen heißt doch, ihn zu kontrollieren; ständig auf der Hut zu sein, ihm vertrauliche Informationen vorzuenthalten. Zudem braucht man ein Vergleichsbild, an dem man den Menschen misst. Mit Vertrauen spart man sich das.

Aber wie schafft man Vertrauen?

Ich denke, das gelingt nur durch Transparenz, durch ehrliches Miteinander, durch Dialoge, die bis in die Gefühlswelt führen. Reine Sachlichkeit kann kein Vertrauen aufbauen. Wenn ich von meinem Gegenüber weiß, wie er sich in meiner Gegenwart fühlt, kann ich dementsprechend reagieren.

Natürlich hängt Vertrauen auch stark von Handlungen ab; von denen, die zuvor als Meinungen kundgetan wurden.

„Es ist das Vertrauen, das zählt, und gerade nicht all die anderen, so oft beschriebenen und geforderten Dinge wie Motivation, Führungsstil und die üblichen Versionen von Unternehmenskultur." (Malik 2006, S. 141)

Vertrauen heißt auch, als Führungskraft Fehler zuzugeben. Wenn man seinem Mitarbeiter gegenüber immer Recht hat und er niemals die Chance bekommt, der Sieger zu sein, wird er sich irgendwann gegen das Unternehmen richten. Wer verliert schon gerne ständig? Es ist für Führungskräfte ein Zeichen von Größe, wenn sie ihre Fehler zugeben. Vertrauen funktioniert nur in beide Richtungen.

Führungskräfte, denen Vertrauen ein Fremdwort ist, erkennt man daran, dass sie alles und jeden kontrollieren. Sie zweifeln grundsätzlich an Informationen und vergewissern sich lieber selbst, bevor sie eine Entscheidung treffen. Dies wird sogar als positive Eigenschaft beschrieben, obwohl es an mangelndem Vertrauen oder schlechter vorhergehender Erklärung liegt. Wenn ich meinem Vorgesetzten berichte und er sich ständig selbst ein Bild davon machen muss, untergräbt er meine Autorität. Ich werde nicht das Gefühl haben, selbstständig zu arbeiten – im Gegenteil – ich werde an meinen eigenen Fähigkeiten zweifeln und beim nächsten Mal noch verunsicherter handeln.

Was jedoch nicht mit fehlendem Vertrauen verwechselt werden darf, ist es, wenn eine Führungskraft an den Ort des Geschehens geht, um sich ein Bild davon zu machen. Sich in seine Mitarbeiter hineinzuversetzen, um ihre Probleme zu verstehen, ist freilich positiv und schützt vor abgehobenen Entscheidungen, insbesondere wenn es um Personalentscheidungen geht. Doch solche Visiten kommen nicht oft vor, sondern in längeren Abständen und vor weitreichenden Entscheidungen.

Reinhard Sprenger sieht Vertrauen immer auf eine konkrete Aufgabe bezogen. Doch dort sollte es weitgehend sein.

> Nur durch Vertrauen funktioniert Kooperation. Und im Gegensatz dazu schafft Kooperation Vertrauen.

Er ist auch der Meinung, dass man nicht mit jemandem zusammenarbeiten sollte, dem man nicht vertraut. (Sprenger 2018, S. 135)

Als Führungskraft sollte man genau abschätzen, welche Führungsmaßnahmen Vertrauen fördern und welche, Misstrauen hervorrufen.

Literatur

Dalai Lama, Tutu, D., & Abrams, D. (2016). *Das Buch der Freude.* München: Lotos.

Janssen, B., & Grün, A. (2017). *Stark in stürmischen Zeiten: Die Kunst, sich selbst und andere zu führen.* München: Ariston.

Locke, J. (1920). *Gedanken über Erziehung.* Leipzig: Reclam.

Malik, F. (2006). *Führen, Leisten, Leben.* Frankfurt a. M.: Campus.

Sprenger, R. (2018). *Radikal Digital: Weil der Mensch den Unterschied macht – 111 Führungsrezepte.* München: Deutsche Verlagsanstalt.

3

Entscheidungskraft

*„Es ist besser, unvollkommene Entscheidungen durchzuführen, als beständig
nach vollkommenen Entscheidungen zu suchen, die es niemals geben wird."*

(Charles de Gaulle)

Zusammenfassung Als gute Führungskraft gilt es Entscheidungen zu
treffen. Was ist besser: Sorgfältiges Abwägen oder Intuition und Bauch-
entscheidungen? In diesem Kapitel behandeln wir die Aspekte der jeweiligen Entscheidungsmotivation sowie die Frage, wie die Entscheidungskraft gestärkt werden kann.

Die wesentlichste Eigenschaft von kompetenten Menschen ist ihre Entscheidungskraft. Es ist nicht wichtig, ob sie davor genau abwägen oder
schnell entscheiden; wichtig ist, dass sie entscheiden. Fredmund Malik
behauptet, dass nur Führungskräfte entscheiden. Oder anders ausgedrückt: Jeder der nicht entscheidet ist keine Führungskraft! (Malik
2006, S. 202)

Dem kann ich zustimmen, wenn man berücksichtigt, dass die Entscheidung, nicht zu entscheiden, auch eine Entscheidung ist. Leider er-

© Springer Fachmedien Wiesbaden GmbH, ein Teil von Springer Nature 2020   **21**
P. Hennerfeind et al., *Soziale Aspekte der Führung*,
https://doi.org/10.1007/978-3-658-29510-3_3

lebt man im Berufsalltag allzu oft, dass Führungskräfte sich vor der Entscheidung drücken; zum Teil aus Angst vor den Konsequenzen. Diese Führungskräfte werden jedoch nicht als kompetent angesehen. Kompetente Menschen haben das Wissen, die Erfahrung und den Mut, Entscheidungen zu treffen, auch wenn sie in völlig neue Situationen geraten. Die Kunst eine richtige Entscheidung zu treffen, liegt im Verständnis des Problems. Kompetente Menschen nehmen sich stets Zeit, das Problem zu verstehen. Sie diskutieren nie über die mögliche Entscheidung, sondern stets über das Problem.

> Daraus kann man schließen, dass Kompetenz etwas mit Analysefähigkeit zu tun hat. Je schneller man analysiert und die Hintergründe des Problems versteht, desto schneller und leichter entscheidet man.

Sogenannte Bauchentscheider sind sich des Problems immer bewusst. Sie wägen im Sekundenbruchteil ab. Daher könnte man vermuten, dass sie gar nicht abwägen. Doch wenn man sich die Erfolgsrate von Bauchentscheidern ansieht, so liegt sie wesentlich höher als bei Menschen, die sehr lange für eine Entscheidung brauchen. Der Grund liegt im schnelleren Verständnis des Problems und nicht weil intuitiver entschieden wird. Menschen, die sich nur auf ihre Intuition verlassen und sich nicht mit dem Problem befassen, haben keine besseren Erfolgschancen.

> Intuition kann Erfahrung, Wissen und Analyse nicht ersetzen; sie ist besser gesagt erst durch sie möglich.

Intuition kann als Kontrollorgan fungieren: Wenn sich eine Entscheidung trotz aller Vorarbeit nicht richtig anfühlt, weist das eventuell auf einen nicht berücksichtigten Aspekt hin, der jedoch maßgeblich ist.

Menschen, die langsam oder gar nicht entscheiden, befassen sich meist vorrangig mit den möglichen Auswirkungen ihrer Entscheidung und weniger mit dem Problem selbst. Sie suchen nach Risikofreiheit; was in den meisten Fällen nicht möglich ist. Es liegt also am richtigen Fokus, um Entscheidungskraft zu fördern.

Zur Entscheidung gehört, die Möglichkeit des Scheiterns zu akzeptieren und die Entscheidung selbst nicht mehr zu hinterfragen.

Fragen

- Was birgt die größtmögliche Gefahr, die hinter der Entscheidung steht?
- Welche Alternative habe ich, wenn ich scheitere? (Plan B)

Wenn diese beiden Fragen beantwortbar sind, kann die Entscheidung mit gutem Gewissen getroffen werden. Sollte die Entscheidung falsch gewesen sein, wird das Scheitern selbst nicht mehr betrachtet. Es wird sofort mit der Alternative begonnen.

Eine Entscheidung sollte immer einfach sein.

Sie soll immer das Ergebnis von Analyse, Zusammenführen der Fakten und Abschätzungen sein. Die Überlegungen sind abgeschlossen und auf den kleinsten Nenner gebracht. Jetzt bleiben nur mehr Ja oder Nein übrig. Natürlich gibt es bei jeder Entscheidung eine Polarität.

„Denn wenn ich mich für etwas entscheide, entscheide ich mich zugleich gegen etwas." (Janssen und Grün 2017, S. 78)

Fällt es mir leichter anzunehmen oder abzulehnen? Womöglich tun sich deswegen viele Menschen schwer zu entscheiden, weil sie ein Problem damit haben, etwas abzulehnen? Wenn ich mich selbst einschätzen kann, habe ich die Möglichkeit, mich darauf zu konzentrieren. Dann lege ich in dem Fall den Fokus aufs Annehmen und vermeide damit bewusst die Unsicherheit.

Berücksichtigt man die eigene Wesensart nicht, kann es sein, dass man sich aufs Falsche konzentriert, und so ständig vor drohenden Entscheidungen steht.

Beispiel

Ein aufgetretenes Problem erfordert eine Entscheidung. Die in die Jahre gekommene Maschine fällt immer wieder aus und verursacht Stillstände. Die kurzfristigen Reparaturen sind langfristig nicht mehr zielführend, da sie hohe Kosten verursachen.

Vorschlag 1 wäre, die Maschine komplett zu warten und alte Teile zu erneuern.

Vorteil: Die Kosten für die Arbeiten halten sich in Grenzen.

Nachteil: Das Warten und Erneuern dauern eine Woche. In dieser Zeit fällt die Maschine komplett aus. Ersatzteile sind nur mehr für die nächsten fünf Jahre erhältlich.

Vorschlag 2 wäre, eine neue Maschine anzuschaffen.

Vorteil: Die neue Maschine wäre schnell einsatzbereit. Ersatzteile sind für die nächsten 20 Jahre gesichert.

Nachteil: Die Anschaffungskosten sind sehr hoch.

Unser Entscheider ist ein ablehnender Mensch. Er tut sich schwer damit, Dinge anzunehmen. Daher wäre es ihm am liebsten, so wenig als möglich zu verändern – was übrigens auch der Grund war, warum die Maschine über lange Zeit repariert wurde.

Was könnte man ihm raten, um zu einer Entscheidung zu kommen?

Da er nicht gerne annimmt, macht es Sinn, den Fokus aufs Ablehnen zu richten.

Vorschlag 1 scheint zwar auf den ersten Blick eher seiner Wesensart zu entsprechen, doch sollte er bedenken, dass er sich in fünf Jahren womöglich für Vorschlag 2 entscheiden muss; also quasi ein zweites Mal annehmen muss. Da er das Ablehnen vorzieht, raten wir ihm, die neuerliche für ihn unangenehme Situation in fünf Jahren abzulehnen und besser den einmaligen Vorgang des Annehmens hinter sich zu bringen. Da die Situation sowieso unangenehm für ihn ist, scheint es doch besser, sie nicht noch ein weiteres Mal durchleben zu müssen.

Lernt er, Entscheidungen so zu treffen, gibt es ihm die Sicherheit, sich stets nur einmal überwinden zu müssen; und irgendwann wird er sich gar nicht mehr überwinden müssen.

Fazit

Entscheidungsfähigkeit erklärt sich durch:

* Konzentration auf das Problem statt auf die Auswirkungen
* Das Annehmen der Möglichkeit des Scheiterns
* Das Berücksichtigen der größten Gefahr hinter der Entscheidung
* Das Definieren einer Alternative nach dem Scheitern
* Die Entscheidung einfach halten (Zusammenführen aller Fakten auf den kleinsten Nenner)
* Das Berücksichtigen der eigenen Wesensart (Ablehner oder Annehmer)
* Die Entscheidung nicht hinterfragen

Literatur

Janssen, B., & Grün, A. (2017). *Stark in stürmischen Zeiten: Die Kunst, sich selbst und andere zu führen.* München: Ariston.

Malik, F. (2006). *Führen, Leisten, Leben.* Frankfurt a. M.: Campus.

4

Zielsetzung

„Was bringt das tollste Navigationssystem, wenn man kein Ziel eingibt?"

Zusammenfassung In diesem Kapitel widmen wir uns der Frage, wie ein richtiges Ziel aussehen kann und welche Auswirkungen es hat, wenn man kein Ziel vor Augen hat. Zudem werden die erforderlichen Inhalte eines Ziels definiert.

Wenn es gelingt eine Gruppe von Menschen an einem Ziel auszurichten, bedarf es keiner Führung, sondern lediglich Unterstützung. Um das zu schaffen, benötigt man jedoch zuerst das Ziel. Daher zählt es als wesentliche Aufgabe der Führungskraft, Ziele zu definieren; und zwar sinnvolle Ziele. Was ist so stark, dass alle, vom CEO bis zum letzten Mitarbeiter, ihre Kräfte bündeln und gemeinsam danach streben?

Gerald Hüther, seines Zeichen Neurobiologe an der Universität Göttingen befasst sich mit inneren Bildern. Mit der Entstehung dieser Bilder und wie Bilder Menschen verändern können. In seinem Buch „Die Macht der inneren Bilder" beschreibt er eindrucksvoll, wie sich unser Gehirn als Bilder erzeugendes Organ über die Menschheitsgeschichte

© Springer Fachmedien Wiesbaden GmbH, ein Teil von Springer Nature 2020
P. Hennerfeind et al., *Soziale Aspekte der Führung*,
https://doi.org/10.1007/978-3-658-29510-3_4

hinweg entwickelt hat. Er beschreibt auch, warum der Mensch (insbesondere in der westlichen Welt) die langfristige, gemeinsame Orientierung verliert und somit eine, wie er es bezeichnet, „tiefgreifende Störung des inneren Beziehungsgefüges der Gesellschaft" von Statten geht. (Hüther 2014, S. 42)

Dies scheint einer der Gründe zu sein, warum es so schwer ist, Menschen für gemeinsame Ziele zu faszinieren. Wir werden immer eigenständiger in der Umsetzung unserer Lebensinhalte. Alles ist für jeden, immer und an jedem Ort möglich geworden. Zumindest wird das so propagiert. Die Gesellschaft wird globaler ausgerichtet, insbesondere durch das Internet. Millionen von Start-Ups überschwemmen die Weltmärkte. Es ist nicht mehr wichtig, Anschluss an eine größere Gruppe zu haben. Das einzelne Individuum hat die Möglichkeit, der Schöpfer seiner Zukunft und der Zukunft anderer zu sein.

So fortschrittlich und visionär das auch klingen mag, es zerstört den Zusammenhalt und die kollektive Sicherheit, die nur in einer Gruppe von Menschen entstehen kann. Man muss sich dazu nur die steigende Zahl an Depressionen ansehen.

Gemeinsame Ziele, sofern sie klug definiert und ausgesucht werden, haben die Macht, Menschen zu vereinen und ihnen eine kollektive Sicherheit zu geben. Es steckt also wesentlich mehr Potenzial und auch Verantwortung dahinter als man zuallererst vermuten würde.

Ein gutes Ziel beinhaltet den Schöpfungsprozess, die Sinnhaftigkeit dessen und die Erzeugung des Sicherheitsgedanken. Jeder, der nach dem Ziel trachten soll, muss sich damit identifizieren können, und es muss ihm einen persönlichen Nutzen bringen. Tut es das nicht, wird es als Ziel eines anderen angesehen. Jemandem zu sagen, unser Ziel ist es zu wachsen, ohne ihm seinen persönlichen Vorteil daran erklären zu können, wird ihn nicht davon überzeugen, dem Ziel zu folgen.

Hat man jedoch das Ziel nach den richtigen Grundsätzen definiert, bringt man es in eine verständliche Form. Manchmal sind Ziele so kompliziert dargestellt, dass sie nur von einem kleinen Prozentanteil verstanden werden.

Warum sollte ich etwas umsetzen wollen, das ich nicht einmal verstehe?

Die Führungskraft hat die Aufgabe, solche Firmenziele in den Köpfen der Mitarbeiter zu manifestieren. Idealerweise geschieht das in allen Führungsebenen.

Neben den gemeinsamen Zielen gibt es die individuellen, eigenen Ziele, die sich idealerweise nach dem gemeinsamen Ziel ausrichten. Sie dienen dazu, den Fokus zu behalten und ändern sich mit steigender Erfahrung und mit neuen Einflüssen.

Je mehr Ziele man sich setzt, desto größer wird die Gefahr, sich damit zu überfordern. Daher ist es meiner Meinung nach wesentlich, sich auf so wenige als mögliche Ziele zu konzentrieren. Am besten immer nur auf ein Einziges.

„Willst du dich am Ganzen erquicken, so musst du das Ganze im Kleinsten erblicken." (Johann Wolfgang von Goethe)

Sobald man erkennt, dass das kurzfristige Ziel nicht mehr in den Gesamtplan passt, ändert man es. Diese Agilität ist erforderlich, auch wenn sie manchmal schmerzt.

> Ein erledigtes Problem, das während der Erledigung kein Problem mehr war, ist ein Problem.

Sehr oft tun Menschen Dinge deshalb, weil sie damit begonnen haben und nicht, weil diese Dinge noch wichtig sind. Als Führungskraft braucht man die Abgebrühtheit, verlorener Zeit nicht nachzuweinen. Jede Handlung, die nicht dem Erreichen des Ziels dient, ist eine Verzögerung.

> Jedes Ziel soll wesentlich sein! Wenn es nicht wesentlich ist, gibt es ein wesentliches, das übersehen wurde.

> **Beispiel**
>
> Ich habe einem Business Manager beim Falten von Plänen zugesehen und ihn gefragt, warum er das tut. Während er darüber nachgedacht hat, wurde ihm sein Problem bewusst. Er erzählte mir, dass er völlig überfordert sei und nicht mehr wisse, was er als erstes tun solle. Ich antwortete ihm: „Das Wichtigste."
> Daraufhin ließ er die Pläne an Ort und Stelle fallen und eilte zurück in sein Büro.

Eine gute Zielsetzung beinhaltet die erforderlichen Maßnahmen, Mittel und Handlungen. Insbesondere die Führungskraft hat sie immer im Blick. Ändert sich das Ziel, ändern sich meist auch die anderen Faktoren.

Ziele zu setzen, die Menschen nicht erreichen können, ist nicht nur unfair, sondern auch kurzsichtig. Wenn es bestimmte Fähigkeiten erfordert, um ein großes Ziel zu erreichen, dann muss man den Menschen die Möglichkeit und die Zeit geben, sich ausreichend weiterzubilden. Etwas zu verlangen, was nicht da ist, demotiviert und führt zu Frust und Fehlern.

„Solange wir ein klares Bild von unseren Möglichkeiten haben, können wir bei unseren Bemühungen realistisch sein." (Dalai Lama et al. 2016, S. 112)

Die Grundlage für Erfolg ist die Zielsetzung. Ohne den Focus auf etwas zu legen, irrt man planlos im eigenen Gedankenmeer, und die Chance auf Über- oder Unterforderung erhöht sich.

Literatur

Dalai Lama, Tutu, D., & Abrams, D. (2016). *Das Buch der Freude*. München: Lotos.
Hüther, G. (2014). *Die Macht der inneren Bilder. Wie Visionen das Gehirn, den Menschen und die Welt verändern*. Göttingen: Vandenhoeck & Ruprecht.

5

Selbstmotivation, Selbstkritik und Reflexion

Zusammenfassung In diesem Kapitel geht es darum, wie eine Führungskraft sich selbst motivieren, begeistern und verbessern kann. Was ist dabei zu berücksichtigen? Wie erreicht man den goldenen Mittelweg zwischen Selbstkritik und dem Anerkennen der eigenen Leistungen?

5.1 Selbstmotivation

Die Selbstmotivation einer Führungskraft hängt stark mit dem Wissen um die eigenen Stärken zusammen. Wenn ich als Führungskraft weiß, was mir leichtfällt, ist es einfach, mich diesen Dingen zu widmen und mir dadurch Erfolgserlebnisse zu schaffen. Da es nicht immer möglich ist, nur Dinge zu tun, die mir leichtfallen, ist es nützlich, den Fokus auf die Stärken zu richten. Nur durch Erfolge kann ich mich selbst belohnen; und ich spreche nicht bloß von wirtschaftlichen Erfolgen: Auch einen bedrückten Mitarbeiter aufzumuntern und ihm neue Kraft zu geben, werte ich als großen Erfolg. Es muss nicht immer der finanzielle Erfolg im Vordergrund stehen.

© Springer Fachmedien Wiesbaden GmbH, ein Teil von Springer Nature 2020
P. Hennerfeind et al., *Soziale Aspekte der Führung*,
https://doi.org/10.1007/978-3-658-29510-3_5

Das Leben als Führungskraft erfordert ständig Entscheidungen und Handlungen, die zwar langfristig ökonomisch wirken, jedoch kurzfristig andere Thematiken behandeln können.

Für die eigene Motivation braucht es die richtige Sichtweise: das Erkennen der eigenen Erfolge
Selbstlob stinkt doch nur, wenn man sich in Gegenwart anderer lobt. Sich selbst für gelungene Leistungen zu gratulieren – ganz im Geheimen-, stärkt die eigene Motivation, sich neuen Aufgaben zu stellen. Je weniger die eigene Motivation von anderen abhängig ist, desto leichter wird sie gelingen; und desto weniger anfällig wird man auf Demotivation durch andere.

Anselm Grün nennt dieses Eigenlob Würdigung. Seiner Meinung nach kann man nur etwas verändern, das man auch würdigt. Selbst falsche Entscheidungen oder Fehler sind zu würdigen, denn sie haben dieselbe Kraft benötigt wie richtige Entscheidungen. Wenn man Geleistetes entwertet, bleibt es an einem hängen. (Janssen und Grün 2017, S. 30)

> Es gibt keine falschen Entscheidungen oder Fehler; denn sie sind lediglich Vorstufen zur richtigen Entscheidung.

Was der Führungskraft im Gegensatz zu Mitarbeitern fehlt, ist die unmittelbare Leistungsbeurteilung einer erledigten Aufgabe. Etwas im Vergleich zu einer herkömmlichen Lösung gut oder besonders gut gemacht zu haben, motiviert eindeutig. Diese Art der Motivation bekommt die Führungskraft nur selten, insbesondere wenn sie ganz oben in der Hierarchie steht. Da sie selbst diejenige ist, die solche Anerkennungen ausspricht, hört sie sie von anderen nur selten. Und wenn, dann sehr verzögert: Wenn ein Jahresziel erfolgreich umgesetzt wurde oder die öffentliche Meinung positiv ausfällt.

Führungskräfte leiden so gesehen unter einem Mangel an Fremdbewusstsein; daher sollte ihr Selbstbewusstsein umso stärker ausgeprägt sein.

5.1.1 Selbstwirksamkeit

Was bedeutet nun, sich selbst zu motivieren? Eine der wesentlichsten Komponenten ist, sich selbst als wirksam zu empfinden.

Das Konzept der Selbstwirksamkeit bzw. Selbstwirksamkeitserwartung bildet eine zentrale Säule der positiven Psychologie. Es handelt sich dabei um die Erwartung, mit der eigenen Kompetenz eine Aufgabe erfolgreich ausführen zu können. (Blickhan 2015, S. 96 f.)

Selbstwirksamkeitsüberzeugung bedeutet also, dass man selbst gezielt Einfluss auf geplante Prozesse oder Ziele hat. Habe ich eine hohe Selbstwirksamkeitsüberzeugung, dann gehe ich offensiv an Problemstellungen und Herausforderungen heran, und lasse mich auch durch eventuelle Misserfolge nicht aus der Ruhe bringen.

Ist die eigene Selbstwirksamkeitsüberzeugung gering, dann erkennt man dies daran, dass eine Problemsituation eher passiv betrachtet wird. Findet trotzdem ein Versuch statt, das Problem zu lösen, wird das Unterfangen spätestens nach dem ersten Misserfolg eingestellt. Diese Haltung nennt man in der positiven Psychologie: erlernte Hilflosigkeit. Aufgrund von vergangenen Enttäuschungen oder Misserfolgen entsteht die Überzeugung, keine inneren Ressourcen für die Leistung zu haben. Als Folge erlernter Hilflosigkeit resigniert man und unternimmt nichts, um die Situation zu verändern.

Insbesondere im Arbeitsleben braucht es Selbstwirksamkeit, um Herausforderungen anzunehmen und Veränderungsprozesse zu starten. Oft lassen wir uns hier zu oft entmutigen; entweder durch unsere eigenen Gedanken oder durch die Einschränkungen von anderen.

Der kanadische Forscher und Psychologe Albert Bandura entwickelte das Konzept der Selbstwirksamkeitserwartung. Laut seiner Theorie basiert das Stärken der Selbstwirksamkeit auf vier Säulen:

1. **Verbale Ermutigung:**
   Ein Mensch erhält ein positives Feedback von seinem Umfeld. Das können gute Freunde sein, Familienmitglieder, aber auch Arbeitskollegen oder sogar Personen, zu denen man nur temporär eine Beziehung hat. Wenn es gelingt, diese Bewertung in sein eigenes

Selbstbild zu integrieren, und wenn diese Bewertung Erfolg mit sich bringt, dann tritt ein Gefühl von Selbstwirksamkeit ein.

2. **Körperliche Signale umdeuten:**
Positive körperliche Signale erhöhen die Selbstwirksamkeit. Manchmal nehmen wir jedoch auch unangenehme Körperreaktionen, wie etwa Herzklopfen wahr. Je besser man lernt, scheinbar negative Signale anzunehmen, wie etwa, vor einer wichtigen Präsentation dieses Herzklopfen als Vorfreude zu sehen, steigert man seine Selbstwirksamkeit.

3. **Stellvertretende Erfahrung:**
Identifiziert man sich positiv mit einer Person und wünscht sich für sich selbst bestimmte Stärken dieser Person, kann das zu Selbstwirksamkeit führen. Wichtig ist eine Ähnlichkeit dieser Leitperson mit den eigenen Fähigkeiten. Die Idee ist also, sich in den anderen hineinzuversetzen; seine Perspektive einzunehmen, um davon lernen zu können.

4. **Eigene Erfolgserlebnisse:**
Bandura ist der Meinung, erreichte schwierige Vorhaben schulen stärker die Selbstwirksamkeit als einfache Vorhaben. Wichtig dabei ist, den Erfolg der eigenen Person zuzuschreiben, und nicht ausschließlich den guten Rahmenbedingungen. Entsprechend dieser Sichtweise sind Misserfolge nicht ausschließlich und immer auf die eigene Person zurückzuführen. (Blickhan 2015, S. 96 f.)

In diesem Konzept geht es also darum, hilfreiche Strategien zu entwickeln, um die eigene Selbstwirksamkeit stetig zu erhöhen bzw. hoch zu halten.

Fragen

Folgende Fragestellungen könnten – in regelmäßigen Abständen gestellt – dabei nützlich sein

- Welche Herausforderungen habe ich trotz hohem Schwierigkeitsgrad bisher gemeistert?
- Welche Person hat ähnliche Problemstellungen erfolgreich gelöst? Welche Fähigkeiten waren meiner Meinung nach dafür hilfreich?

- Wer in meinem Umfeld könnte mich in meinem Vorhaben positiv stärken?
- Was spricht dafür, dass meine Emotionen in dieser Situation angemessen sind?

5.1.2 Begeisterung

„Wenn wir wirklich etwas verändern wollen, brauchen wir Begeisterung". (Dalai-Lama)

Begeisterung bezeichnet den Zustand freudiger Erregung bis hin zu Enthusiasmus. Gerald Hüther, Professor für Neurobiologie und Hirnforscher spricht davon, dass eben jene Begeisterung darüber entscheidet, ob in unserem Gehirn Wachstum und Veränderung stattfindet.

Wir alle kennen diesen Zustand der Begeisterung: Jene Macht in uns, die uns dabei unterstützt, an etwas dran zu bleiben. Nicht aus reinem Pflichtbewusstsein oder weil wir damit beweisen wollen, dass wir ordentlich funktionieren, sondern aus Neugier und unserem Drang nach Entwicklung und Gestaltung. Interessanterweise haben wir diese Begeisterung vor allem im Kindesalter.

Als Kinder erleben wir ca. 20 bis 50 Mal am Tag diesen wunderbaren Zustand größter Begeisterung. Dies führt dazu, dass im Gehirn die emotionalen Zentren aktiviert werden. Es wird quasi „die Gießkanne mit dem Dünger" angestellt, die beim Auswachsen neuer Fortsätze im Gehirn hilft, um ein Problem zu lösen oder eine neue Herausforderung zu bewältigen. Laut Hüther ist vielen Erwachsenen die kindliche Gestaltungslust und Entdeckerfreude abhandengekommen.

Den meisten erwachsenen Menschen ist es wichtiger, gut zu funktionieren. Interessanterweise passiert diese Weiterentwicklung nicht, wenn wir etwas routinemäßig abarbeiten, sondern nur wenn es uns berührt und begeistert. Begeisterung hilft uns also, uns weiterzuentwickeln und unsere Offenheit und Neugier am Leben zu erhalten. Sie unterstützt uns dabei, neues Terrain zu erkunden und dient als Motivationsfaktor für die eigene Wirksamkeit. (Hüther 2011, S. 92 ff.)

Wenn Sie als Führungskraft bei dem was Sie tun keine Begeisterung verspüren, dann hat dies nicht nur Auswirkungen auf Sie selbst, sondern in Folge auch Auswirkungen auf Ihre Mitarbeiter. Begeisterung ist wahrlich ansteckend. Und das Gute an Begeisterung ist: Begeisterung können Sie lernen – denn es ist letztendlich Einstellungssache. Wenn Sie sich neugierig, offen und mit der Idee, etwas zu Gestalten an neue Themen heranwagen, haben Sie bereits den ersten Schritt zur Begeisterung getan.

5.2   Selbstkritik

Ein gesundes Maß an Selbstkritik hilft mir als Führungskraft offen zu bleiben und ein breiteres Sichtfeld zu haben. Durch das kritische Hinterfragen von Handlungen, Meinungen und Ideen eröffnen sich neue Wege: und oft führt es zu völlig neuen Erkenntnissen.

Wie Fredmund Malik richtig erkannt hat, setzt sich das Management selbst selten der Kritik aus. Man diskutiert zwar Probleme, die den ökonomischen Erfolg gefährden könnten, aber über die Art wie Führungskräfte handeln und entscheiden, wird in der Führungsebene selten gesprochen. Dies mag dem Hierarchiedenken geschuldet sein, denn wenn jemand Kritik an den Handlungen der Führungskraft anbringen könnte, wären es die Mitarbeiter. Doch diesen ist es aufgrund ihrer Stellung im Unternehmen nicht erlaubt zu kritisieren. Wenn sie es doch tun, geraten sie in Gefahr, schlechter behandelt zu werden oder gar ihren Job zu verlieren; zumindest werden ihnen ihre eigenen Fehler dann öfter vor die Nase gehalten. Unter Führungskräften gilt meist ein abgemachtes Stillschweigen: „Kritisierst du mich nicht, lasse ich dich auch in Ruhe."

Im Management gibt es, in Gegensatz zu den meisten anderen Disziplinen, kaum so etwas wie eine kritische Diskussion. Das scheint mir einer der wesentlichen Gründe zu sein, warum es hier zwar so viele Modewellen, aber so wenig Fortschritt gibt. (Malik 2006, S. 83)

Wären so manche Führungskräfte selbstkritischer, würden sie erkennen, dass sie zwar ihren Fachbereich beherrschen, jedoch von Führung wenig Ahnung haben.

Selbstkritik soll stets produktiv sein. Sobald man in die Selbstvernichtung schlittert, heißt es, sofort zu stoppen. Wie überall im Leben gibt es nicht nur weiß oder schwarz; Kritik sollte immer auch die positiven Sachverhalte beinhalten. „Dies machst du richtig, dort braucht es Verbesserung." Macht man sich nur die negativen Aspekte bewusst, wirkt das demotivierend. Im Vergleich zur Selbstmotivation nimmt die Selbstkritik idealerweise nur einen kleinen Anteil ein. Gerade so viel wie es braucht, um wach zu bleiben für Veränderung – dort wo sie sinnvoll ist.

Manchmal wird Selbstkritik mit Unzufriedenheit verwechselt.

„Zumindest der Antrieb für Änderungen musste wohl eine gewisse Form der Unzufriedenheit mit dem jeweiligen Stand der Dinge gewesen sein, und diese Unzufriedenheit, worauf auch immer sie sich bezogen haben mochte, hat zu den verändernden Leistungen geführt." (Malik 2006, S. 44)

Fredmund Malik behauptet weiter, dass Zufriedenheit zu Stagnation führt. Er verurteilt den Gedanken, dass man zuerst zufrieden sein sollte, um dann eine bessere Leistung zu erbringen. Was er dabei wohl meint, ist die Unzufriedenheit mit der Sache und nicht die Unzufriedenheit mit sich selbst als Person. Denn dies macht einen gehörigen Unterschied: Wenn ich als Mensch unzufrieden bin, etwa mit meiner Umgebung oder mit anderen persönlichen Einflüssen, werde ich die von mir geforderte Leistung entweder nur sehr schwer oder gar nicht erbringen können. Wenn es lediglich um die Sache geht, und man selbst sich der Sache gewachsen fühlt, fällt es leicht über Veränderung und Verbesserung nachzudenken und diese auch umzusetzen. Wie gesagt, ich glaube, dass damit die Selbst- oder Fremdkritik gemeint ist, die immer nur einer Sache gilt. Die Unzufriedenheit im Geist ist ein tiefergehender Zustand, der es nicht erlaubt positiv zu denken.

5.3   Reflexion

Reflexion heißt, sich regelmäßig zu fragen, ob man noch auf dem richtigen Weg ist. Ob die Selbsteinschätzung noch mit den Tatsachen übereinstimmt. Ob die Ziele und die Werte noch dieselben sind. Ob die Methoden noch wirksam sind. Das Schwierigste daran ist wahrscheinlich, die

Zeit dafür zu finden, da man als Führungskraft ständig abgelenkt wird. Einen ruhigen Platz zu finden, wo es möglich ist, sich zu konzentrieren. Am besten natürlich, ohne großen Aufwand zu betreiben.

Zur Reflexion gehört auch, sich seines Wirkungsbereichs bewusst zu werden. Wie beeinflusse ich meine Mitmenschen? Wie gehe ich mit ihnen um? Peter Drucker hat eine interessante These dazu aufgestellt:

„Wenn man sich bei der Vorstellung, Mitarbeiter mit der Macht auszustatten, ihren Chef zu feuern, nicht wohl fühlt, dann ist man noch nicht reif genug, im nächsten Jahrhundert Führungsaufgaben zu übernehmen." (Haas Edersheim 2007, S. 200)

Stellen Sie sich diese Frage in gewissen Zeitabständen, und überlegen Sie ehrlich, wie Ihre Situation gerade aussieht. Vielleicht erklärt das so manche Schwierigkeiten, denen Sie gegenüberstehen.

Literatur

Blickhan, D. (2015). *Positive Psychologie. Ein Handbuch für die Praxis*. Paderborn: Jungfernmann.

Haas Edersheim, E. (2007). *Peter F. Drucker: Alles über Management*. Heidelberg: Redline.

Hüther, G. (2011). *Was wir sind und was wir sein könnten. Ein neurobiologischer Mutmacher*. Frankfurt a. M.: Fischer.

Janssen, B., & Grün, A. (2017). *Stark in stürmischen Zeiten: Die Kunst, sich selbst und andere zu führen*. München: Ariston.

Malik, F. (2006). *Führen, Leisten, Leben*. Frankfurt a. M.: Campus.

6

Selbstorganisation

„Gegenüber der Fähigkeit, die Arbeit eines einzigen Tages sinnvoll zu ordnen, ist alles andere im Leben ein Kinderspiel. "

(Johann Wolfgang von Goethe)

Zusammenfassung In diesem Kapitel widmen wir uns der Frage, wie wichtig Selbstorganisation ist und wie man sich gut vorbereiten kann. Was verschafft der Führungskraft eine bessere Übersicht? Wie kann sie effizienter arbeiten? Und vor allem: Welche Rolle spielt dabei der eigene Energiehaushalt? Anhand von praktischen Beispielen und neuen Ansätzen erklären wir, wie wichtig es ist, sich selbst zu organisieren.

Grundsätzlich sei gesagt, dass Organisation nur ein Werkzeug ist. Sich lediglich zu organisieren, hilft nicht dabei, Ziele zu erreichen, wenn nicht zuvor die richtigen Prioritäten gesetzt werden. Bodo Janssen drückt es folgendermaßen aus:

„Ich gab meinen Terminen Prioritäten, aber nicht meinen Prioritäten Termine." (Janssen und Grün 2017, S. 170)

© Springer Fachmedien Wiesbaden GmbH, ein Teil von Springer Nature 2020
P. Hennerfeind et al., *Soziale Aspekte der Führung*,
https://doi.org/10.1007/978-3-658-29510-3_6

Was ist eigentlich Organisation? Und noch viel wichtiger: Wozu braucht man Organisation?

Weitestgehend Einigkeit besteht allerdings dahingehend, dass Organisation eine Zunahme von Ordnung, Orientierung bzw. Stabilität der Verhältnisse bedeutet. Für komplexe und sehr spezifizierte Gesellschaften ist die Schaffung einer ordnenden Gestaltung von sozialen Interaktionen essenziell, da im Gegensatz zur Tierwelt nicht von einem instinktgesteuerten, verlässlichen Handeln der Menschen ausgegangen werden kann, eine gewisse Verhaltensregelmäßigkeit jedoch wiederum die Voraussetzung für die Koordination von Handlungen bzw. die Erfüllung von arbeitsteiligen Aufgaben darstellt. (Hammer und Kaltenbrunner 2009, S. 51)

Die Definition weist darauf hin, dass es sich bei dem Begriff „Organisation" um ein Gebilde für mehrere Menschen handelt.

Fragen
- Wie lässt sich in diesem Zusammenhang die „Selbstorganisation" erklären, die ja nur einen Menschen betrifft?
- Braucht es Selbstorganisation eigentlich?
- Reicht nicht das erfolgreiche Eingliedern in eine Gruppe Menschen, die dasselbe Ziel verfolgen?

In gewisser Weise ist die Selbstorganisation eine Kombination zwischen dem eben angeführten Eingliedern in eine Gruppe und dem Anpassen der eigenen Wesensmerkmale. Ich organisiere nur, was mir die Eingliederung in die Gruppe erschwert. Wenn ich mir Termine von Natur aus leicht merke und sie mich nicht überfordern, bedarf es keiner speziellen Kalenderführung. Andererseits brauche ich einen strukturierten Kalender, wenn ich Probleme mit der Zeiteinschätzung habe und wenn mehrere Termine einer Gruppe zu einem gemeinsamen Ergebnis führen sollen.

Wenn man seine Stärken und Schwächen kennt, weiß man instinktiv, wie man sich selbst organisiert.

Kurz umschrieben trachtet man danach, alle Herausforderungen meistern zu können, quasi alles griffbereit zu haben. Das erleichtert jeglichen Arbeitsvorgang ungemein. Vorbereitet und organisiert zu sein, ist die Grundlage für ein fehlerfreies Arbeiten. Daran empfinden die Wenigsten Spaß oder Freude, aber es hilft, die Übersicht zu behalten. Wenn man vor Arbeitsantritt die notwendigen Utensilien nicht beisammenhat, fehlt diese Zeit für die Bearbeitung, und was noch schlimmer ist: Man leidet unter diesem Zeitzwang und weiß, dass man selbst daran schuld ist. Zudem kann man sich nicht ausreichend auf die vorliegende Aufgabe konzentrieren. Das wiederum ist jedoch notwendig, um ins Thema zu kommen; und da ist es vollkommen egal, welche Tätigkeit man anstrebt, ob handwerklich oder geistig.

Wenn man unvorbereitet ist, stiehlt das immer Bearbeitungszeit
Wenn ich die Stunden zur Verfügung hätte, die ich darauf gewartet habe, bis Menschen endlich für ihre Arbeit bereit waren, weil sie noch etwas suchen oder besorgen mussten, könnte ich eine ausgedehnte Weltreise damit machen. Geschweige denn, wie viel Geld dadurch verschwendet wurde.

Sinnvolle Werkzeuge für eine gute Selbstorganisation sind der Kalender und eine Arbeitssystematik (ein sinnvolles der jeweiligen Tätigkeit angepasstes Ablaufmuster).

„In allen Dingen hängt der Erfolg von den Vorbereitungen ab." (Konfuzius)

Denn die größte Gefahr für die Führungskraft ist der Verlust der Übersicht. Wenn man seinen erforderlichen Wirkungsbereich nicht mehr ausreichend bedienen kann, beginnt man unbedachte Entscheidungen zu treffen und schlittert in ein Gefühl der Machtlosigkeit. Ich habe an vielen Beispielen beobachtet, wie erfahrene, kompetente Führungskräfte aufgrund mangelhafter Selbstorganisation in große Schwierigkeiten geraten sind; in einzelnen Fällen hat das bis zum Jobverlust geführt. Laut Fredmund Malik liegt ein Grund für schlechte Selbstorganisation in der mangelhaften schulischen oder akademischen Ausbildung. Man lernt nicht, sich systematisch zu organisieren.

„Ebenso unverständlich ist, dass persönliche Arbeitsmethodik in den akademischen Studiengängen und sonstigen Ausbildungen kaum einen Platz hat." (Malik 2006, S. 317)

Vielleicht mag es auch daran liegen, dass Menschen sich grundlegend unterschiedlich organisieren, und es daher keine allgemein gültige Methodik gibt. Ich glaube sogar, dass es gefährlich ist, sich auf eine Methode zu beschränken. Ohne sich selbst genau zu kennen, findet man keine sinnvolle Methode. Die falsche Methode anzuwenden, kann sogar zum gegenteiligen Effekt führen: Man überfordert sich noch mehr als zuvor.

> **Beispiel**
>
> Einem ehemaligen Kollegen wurde einst ein systematisches Ablagesystem eingerichtet, da er eine Animosität gegen Ordnung hatte und dadurch immer wieder in Probleme kam: Er verpasste Fristen, verlegte wichtige Schriftstücke und machte dieselben Arbeiten zweimal. Irgendwann wurde es seinem Vorgesetzten zu viel. Das Ergebnis der angeordneten Ordnung war, dass er so viel Zeit damit verbrachte, alles in Ordnung zu halten, dass seine Arbeitsleistung um die Hälfte nachgelassen hat. So sehr er sich auch bemüht hat, die Ordnung war sein Todfeind. Nach einer Weile des aussichtslosen Sortierens, entschied man, ihn an eine andere Stelle zu versetzen, wo sein Durcheinander keinen Schaden verursachen konnte. Der bis dahin angesehene Fachspezialist wurde dadurch völlig demoralisiert und kündigte kurze Zeit später nach mehr als zehn Jahren Firmenzugehörigkeit.

Später habe ich erfahren, dass er seine Art zu arbeiten geändert hat, und seitdem auch sein Organisationsproblem im Griff hat. Sein neuer Vorgesetzter hat ihm beigebracht, die richtigen Prioritäten zu setzen und sich nicht in zu vielen Bereichen zu verlaufen. Die Ordnung an und für sich war also niemals das Problem.

Als Gründe für eine Änderung der Arbeitsmethodik nennt Fredmund Malik folgende Beispiele: Die Anforderungen an den Job selbst ändern sich; man übernimmt eine neue Aufgabe oder wird befördert; man bekommt einen neuen Chef; man arbeitet mit neuen Mitarbeitern zusammen; man ändert seine privaten Umstände zum Beispiel durch Heirat, Kinder, Umzug … (Malik 2006, S. 321–322)

6.1 Die systematische Müllabfuhr

Ein wesentlicher Faktor der Überforderung von Führungskräften ist die Vielzahl der notwendigen Arbeiten.

Fragen

Daher sollte man sich als Führungskraft folgende Fragen stellen

- Was davon will, muss, sollte ich nicht mehr machen?
- Wo bin ich zu ineffizient?
- Was kann ich abgeben?
- Wo ist das Risiko bei Nichterledigung vernachlässigbar?

Die wenigsten Menschen machen sich darüber Gedanken etwas wegzulassen; meist wird dazugegeben. In einer Zeit wo über Innovation und ständige Erneuerung gesprochen wird, sollte auch der Raum dafür gegeben sein.

Neues braucht Platz!
„Die Zukunftsfähigkeit eines Unternehmens besteht jedoch hauptsächlich aus Moden, die es sich abgewöhnt." (Sprenger 2018, S. 62)

Der Ansatz auf etwas zu verzichten, um damit effektiver zu werden, wird leider oft falsch angewendet. Personal einzusparen, um am Jahresende bessere Zahlen zu haben und dieselbe Arbeit auf wenigere zu verteilen, ist nicht nachhaltig gedacht!

Beim Verzichten geht es um mehr als Einsparung. Die Hürde, eine Idee oder ein System abzusetzen, nachdem man Geld und Zeit investiert hat, ist für viele Unternehmen zu hoch. Meist steht dahinter, so unwirklich das erscheinen mag, nur eine Person. Ich bin immer wieder erstaunt, wie viel Macht einzelne Menschen ausüben, und dass, obwohl sie nicht in der obersten Führungsebene sind. Sie machen diese Hürden meist aus sehr persönlichen Gründen unüberwindbar, die mit Management oder Erfolg nichts zu tun haben. Oft steht eine persönliche Entscheidung, Arbeitsaufwand oder auch nur ein gekränktes Ego dahinter, warum an einer Sache festgehalten wird.

Findet man diese Schlüsselpersonen und enthebt sie ihrer Macht, lassen sich positive Veränderungen meist im Nu umsetzen.

Der Verzicht gibt Raum sich zu bewegen, sich neu zu orientieren und sich besser aufzustellen. Ich beobachte oft das Gegenteil: Statt auf etwas zu verzichten, werden zusätzliche Systeme oder Maßnahmen etabliert, um der Führungskraft und/oder dem Mitarbeiter Zeit zu sparen. Doch man erreicht damit das Gegenteil. Der Apparat wird noch weiter aufgebläht, bis er irgendwann platzt. Neu und innovativ kann auch sein, auf etwas zu verzichten und die Energie auf das Wesentliche zu bündeln.

Ich nenne es „Innovative Bescheidenheit". Wenn man stets auf Effektivität in seinem Tun achtet, berücksichtigt man automatisch den Verzicht. Je größer Unternehmen werden, desto wichtiger wird die Innovative Bescheidenheit, um nicht Opfer der Bürokratie zu werden.

„Effektive Unternehmen lernen es, systematisch Altes abzubauen oder zumindest systematische Stilllegungen im ganz normalen Lebenszyklus (eines Produkts oder einer Dienstleistung oder auch eines innerbetrieblichen Ablaufs) einzuplanen." (Haas Edersheim 2007, S. 113)

Wichtig an der systematischen Müllabfuhr ist die Systematik dahinter: Sie soll regelmäßig erfolgen, und zwar als fixer Termin im Terminkalender.

Fragen

In bestimmten Zyklen stellt man sich folgende Fragen

- Was würde ich anders machen, wenn ich von vorne beginnen könnte?
- Was würde ich gar nicht mehr beginnen?
- Mit wem würde ich, wenn ich könnte, keinen Kontakt mehr eingehen?
- Welche Geschäftsbeziehung würde ich nicht mehr eingehen?
- Welche Geschäftsidee würde ich nicht mehr verfolgen?

Speziell die Frage nach menschlichem Kontakt sollte man gut überdenken. Am schwierigsten ist der Umgang mit Menschen, die ein anderes Ethikverständnis haben, die richtig und falsch anders beurteilen. Mit
ihnen können nur faule Kompromisse geschlossen werden, die auf Dauer
das Klima vergiften. Sich von solchen Menschen nicht zu trennen, ist
brandgefährlich. Sie kosten jene Kraft und Energie, die für das restliche
Arbeitsumfeld fehlt. Dadurch sinkt nicht nur die eigene Performance,
sondern auch die Leistung der beinflussbaren Mitarbeiter und Kollegen.
Eine einzige Person kann ein ganzes Unternehmen vergiften.

Aber auch ineffiziente Systeme und Prozeduren, die eventuell früher
einmal sinnvoll waren, können sich in die Organisation einbrennen. Sie
können wie ein Markenzeichen zum Unternehmen gehören, und doch
langsam zum Untergang beisteuern. Meist arbeitet man viel zu lange mit
ausgedienter Software, nur weil sie einen hohen Anschaffungswert hatte.
Dass mittlerweile die aufwendige Bearbeitungszeit mehr Kosten verursacht als ein neues System wird hingenommen.

„Etwas um 50 Prozent schneller oder sparsamer zu machen ist zwar ein
großer Fortschritt; es ist aber noch immer zu 100 Prozent falsch, wenn es
sich um etwas handelt, was man überhaupt nicht mehr tun sollte." (Malik 2006, S. 363)

Eine Führungskraft benötigt bestimmte Fähigkeiten. Je nach Wertschöpfungsprozess ändert sich die Dringlichkcit benötigter Fähigkeiten.
Sich alles anzueignen und ständig auf höchstem Niveau anzuwenden,
wird kaum möglich sein. Daher macht es durchaus Sinn über die wesentlichsten Fähigkeiten nachzudenken.

**Was sollte ich besonders gut können, um meine Aufgaben hervorra-
gend zu lösen?**
Auch hier empfiehlt es sich Top-Down vorzugehen. Märkte ändern sich,
Bereiche ändern sich, Menschen ändern sich, Systeme ändern sich – wer
sagt, dass sich nicht auch die Notwendigkeit diverser Fähigkeiten ändert.
Sich dessen bewusst zu werden, gibt der Führungskraft die Möglichkeit,
sich bewusst weiterzubilden und gleichzeitig nicht mehr benötigte Fähigkeiten links liegen zu lassen. Je mehr Erfahrung man sammelt, desto
mehr „unnützes Wissen" sammelt sich an. Nur weil man einmal in zehn
Jahren darauf zurückgreifen könnte, ist es nicht erforderlich, es aufzufri-

schen. Etwas nicht mehr zu wissen, ist weniger gefährlich, als die notwendigste Fähigkeit nicht gänzlich oder gar nicht zu haben.

> Wissen ist nur Macht, wenn man die richtigen Dinge weiß!

Unnützes Wissen verleiht keine Macht, es blockiert lediglich. Daher wird sich die wirksame Führungskraft in geregelten Abständen damit befassen. „Weniger arbeiten, mehr erreichen" ist ein hervorragender Ansatz der systematischen Müllabfuhr.

6.2   Konzentration

Sich auf etwas zu konzentrieren, bedeutet gleichzeitig alles andere auszublenden. Somit ist Konzentration eine Art der Abgrenzung; denn meist ist die Entscheidung, etwas nicht zu tun, die schwierigere. Da eine Führungskraft ständig erreichbar sein und stets ein offenes Ohr für alle Arten von Anliegen haben sollte, ist es umso schwieriger, ruhige Konzentrationsphasen zu finden. Doch genau diese ruhigen Phasen sind notwendig, um schwierige Entscheidungen zu treffen, organisiert zu bleiben und die Ziele nicht aus den Augen zu verlieren. Wer sich als Führungskraft also schwer tut Ruhe zu finden, muss sich die notwendige Zeit für Konzentration nehmen; und zwar ohne jegliche Ablenkung von Emails oder anderen Nachrichten. Es erfordert Zeit, um in die Konzentrationsphase zu kommen, und jede Ablenkung führt den Verstand zurück zum Start. Daher sollte man für wirklich wichtige Themen einen täglichen, konzentrierten Zeitraum einplanen.

Am meisten belasten die unerledigten Dinge, für die man noch keine Zeit gefunden hat. Sie wiegen schwer wie zusätzliches Gewicht im Rucksack.

„Konzentration ist einer der wichtigsten Schlüssel zu Ergebnissen und zu Erfolg." (Malik 2006, S. 119)

Konzentration heißt auch, bei einer Sache zu bleiben. Insbesondere Führungskräfte sind besonders gefährdet, laufend für ein anderes Thema benötigt zu werden. Doch wenn man als Führungskraft selbst in die Überforderung gerät, seinen Plan dahinschwinden sieht, kann man auch seinen Mitarbeitern nicht mehr sinnvoll helfen.

Aus eigener Erfahrung weiß ich, wie viele Aufgaben ich erledigen kann, wenn ich vollkommen konzentriert bin. Leider weiß ich auch, wie wenig ich schaffe und wie viele Fehler sich einschleichen, wenn ich unkonzentriert arbeite. Betrachtet man den zeitlichen Aufwand von konzentriertem und unkonzentriertem Arbeiten, so scheint auf den ersten Blick das unkonzentrierte, hin- und her springende Arbeiten mehr Ergebnisse zu liefern. Doch gesamt betrachtet ist dies eine Täuschung. Rechnet man den Zeitaufwand für Fehlerkorrekturen und nochmalige Bearbeitung dazu, ergibt sich ein anderes Bild.

Viel wichtiger noch als die Zeit ist das eigene Wohlergehen. Wie fühle ich mich, wenn ich schnell etwas erledige, ohne die nötige Sicherheit zu haben? Immer damit rechnen zu müssen, dass das bearbeitete Thema doch noch nicht ganz erledigt ist. Das zusätzliche Gewicht, das solche Gefühle verursachen, geht nicht selten zu Lasten der Gesundheit.

> Achten Sie auf sich selbst und bestehen Sie auf Ihre Konzentrationsphasen.

Wenn ich auf meine unangenehmsten Misserfolge zurückblicke, dann war die Ursache immer mangelnde Konzentration.

6.3 Work-Life Balance

Work-Life-Balance ist nur dann erforderlich, wenn man tut, was man nicht tun möchte.

Schon die Bezeichnung ist irreführend. Gehört die Arbeit denn nicht zum Leben? Indem ich sie quasi vom Leben trenne, erschaffe ich ein Sinnbild von Gut und Böse oder schwarz und weiß. Die Arbeit ist ebenso ein Teil unseres Lebens wie der Schlaf oder die Ernährung. Würden wir aufhören zu arbeiten, würde die Menschheit aussterben. Mir ist durchaus bewusst, dass nicht jede Arbeit dem Weiterbestehen der Menschheit dient, doch das Tun liegt in unseren Genen. Beginnt man nun die Arbeit vom Leben zu trennen, wie uns der Begriff Work-Life-Balance weismacht, fällt es umso schwerer, sie als menschliches Grundbedürfnis zu sehen.

„Begriffe wie Work-Life-Balance sind Ausdruck einer gefühlten Sinnlosigkeit bei der Arbeit." (Janssen und Grün 2017, S. 243)

Arbeit oder besser formuliert Beschäftigung ist ein Teil unseres Lebens. Wir beschäftigen uns ständig. Nur der Tod stoppt diesen Vorgang. Wenn schon, dann könnten wir zwischen bezahlter und unbezahlter Beschäftigung unterteilen. Dann müsste man jedoch auch die Bezahlung genauer definieren. Denn ist nicht auch das Glücksgefühl eine Art der Bezahlung? Wenn man zum Beispiel einen Gipfel erklimmt, ein Tennismatch gewinnt oder ein Schiffsmodell fertigstellt?

Je weniger man Beschäftigungen unterscheidet, desto wertvoller werden sie. Sobald man den Sinn und Zweck hinter einer Beschäftigung erkennt und die Chance zum Erfolg besteht, muss man nicht mehr nach einer Balance zwischen Arbeit und Leben suchen. Was ich tue, kann ich mir vielleicht nicht immer aussuchen, aber wie ich es sehe und wie ich es tue sehr wohl.

Das nachfolgende Modell beschreibt die einzelnen Lebensphasen und deren Zusammenhang viel besser; ohne Exklusion des Arbeitsanteiles.

6.4   Das Lebensbalance-Modell

Ziel des Modells ist es, die vielfältigen Bereiche des eigenen Lebens ins Gleichgewicht zu bringen. Der Psychiater und Begründer der positiven Psychotherapie Nossrat Peseschkian ging davon aus, dass wir dann zufrieden und leistungsfähig sind, wenn die wichtigsten Lebensbereiche in Balance sind. Der Wirtschaftswissenschafter Lothar Seiwert hat das Modell weiterentwickelt und benennt die Bereiche wie folgt (vgl. auch Abb. 6.1):

Arbeit & Leistung
Hier geht es um die Stimmigkeit unserer beruflichen Tätigkeit und persönlicher Karriere: Inwieweit ziehe ich daraus Erfolg im Sinne von Ansehen, Anerkennung und Gehalt? Wie kompetent empfinde ich mich in

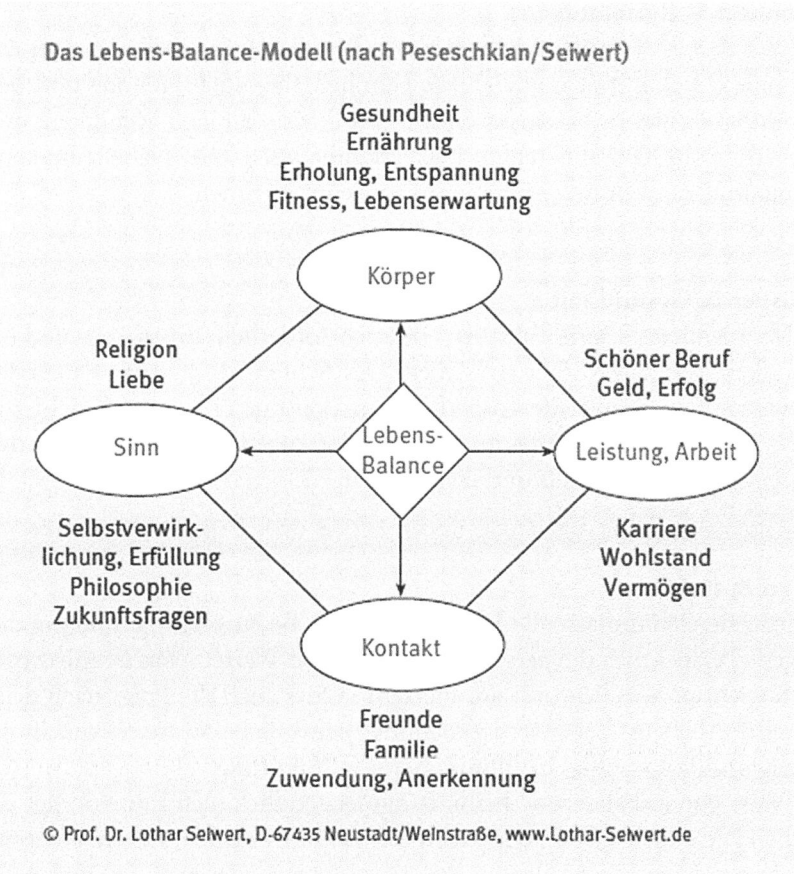

Abb. 6.1 Lebensbalance Modell (Seiwert 2018, S. 77 ff.)

dem, was ich tue? Hierzu zählen auch weitere finanzielle Themen wie Absicherung, Wohlstand und Vermögen. Arbeit muss aber nicht unbedingt nur Teil des Berufes sein: Auch ehrenamtliche Tätigkeiten oder die Hausarbeit können in diesen Lebensbereich fließen.

Kontakt & Beziehungen

Dieser Bereich betrifft jegliche Art von Beziehungen: zu aller erst unsere Familie (Herkunfts-Familie/eigene Familie), aber auch Freunde und Bekannte, Nachbarn, Vereinskollegen – im Prinzip all jene Menschen, mit denen wir in Kontakt stehen. Hier erfahren wir Liebe, Nähe, Anerkennung und Zuwendung – im Geben sowie im Nehmen.

Körper & Gesundheit

Hierzu zählen all jene Faktoren, die sich förderlich auf die eigene Gesundheit und den Körper auswirken: Das Achten auf die eigene Energie, bewusste Ernährung, die körperliche und geistige Fitness und nicht zuletzt Erholung und Entspannung nach anstrengenden Phasen. Auch der ausgewogene Schlaf fällt in diesen Bereich.

Sinn & Kultur

Dieser Bereich umfasst alle Fragen und deren Beantwortung rund um die eigene Perspektive, die persönlichen Ziele und Werte: „Was ist mir wirklich wichtig? Was liegt mir am Herzen?" Oder auch die Frage nach dem Sinn des Lebens, Selbstverwirklichung, persönliche Weiterentwicklung, Religion, Philosophie, Erfüllung, Beruf als Berufung.

Was „gut ausbalanciert" heißt, hängt letztendlich nicht nur von der eigenen Persönlichkeit, sondern auch von der individuellen Lebenssituation und vom Alter ab. Zu Beginn des Arbeitslebens oder auch im Verfolgen der eigenen Karriere ist es normal, dass der Bereich Arbeit und Leistung für den arbeitenden Menschen einen größeren Raum einnimmt als beispielsweise für eine junge Mutter oder für den Pensionisten im Ruhestand.

Ziel ist also nicht, die persönliche Zeit und Energie exakt gleich oder über die Jahre starr auf die vier Bereiche zu verteilen – sondern die Verteilung den eigenen langfristigen Zielen bzw. der individuellen Lebensplanung anzupassen. Dysbalance entsteht erst dann, wenn die gewünschte Aufteilung mit der realen Aufteilung der Bereiche nicht übereinstimmt.

Es ist wichtig, jedem Bereich eine gewisse Aufmerksamkeit zu schenken. Sonst stellt sich z. B. trotz beruflichem Erfolg der Wunsch nach mehr Zeit für das Privatleben, für Sport, Freunde und Familie ein.

Die einzelnen Lebensbereiche sind voneinander abhängig. Eine zeitliche Überbetonung des Leistungsbereiches führt zwangsläufig zu einer Vernachlässigung der anderen Bereiche: Durch die einseitige Überbeanspruchung im beruflichen Bereich werden nicht nur private Kontakte vernachlässigt, sondern auch die eigene Gesundheit und die persönliche Sinn- und Wertorientierung. Leistungsfähigkeit und Motivation werden früher oder später rapide absinken. Letztlich wird aus ‚mehr‘ eher ‚weniger‘. (Seiwert 2018, S. 79)

Aus dieser Dysbalance entsteht dann in Folge nicht nur Unzufriedenheit – langfristig sinkt dadurch auch die persönliche Belastbarkeit, von der Motivation und Effizienz ganz zu schweigen.

Fazit

Es ist hilfreich, die einzelnen Lebensbereiche (Arbeit, Kontakt, Körper und Sinn) in regelmäßigen Abständen auf ihre Balance zu überprüfen.

6.5 Energiehaushalt

„Ein gesunder Leib und eine gesunde Seele sind die beiden Hauptstützen aller menschlichen Glückseligkeit hienieden." (Locke 1920, E-Book Pos. 123)

Wann fühle ich mich müde und ausgelaugt? Was bringt mich dazu, so zu empfinden? Was kann ich tun, um meine Speicher wieder zu füllen? Beachte ich meine innere Uhr? Ernähre ich mich richtig?

6.5.1 Die innere Uhr

Jeder Mensch hat eine gewisse Geschwindigkeit. Manche leben entspannter, manche brauchen Beschäftigung, manche lieben den Nervenkitzel. Egal in welche Kategorie man sich einteilen würde, wichtig ist, so zu leben. Und zwar nicht nur in der Freizeit, sondern auch im Arbeitsalltag. Es hat einen Grund, warum man so ist wie man ist. Sich seiner

Natur zu widersetzen, macht auf Dauer krank – sowohl psychisch wie auch physisch. Daher ist es umso wichtiger, seine innere Uhr zu kennen – zu wissen, ob man Gemächlichkeit oder Geschwindigkeit braucht. Bin ich Frühaufsteher oder Langschläfer? Keines von beiden ist gut oder schlecht, wenn ich die dazu passende Beschäftigung habe.

> **Beispiel**
>
> Vor einigen Jahren habe ich für eine große internationale Organisation gearbeitet. Wie es große internationale Organisationen so an sich haben, ist deren Bürokratieanteil wesentlich höher als der von kleineren Wirtschaftsunternehmen. Für jede noch so kleine Entscheidung musste ein langwieriges Prozedere durchlaufen werden. Man stellte also Anfragen und wartete auf die Freigaben. Somit gab es immer wieder Zeiten, in denen man nichts Produktives tun konnte. Da trotz dieses Umstandes der Großteil der Mitarbeiter über zu viel Beschäftigung klagte – meiner Meinung nach aus purem Selbstschutz –, versuchte ich mich zu arrangieren und mich dem ziemlich gemäßigten Tempo anzupassen. Da ich nebenbei noch andere Tätigkeiten aus selbstständiger Beschäftigung vollbrachte, ist mir das ganz gut gelungen. Nach einiger Zeit kam ein neuer Mitarbeiter ins Team, der es gewohnt war, viel und lange zu arbeiten. Zu Beginn war er nicht unglücklich über das gemächliche Arbeitstempo, doch mit fortwährender Dauer wurde er angespannt. Sein Umgangston wurde aggressiver, und der sonst so sportliche, sich gesund ernährende Mann begann krank zu werden. Anfänglich klagte er über Gelenksschmerzen, die er so noch nicht kannte. Später bekam er eine Grippe, die er bis dahin ebenfalls noch nie hatte. Nach einem halben Jahr als Mitarbeiter der großen internationalen Organisation war er ein kranker Mann; und nicht nur körperlich, denn auch seine Psyche veränderte sich: Er bekam Depressionen.
>
> In einer ruhigen Minute klagte er mir sein Leid. Er wisse nicht, woher das alles kam und warum er plötzlich krank sei. Obwohl er früher oft unter Stress gelitten hatte, war er nie krank geworden. Und jetzt, da er genügend Zeit zur Verfügung hatte und sich auch um andere private Dinge kümmern konnte, lief alles aus dem Ruder. Ich wusste damals auch nicht wie ich ihm helfen könnte, fragte ihn jedoch, was ihn am meisten stört an seiner Situation.
>
> „Ich hasse es, zu warten", antwortete er.
>
> Wie schon zuvor beschrieben, bestand ein großer Teil der Arbeitszeit aus Warten. Daher hatte er Grund genug, sich darüber zu ärgern. Trotzdem

machte er den Job noch länger. Er suchte ständig nach Arbeit und wurde seinen Kollegen gegenüber immer intoleranter. Schließlich wollte niemand mehr mit ihm zusammenarbeiten, bis er irgendwann versetzt wurde. Als er die Organisation verließ, war er ein gebrochener Mann. Körperlich krank, innerlich verbittert und psychisch angeschlagen.

Ein Jahr später traf ich ihn durch Zufall. Anfänglich erkannte ich ihn fast nicht wieder. Er strahlte und strotzte vor Gesundheit. Mit einem breiten Lächeln reichte er mir die Hand. Da ich Zeit hatte, setzten wir uns in ein Café und plauderten. Er erzählte mir, dass er einen neuen Job gefunden hat, der ihn anfangs ziemlich überforderte. Aufgrund seines damals angeschlagenen Gesundheitszustandes kostete es ihm viel Energie und Überwindung, die Herausforderungen anzunehmen. Doch er hat es überstanden. Als er mir von seinem Arbeitsalltag erzählte, dachte ich ernsthaft darüber nach, wie man das alles in einem Tag unterbringen konnte. Doch ihm machte das nichts; im Gegenteil: Er lebte wieder so richtig auf. Keine Spur mehr von Depressionen oder gesundheitlichen Blessuren. Jetzt lebte er wieder in seiner Geschwindigkeit.

Damals wurde mir bewusst, wie wichtig die innere Uhr ist. Wenn man erkennt, wie schnell der innere Sekundenzeiger läuft, kann man die Art der Beschäftigung danach ausrichten.

Womöglich gibt es nicht immer den richtigen Job mit der richtigen Geschwindigkeit. Dann versuche ich, mich meiner inneren Uhr entsprechend anzupassen. Ein sehr wirkungsvolles Werkzeug ist das Pausenmanagement.

6.5.2 Pausenmanagement

„Was ohne Ruhepausen geschieht, ist nicht von Dauer." (Ovid)

Insbesondere Führungskräfte geraten oft in die Situation, keine Zeit für Pausen zu haben. Der Terminplan wird von außen gefüllt, oft schneller als man darüber nachdenken kann. Andere Menschen machen sich keine Sorgen um den Energiehaushalt der Führungskraft. Darum muss sie sich selbst kümmern.

Daher, nehmen Sie sich fixe Zeiten für Ruhe und Entspannung. Tragen Sie Ruhepausen in Ihren Terminkalender ein und nehmen Sie sie ebenso wichtig wie den Termin beim Vorstandsdirektor oder beim aussichtsreichen Kunden.

„Die Menschen können zwar Veränderungen und Wandel durchaus verkraften, aber sie brauchen auch Phasen von Ruhe und Stabilität, um produktive Leistungen zu erbringen." (Malik 2006, S. 193)

Als zweiten Schritt definieren Sie den Ort der Pause. Gehen Sie ins Café oder suchen Sie einen stillen Ort im Park um die Ecke auf. Versuchen Sie so weit als möglich vom Tagesgeschehen weg zu kommen. Auch wenn Sie nur zehn Minuten lang abschalten. Tun Sie es! Denken Sie darüber nach, wie Sie Ihre Pausen abwechslungsreich gestalten können. Je wertvoller diese Zeit für Sie wird, desto hilfreicher wird sie für Sie sein.

Ich kenne einen Manager eines großen Unternehmens, der mittags so oft er dafür Zeit findet, ein kleines Lokal mit einem Tischfußballtisch aufsucht, um zwei bis drei Spiele zu machen. Danach geht er wieder zurück zur nächsten Aufsichtsratssitzung.

6.5.3 Viele Boote im Hafen

Für einen ausgewogenen Energiehaushalt ist es wichtig, zu beobachten und zu wissen, was mir Energie kostet, wo sie verloren geht, und was den Energiehaushalt wieder auffüllt. Da gibt es zahlreiche Möglichkeiten und jeder sollte individuell für sich die Ressourcen finden, die ihn wiederaufrichten, auf Spur bringen und Kraft geben: Egal, ob es sich hierbei nun um Sport handelt, um Meditation, Bewegung an der frischen Luft, ein entspannendes Schaumbad, ein Gesellschaftsspiel mit Freunden oder Herumalbern mit seinen Kindern.

Wichtig ist, dass Sie Ihre energiebringenden Ressourcen kennen und anwenden können, wenn Sie sich gestresst fühlen. Auf je mehr Ressourcen Sie zurückgreifen können, umso besser. Bildlich gesehen, kann es sich bei jeder Ressource um ein Boot im Hafen handeln. Mit jedem Boot können Sie hinaussegeln und Kraft tanken. Je mehr Boote im Hafen stehen, umso größer die Chance und Gelegenheit den Energiehaushalt zu füllen (Abb. 6.2).

Abb. 6.2 Boote im Hafen

Angenommen, es entspannt Sie wunderbar, wenn Sie mit Freunden nach der Arbeit auf ein Bier gehen. Sollten diese Freunde aber einmal keine Zeit haben, ist es gut, wenn auch noch weitere Boote im Hafen stehen. Sie können stattdessen an diesem Abend Laufen oder Spazieren gehen. Abgesehen davon, ist es wahrscheinlich nicht ideal für Ihre Gesundheit, wenn Sie täglich das „Biertrinken-Boot" nutzen.

6.5.4 Das Abschließen des Tages

Ein weiteres wesentliches Faktum ist das Abschließen des Tages. Anselm Grün sieht es als notwendiges Ritual, um das Hadern im Konjunktiv (hätte ich, wäre ich …) zu beenden. Sobald man sich zur Nachtruhe begibt, sollte Grübelei über den Tag beendet sein. (Janssen und Grün 2017, S. 75)

Manchmal hilft es, sich bewusst an Vorhaben zu erinnern. Fixieren Sie abends einen Termin, der Ihnen mitteilt, den Tag abzuschließen. Gönnen Sie sich diese nächtlichen Ruhepausen. Sie werden nichts versäumen oder vergessen. Wenn es darauf ankommt, wird ihr Gehirn die notwendigen Informationen bereitstellen.

Ich konnte an mir selbst beobachten, dass sich Lösungen für Herausforderungen ganz von alleine eingestellt haben. Je weniger ich abends an eine schwierige Sache dachte, desto schneller und sicherer bekam ich am nächsten Morgen die Lösung präsentiert.

> Vertrauen Sie sich selbst! Es heißt nicht umsonst: „In der Ruhe liegt die Kraft."

Schalten Sie bewusst ab und lassen Sie Ihr Gehirn alleine arbeiten. Bewusstes Denken blockiert die einzigartige Fähigkeit, sinnvolle Verknüpfungen herzustellen aus vordergründig sinnlosen oder nebensächlichen Erfahrungen. Nutzen Sie diese Ressource, indem Sie nichts tun!

Literatur

Haas Edersheim, E. (2007). *Peter F. Drucker: Alles über Management*. Heidelberg: Redline.

Hammer, R., & Kaltenbrunner, K. (2009). *Organisation, Personal & Führung, Management*. Wien: Manz.

Janssen, B., & Grün, A. (2017). *Stark in stürmischen Zeiten: Die Kunst, sich selbst und andere zu führen*. München: Ariston.

Locke, J. (1920). *Gedanken über Erziehung*. Leipzig: Reclam.

Malik, F. (2006). *Führen, Leisten, Leben*. Frankfurt a. M.: Campus.

Seiwert, L. (2018). *Wenn du es eilig hast, gehe langsam. Wenn du es noch eiliger hast, mache einen Umweg. Der Klassiker des Zeitmanagements mit neuen Tools.* Frankfurt a. M.: Campus.

Sprenger, R. (2018). *Radikal Digital: Weil der Mensch den Unterschied macht – 111 Führungsrezepte.* München: Deutsche Verlagsanstalt.

7

Mut und Widerstandskraft

„Mut zur Konfrontation, Mut Fragen zu stellen, Mut Entscheidungen zu treffen, Mut auf Menschen zuzugehen, Mut zu sich selbst zu stehen, Mut etwas Neues auszuprobieren, Mut zu Vertrauen. "

Zusammenfassung Zwei der wesentlichsten Faktoren für eine Führungskraft sind deren Mut und deren Widerstandskraft. Anhand von bildhaft aufbereiteten Beispielen wird die enorme Wichtigkeit von innerem Halt in Zusammenhang mit Widerstandskraft erklärt.

„Sollte ich Peters Gedanken, was einen wirklich guten CEO ausmacht, mit einem Wort ausdrücken, so würde ich sagen Mut." (Haas Edersheim 2007, S. 273)

Mut ist ungreifbar. Er nährt sich aus Unsicherheit und Ungewissheit.

> **Mut**
>
> Ich würde ihn folgendermaßen beschreiben: Mut ist die Handlung oder die Absicht zur Handlung, die keinerlei Sicherheit und Gewissheit benötigt.

© Springer Fachmedien Wiesbaden GmbH, ein Teil von Springer Nature 2020
P. Hennerfeind et al., *Soziale Aspekte der Führung*,
https://doi.org/10.1007/978-3-658-29510-3_7

Mut vereint das Scheitern gleichermaßen wie den Erfolg. Er ist wie ein Drahtseilakt ohne Auffangnetz. Entgegen der Angst benötigt er keine Erfahrung. Nur weil ich zehnmal nicht vom Rad gefallen bin, braucht es keinen Mut, um wieder aufzusteigen. Es braucht ihn eher, wenn ich zehnmal gefallen bin. Daher ist er für eine Führungskraft so wichtig. Je mehr Entscheidungen zu treffen sind, je mehr Verantwortung zu tragen ist, desto mehr Fehler können passieren. Dafür braucht es den Mut, um erneut Entscheidungen zu treffen, auch wenn man Gefahr läuft, wieder einen Fehler zu machen.

Wer den Mut nicht hat, muss sich ständig überwinden, und das zerrt an der Psyche und an der Gesundheit. Mut ist vielleicht das Einzige, dass man nicht lernen kann als Führungskraft. Man kann ihn nur fördern und ihn zulassen.

Je größer die Aufgabe, desto hilfreicher ist Mut.

Widerstandskraft heißt, unangenehme Situationen hinzunehmen und nicht daran zu zerbrechen. Doch um dies zu gewährleisten, sollte man vorbereitet sein. Und das wiederum bedeutet, dass man die unangenehmen Situationen kennen sollte. Widerstandskraft hat also mit Vorstellungskraft zu tun und mit den richtigen Antworten. Wenn ich am Boden bin, lautet die Antwort: „Aufstehen!"

Die Basis für Widerstandskraft ist innerer Halt.

7.1   Innerer Halt

Wie bekomme ich Sicherheit in schwierigen Situationen?

Ich spüre Gefühle hochkommen: Trauer, Angst, Unsicherheit, Zweifel, Zorn … Üblicherweise bringen sie mich aus dem Gleichgewicht, weil ich daran denke, diese Gefühle zu unterdrücken. Doch dieser innerliche Kampf lenkt mich von meiner Aufgabe ab. Ich verliere meine Aufnahmefähigkeit, meine Entscheidungskraft und meinen Beobachtungssinn. Es ist, als würde ich blockiert.

Als Führungskraft erlebe ich oft solche schwierigen Situationen; meist sogar mehrmals am Tag. Ohne innere Sicherheit entwickeln sie eine große Blockade, die mich als Führungskraft hindert, die vor mir liegenden Herausforderungen zu bestehen. Ein typisches Merkmal dafür ist, wenn Führungskräfte ständig davonlaufen; wenn sie auch mit kleinen Aufgaben überfordert sind und zu erhöhter Aggression neigen.

Pater Anselm Grün führt dies auf mangelhaften inneren Halt zurück. Solche Menschen suchen den Halt im Außen. Doch im hektischen Berufsleben ist Halt im Außen nur selten zu finden.

„Menschen, die immer daran denken, was andere von ihnen halten, wären sehr überrascht, wenn sie wüssten, wie wenig die anderen über sie nachdenken." (Bertrand Russell)

Wenn ich also meine Energie dazu verschwende, Halt von anderen zu bekommen und deren Interesse für mich gering oder gar nicht vorhanden ist, laufe ich etwas nach, das gar nicht existiert. Statt mich auf das Wesentliche zu konzentrieren, kämpfe ich gegen Windmühlen, ohne der geringsten Chance auf Erfolg. Dagegen ist der innere Halt immer da, wenn man ihn braucht und wenn man gelernt hat, sich auf sich selbst zu konzentrieren.

Die Kunst besteht nicht darin, Gefühle zu vermeiden oder zu verdrängen. Vielmehr geht es darum, Gefühle zuzulassen, sie jedoch nicht zu bewerten. Den Zorn, der hochkommt, weil ich mich ungerecht behandelt fühle, akzeptiere ich. Aber ich bewerte ihn nicht. Er hat für mich keinen Wert. Er ist da und er wird wieder weichen. Wenn ich ihn ernst nehme und ihm Gehalt gebe, fällt es mir schwer, verständlich und wirkungsvoll zu argumentieren. Wenn ich mich ungerecht behandelt fühle, möchte ich das ändern; doch nicht abgelenkt und eingeschränkt durch Zorn. Der Zorn ist wie ein Warnsignal und nicht mehr. Im Ernstfall befasse ich mich auch nicht mit dem Warnsignal, sondern mit der Ursache und Lösung. (Janssen und Grün 2017, S. 25)

Beispiel

Wenn ich eine Alarmglocke höre, orientiere ich mich.

- Was ist passiert?
- Woher droht die Gefahr?
- Wie kann ich der Gefahr entfliehen?
- Was habe ich zu tun?

Solange ich nicht in Sicherheit bin, beschäftigen mich diese Fragen. Die Alarmglocke selbst höre ich zwar, jedoch verschwende ich keinen Gedanken an sie. Ich weiß, dass sie wichtig und erforderlich ist, aber nicht mehr. Bliebe ich in Gedanken stets bei der Alarmglocke, würde ich erstarren. Ich würde mich nicht bewegen, um in Sicherheit zu kommen.

Je ruhiger ich in schwierigen Situationen bleibe, je weniger ich mich von aufkeimenden Gefühlen einnehmen lasse, desto schneller und einfacher komme ich dort wieder raus, um mich wieder meiner ursprünglichen Aufgabe zu widmen. Je öfter ich diese innere Ruhe erlebe, desto einfacher wird es, inneren Halt zu empfinden.

Beispiel

Als ich 2017 den Jakobsweg in Spanien ging, konnte ich zu Beginn meiner Fußreise nichts mit innerer Ruhe anfangen. Ich lebte meine Gefühle stets aus. Ich wurde zornig, traurig, unsicher – was auch immer. Und ich verharrte in diesen Gefühlen solange, bis ich entweder abgelenkt wurde oder zu erschöpft war. Vor Menschen, die immer gut aufgelegt waren, graute mir. Meiner Meinung nach war dies alles Fassade. Im Inneren solcher Menschen sah es bestimmt völlig anders aus.

Diese Einstellung änderte sich erst nach zwei Wochen, als ich zum ersten Mal das Gefühl innerer Ruhe erlebte. Durch das tägliche Gehen verlagerte sich mein Denken. Zu Beginn des Weges war ich in Gedanken noch bei meinen Problemen: Ich diskutierte mein Leben, haderte über falsche Entscheidungen und suchte nach Erkenntnissen. Doch je länger ich ging, desto wichtiger wurden meine Füße. Es war nicht wichtig, welche Meinung ich über Sachverhalte hatte, es war nicht wichtig, ob mich jemand akzeptierte oder etwas für mich tat. Wichtig für das Weiterkommen waren meine Füße. Schritt für Schritt wurde mir das bewusst. Je weniger ich mich um sie kümmerte, desto mehr schmerzten sie am nächsten Tag. Es war fahrlässig, sie zu

> vernachlässigen, wenn ich mein Ziel erreichen wollte. Also vergaß ich bei
> jedem Schritt eines meiner Probleme.
> Nach besagten zwei Wochen ertappte ich mich dabei, an nichts zu den-
> ken. Ich saß auf einem Stein auf einer Anhöhe und sah auf die grünen
> Wiesen hinab. Der Wind spielte mit meinen Haaren. In diesem Moment des
> Ertappens, war ich völlig von meiner Umwelt abgetrennt. Zum ersten Mal
> in meinem Leben war ich mit mir selbst allein. Der Zustand dauerte nur
> wenige Sekunden, aber er war so eindringlich, dass ich ihn wieder erleben
> wollte. Er war einzigartig. Ich spürte, wie sich mein ganzer Körper verän-
> derte. Es war mit einem Adrenalinstoß vergleichbar, mit purer Energie. In
> diesem Moment hatte ich das Gefühl, Herr der Lage zu sein, alles schaffen
> zu können. Ich verspürte inneren Halt und dachte nicht an die Zukunft; ich
> lebte zum ersten Mal in meinem Leben im Jetzt.

Gerne glaubt man, dass später alles besser wird. Man sucht seinen Frie-
den in der Zukunft. Wenn ich dies oder das mache, wird alles gut. Doch
in Wirklichkeit verschiebt sich der Gedanke parallel mit der Zeit. Irgendwann erlebt man den Augenblick, wo einem bewusst wird, dass man
selbst nichts bewegt hat; man wurde bewegt. Man ist seinen Wünschen
ständig nachgelaufen, weil man nie die Sicherheit verspürt hat, alles im
Griff zu haben.

Mit innerem Halt erkennt man, dass der gegenwärtige Augenblick der
Wichtigste ist. Im Berufsalltag denkt man immer an morgen, aber die
innere Zufriedenheit findet man nur im Jetzt.

In schwierigen Situationen lässt man sich gern von den Gefühlen anderer Menschen beeinflussen. Man übernimmt Ängste, Zorn oder Hoff-
nungslosigkeit, obwohl man zuvor selbst nichts dergleichen verspürt hat.
Umso verwirrter und betroffener fühlt man sich dadurch, und die Handlungen entsprechen nicht den gewohnten. Man verliert seine Authentizität.

Ich spreche nicht davon, dass man kein Mitgefühl mehr empfinden
soll. Mitgefühl und Verständnis sind enorm wichtig, wenn es um das
Bestehen von Krisen geht. Zu erkennen, wie sich andere fühlen, hilft
dabei, sich selbst zu positionieren, um zu helfen. Die eigenen Gefühle
jedoch bleiben dabei unverändert. Wer innere Ruhe verspürt, hat die
Kraft, sich nicht beeinflussen zu lassen. Ich kann meinen Weg einschlagen, mit der Gewissheit, dass ich das Richtige tue. Dann bleibe ich au-

thentisch. Und Authentizität verleitet andere immer dazu, sie auch erreichen zu wollen. Je ehrlicher und echter ich von anderen gesehen werde, desto ehrlicher und echter gehen sie mit mir um.

Fazit

Ich lasse Gefühle zu, sehe sie jedoch als Alarmzeichen und bewerte sie nicht. Dadurch stärke ich meine innere Kraft, meine innere Gewissheit, Herr der Lage zu sein. Dies gibt mir die Möglichkeit sachlich zu bleiben und dadurch anderen zu helfen. Ich übernehme keine Gefühle von anderen, weil ich in mir ruhe. Diese Ruhe gibt mir die Möglichkeit authentisch zu sein.

7.2   Das Stehaufmännchen-Prinzip

Betrachtet man ein klassisches Stehaufmännchen, so funktioniert das Prinzip des Wiederaufstehens durch ein größeres Gewicht am Fußende; eine Basis, die zwar wackelt aber immer wieder auf den Füßen landet. Für langfristigen Erfolg ist dieses Prinzip unabdingbar, denn wer sich von Rückschlägen oder Fehlentscheidungen aus der Bahn werfen lässt, hat einen weiten Weg zurück zum Geschehen. Und wie man weiß, ist Zeit die wertvollste Konstante im Leben. Viele Menschen arbeiten rund um die Uhr, um sich für meist kurze Zeit freikaufen zu können. Immer wieder aufzustehen ist die wichtigste Tätigkeit einer Führungskraft, denn es gibt Millionen Gründe, wo sie gebraucht wird. Dies sieht auch Fredmund Malik so:

„Aber sie [Führungskräfte] geben deswegen nicht auf, sie resignieren nicht, und vor allem geben sie sich nicht mit Erklärungen und Begründungen für das Versagen zufrieden." (Malik 2006, S. 81)

Ein Stehaufmännchen versagt nie – es schwingt immer zurück in die Ausgangslage. Besser die Zeit zum Vorankommen nutzen, als sie für die unveränderbare Vergangenheit zu verschwenden.

Literatur

Haas Edersheim, E. (2007). *Peter F. Drucker: Alles über Management.* Heidelberg: Redline.

Janssen, B., & Grün, A. (2017). *Stark in stürmischen Zeiten: Die Kunst, sich selbst und andere zu führen.* München: Ariston.

Malik, F. (2006). *Führen, Leisten, Leben.* Frankfurt a. M.: Campus.

8

Abgrenzung

Zusammenfassung In diesem Kapitel widmen wir uns den Fragen: Kann man sich als Führungskraft abgrenzen? Wann sollte man das tun und wann wird es eventuell zu viel Abgrenzung? Mit Hilfe von Metaphern und Modellen wird bildlich erklärt, wie Abgrenzung funktionieren kann, ohne andere vor den Kopf zu stoßen.

William Oncken, Jr. und Donald. L. Wass veröffentlichten im November 1974 in der Harvard Business Review ihren Artikel „Managing Management Time: Who's got the monkey?", welcher von Eva Renate Schmidt ins Deutsche übersetzt wurde unter dem Titel „Vom besseren Umgang mit Affen: Die Bedeutung von selbstbestimmter Zeit". Der Begriff „Monkey Business" wurde ebenfalls von William Oncken, Jr. geprägt.

Nun kurz eine Erläuterung des Affenproblems:

Ein Affe entspricht Zeit, die man für die Lösung einer Herausforderung benötigt. Man kann den Affen nähren, indem man eine weitere Vorgangsweise beschließt oder man kann ihn erschießen, indem man das

© Springer Fachmedien Wiesbaden GmbH, ein Teil von Springer Nature 2020
P. Hennerfeind et al., *Soziale Aspekte der Führung*,
https://doi.org/10.1007/978-3-658-29510-3_8

Problem aus der Welt schafft. Tut man keines von beiden, lässt man den Affen verhungern, oder wie William Oncken es beschreibt:

„Andernfalls werden sie [die Affen] sich zu Tode hungern und der Manager wird viel Zeit für Nachrufe oder Wiederbelebungsversuche verschwenden."

Die wesentliche Frage ist also, auf wessen Schultern befindet sich der Affe. Denn Affen haben Gewicht und sie rauben Zeit, die anderwärtig verwendet werden sollte. Viele Führungskräfte tragen viele Affen auf ihren Schultern, weil sie für jede Herausforderung die Verantwortung übernehmen und selbst handeln. Oft geschieht dies aus mangelndem Vertrauen, dem Mitarbeiter gegenüber. Was man jedoch dabei nicht übersehen darf: Die Last des Affen beschränkt nicht nur die Zeitreserven der Führungskraft, sondern auch die des Mitarbeiters; der wartet nämlich auf die Entscheidung der Führungskraft, um weitermachen zu können. Und Affen springen nicht von alleine von Schultern. Sie bleiben auch in der Freizeit an ihrem Ort und belasten das Gemüt.

Oncken empfiehlt daher, genau darauf zu achten, sich nicht zu viele Affen aufzubürden. Im besten Fall werden Probleme von Mitarbeitern so vorgetragen, dass sie bereits mit Lösungsvorschlägen und klaren Zuständigkeiten versehen sind. Dies minimiert die Aufenthaltsdauer des Affen auf der Schulter wesentlich.

„Nicht mein Affe, nicht mein Zirkus." (polnisches Sprichwort)

Im Prinzip geht es bei Abgrenzung nicht darum, die Zuständigkeit von sich zu schieben. Es geht um eine aufbereitete Darlegung einer Sache, um sie ohne Mehraufwand erledigen zu können. Wenn man sich darauf einlässt, auf Zuruf zu handeln, hat man keine Möglichkeit die Zeit zu planen. Das Ergebnis ist Überforderung. Das Bild, eine ganze Meute von Affen auf seinen Schultern sitzen zu haben, die lärmen und umherspringen, die so schwer sind, dass man seine Schultern unmöglich gerade halten kann, erleichtert es ungemein, sich abzugrenzen.

Manchmal muss man auch „Nein" sagen. Insbesondere, wenn man erkennt, dass das Gegenüber die Lage ausnützt. Nur weil man gewisse Dinge weiß, heißt das nicht, das man als lebendes Lexikon agieren muss. Mitarbeitern zur Seite zu stehen ist eine Sache, doch sich von ihnen ausnützen zu lassen, ist etwas ganz anderes. Auch seinem Vorgesetzten gegenüber hat das freundliche „Nein" durchaus Berechtigung. Immerhin geht es um das eigene Wohl. Wenn ich ins Burnout schlittere, weil ich zu allem „Ja" gesagt habe, wird danach niemand kommen und sich für seine Fragen entschuldigen; es würde auch keinen Unterschied machen. Als Führungskraft muss man auf sich selbst achtgeben. Verantwortung ist keine einfache Sache. Sie sollte stets mit der geistigen und körperlichen Gesundheit in Eintracht gebracht werden. Und um dies zu gewährleisten, braucht man einen gewissen Grad von Abgrenzung.

8.1 Was bedeutet Abgrenzung?

Diese Frage lässt sich gut durch das Modell des Werte- und Entwicklungsquadrats vom Psychologen Friedemann Schulz von Thun veranschaulichen. Es geht hier um Werte (Tugenden oder Eigenschaften), die nur dann zu einer „konstruktiven Wirkung gelangen" wenn sie in Balance zum Gegenwert oder zur „Schwesterntugend" stehen. (Schulz von Thun 2013, E-Book Pos. 411)

Nehmen wir nun als Beispiel den Wert „Abgrenzung" und das Gegenteil, die „Distanzlosigkeit". Im Idealfall herrscht eine dynamische Balance zwischen diesen beiden Eigenschaften, es gibt aber auch von jeder der beiden ein Zuviel des Guten. In der situationsangepassten Beweglichkeit zwischen den vier Werten besteht gleichzeitig auch die Entwicklungsmöglichkeit. Menschen, die zu autonom agieren, können sich in Richtung Kooperation entwickeln und umgekehrt. Und auch zwischen Abgrenzung und Distanzlosigkeit besteht in beiden Richtungen Entwicklungspotential. (siehe Abb. 8.1)

Fehlende Abgrenzung kann bis zur Distanzlosigkeit führen: Im krassen Gegensatz sind hier Leute gemeint, die ihre Nase überall hineinstecken und meinen, bei allen Themen ihren Senf dazugeben zu müssen. Die Übertreibung der Abgrenzung steckt in der völligen Autonomie: Wenn Mitarbeiter sich für gar keine Belange der anderen interessieren und der Meinung sind, das gehe sie alles gar nichts an. Ein positives Spannungsverhältnis zeigt sich zwischen Abgrenzung und Kooperation. Hier gilt es eine dynamische Balance zu finden. Die Diagonalen beschreiben die

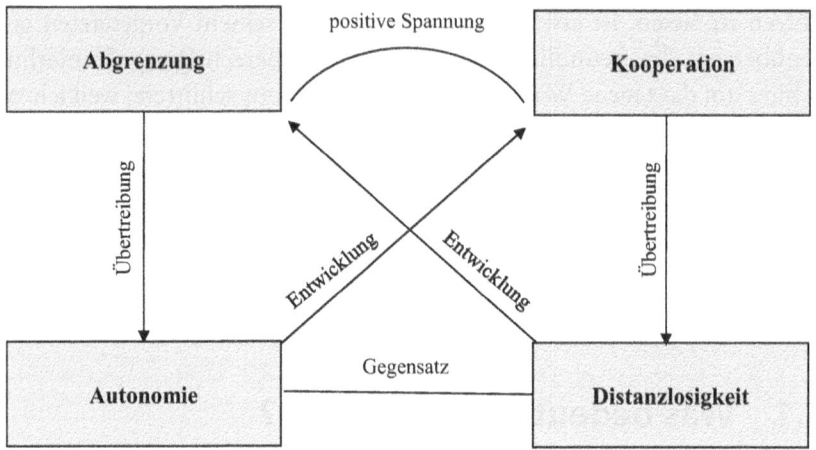

Abb. 8.1 Wertequadrat Abgrenzung

konträren Gegensätze. Tendiert man zu einem der Werte mit einem Zuviel des Guten, zeigt sich hier die Entwicklungsmöglichkeit, in dem man
stärker zum Gegensatz tendiert. (Schulz von Thun 2013, E-Book
Pos. 431)

8.2   Wann ist Abgrenzung nötig?

Wie voran erwähnt, ist ein gesundes Verhältnis zwischen Abgrenzung
und Autonomie zu Kooperation und Distanzlosigkeit wichtig. Die meisten Menschen neigen eher dazu, die Sorgen und Probleme der anderen
zu ihren eigenen zu machen, als sich selbst zu viel abzugrenzen. Daher
wollen wir hier einige Punkte auflisten, wann Abgrenzung gut und hilfreich ist.

8.2.1   Vereinnahmung

Es gibt Kollegen und Mitarbeiter, die ständig um Hilfe bitten. Und es
gibt jene, die Ihnen von ihren Sorgen, ihrem Stress, ihrer vielen Arbeit
erzählen; so lange, bis es Ihnen gelingt sich abzugrenzen, bzw. Gott sei

Dank das klingelnde Telefon unterbricht. Wie geht man mit Vereinnah-
mung um? Wie kann man sich abgrenzen und ist es notwendig schroff zu
werden? Laut Schulz von Thun ist die Abgrenzung, wenn man schroff
reagiert, schon nicht gelungen:

„Einer überbetonten äußeren Abgrenzung (,Da musst du selber sehen,
wie du damit fertig wirst! Absolut dein Problem! [...]') liegt in der Regel
eine innere Anfälligkeit zugrunde, sich hineinziehen zu lassen." (Schulz
von Thun 2013, E-Book Pos. 1138)

Anders ausgedrückt: Je dünner die Haut, umso mehr Stacheln muss
man ausfahren. Die Kunst der Abgrenzung liegt darin, die richtige Balance zu finden. Die Haut sollte dünn genug sein, um Sorgen und Nöte
der Mitarbeiter mitzukriegen, aber dick genug, um nicht selbst davon
erfasst zu werden (siehe Abb. 8.2).

Innerlich gut
abgegrenzt,
dadurch helfender,
mitfühlender
Nahkontakt möglich

Innerlich schecht
abgegrenzt,
dadurch schroffe
Abwehr nach außen
nötig

Abb. 8.2 Konfluenz und Abgrenzung aufseiten des Helfers (Schulz von Thun
2013, E-Book Pos. 1150)

8.2.2 Persönlicher Angriff

Wir alle verdienen einen respektvollen Umgang. Sollten wir persönlich angegriffen werden, haben wir mehrere Möglichkeiten damit umzugehen. Zum einen entscheiden wir selbst, was genau wir hören wollen. Im Kap. 16 erfahren wir mehr zum Nachrichtenquadrat und der gewaltfreien Kommunikation. In dem Moment, in dem Sie sich fragen: „Was hat mein Gegenüber bewogen, diesen Angriff zu starten?" sind Sie schon dabei, die Bedürfnisse des anderen zu ergründen und sind somit weit davon entfernt, beleidigt zu reagieren. Sehen Sie sich in solchen Situationen primär in einer Rolle – nämlich der des Vorgesetzten – und nicht als Privatperson. Als Privatperson kann man einschnappen, aggressiv reagieren oder zurückschießen. Solange man jedoch eine Rolle spielt, bleibt man leichter persönlich unbeteiligt und kann sich mehr Gedanken zu den Ursachen machen. In der Rolle des Vorgesetzten fällt es eventuell auch leichter, das Gegenüber sachlich aber bestimmt auf gewisse Regeln und respektvolle Kommunikation hinzuweisen. Dieselbe Vorgehensweise ist empfehlenswert, wenn in einem Meeting Grenzen überschritten werden und Konflikte auftreten.

8.2.3 Die Kunst des Umformulierens

Konflikte sind meist geprägt von Aggression und destruktiver Sprache. Proksch beschreibt in seinem Buch über Konfliktmanagement im Unternehmen die Kunst des Umformulierens. Diese besteht darin, den negativen Aspekt der Äußerung wegzulassen und stattdessen die eigentliche Bitte, das Anliegen, zu verbalisieren. Ohne Feindseligkeit und verbale Untergriffe, kann das Gegenüber die Botschaft besser erkennen und annehmen. (Proksch 2014, S. 73)

Beispiele (Proksch 2014, S. 73)

„Dieses Argument ist Unsinn." Versus: „Ich kann Ihrem Argument noch nicht folgen. Können Sie es bitte noch einmal wiederholen?"

„Sie sind ein verbohrter Dickkopf." Versus: „Ihre Beharrlichkeit macht mir sehr zu schaffen."

„Das ist mir doch egal." Versus: „Das bleibt Ihnen überlassen."

8.2.4 Die Kunst des Neinsagens

Viele Menschen tun sich damit schwer, Nein zu sagen, aus Angst unkollegial zu wirken, sich unbeliebt zu machen oder nicht mehr gemocht und geschätzt zu werden. Vertrauen Sie Ihrer Intuition wann es nötig ist Nein zu sagen. Oft gibt Ihnen Ihr Körper die Antwort: Haben Sie ein Druckgefühl im Magen? Reagieren Sie nervös oder ärgerlich? Dann ist meist eine freundliche, aber bestimmte Abgrenzung notwendig.

> **Beispiel**
>
> Der Geschäftsführer Ihres Unternehmens will Ihnen seine strategischen Überlegungen mitteilen. Leider immer dann, wenn er am meisten Zeit dafür findet: Freitagabend und am Wochenende. Sie haben jedes Mal die Wahl: Entscheiden Sie ganz klar und bewusst, ob Sie das Telefonat annehmen oder nicht. Wenn es Ihnen gerade passt und Sie Zeit haben, sprechen Sie mit ihm und freuen Sie sich, dass er Sie in seine Überlegungen mit einbezieht. Wenn es nicht passt, weil Ihr Kind gerade dabei ist zu erzählen, wie es in der Schule war oder Sie mit Ihrer Frau beim romantischen Abendessen sitzen, dann lassen Sie das Telefon ruhig einmal klingeln. Oder noch besser: Schalten Sie es schon vorher aus.

Literatur

Proksch, S. (2014). *Konfliktmanagement im Unternehmen: Mediation und andere Methoden für Konflikt- und Kooperationsmanagement am Arbeitsplatz*. Berlin/Heidelberg: Springer.
Schulz von Thun, F. (2013). *Miteinander reden 2: Stile, Werte und Persönlichkeitsentwicklung. Differenzielle Psychologie der Kommunikation*. Hamburg: Rowohlt e-book.

9

Überzeugungskraft und Umsetzungsvermögen

Zusammenfassung In diesem Kapitel widmen wir uns der Überzeugungskraft und dem Umsetzungsvermögen. Wesentliche Faktoren sind die Körpersprache, die Kraft der Bilder sowie die Kraft der Sprache. Mit anschaulichen Beispielen und teils philosophischen Ansätzen wird die Wichtigkeit des Zusammenspiels von Körper, Gedanken und Sprache aufgezeigt.

Ich habe immer daran gezweifelt, dass bloße Worte reichen, um jemand zu 100 Prozent zu überzeugen. Wenn nicht die Handlungen genauso überzeugend sind, bleibt ein Rest von Unglaubwürdigkeit. Wenn ich als Führungskraft nicht hinter meinen Entscheidungen stehe und auch für Fehler geradestehe, werden meine Worte bei den Mitarbeitern nicht ins Gewicht fallen. Wenn ich nicht selbst von einer Sache überzeugt bin, kann ich auch mein Gegenüber nicht davon überzeugen. Diverse Präsentationen von schlecht geschulten und nicht überzeugten Vortragenden zeigen das immer wieder. Im Prinzip erkennt man bereits nach wenigen Sekunden, ob der Vortragende selbst von seinen Worten überzeugt ist.

© Springer Fachmedien Wiesbaden GmbH, ein Teil von Springer Nature 2020
P. Hennerfeind et al., *Soziale Aspekte der Führung*,
https://doi.org/10.1007/978-3-658-29510-3_9

Doch was tun, wenn man jemanden von etwas überzeugen soll, das einem aufgetragen wurde und von dem man selbst nicht überzeugt ist? Ich musste in meiner beruflichen Laufbahn oft Wege einschlagen, die mir von höherer Stelle aufgetragen wurden und mit denen ich nicht glücklich war. Dieses Prozedere erlebt wohl jeder einmal in seinem Beruf.

Ist es besser zu sich selbst ehrlich zu bleiben und den Auftrag zu verweigern, oder nimmt man das Risiko in Kauf, nicht überzeugend zu sein, wenn man mit dem Thema vor seine Mitarbeiter tritt? In meiner Vergangenheit, und ich spreche nur aus eigener Erfahrung, war es langfristig gesehen stets ein Fehler, nicht zu mir ehrlich zu sein. So sehr ich mich bemüht habe, überzeugend zu wirken, schlussendlich hat man mir nicht geglaubt, und die Auswirkungen waren schlimmer, als ich sie zuvor vermutet habe.

Anselm Grün meint in seinem Buch „Stark in stürmischen Zeiten", dass das Ausführen eines Vorsatzes nichts mit Willenskraft zu tun hat, sondern mit Klugheit. (Janssen und Grün 2017, S. 20)

Handle ich also in dem Vorsatz jemanden zu überzeugen, so reicht es nicht aus, dass tun zu wollen. Es bedarf Klugheit: Ich weiß wovon ich spreche, ich habe es verstanden. Ich handle angemessen nach allgemeinem Verständnis, was so viel bedeutet wie: Meine gewollte Handlung wird von der Allgemeinheit akzeptiert. Und da ich selbst auch zur Allgemeinheit gehöre, akzeptiere ich sie auch. Ich handle also nicht klug, wenn ich etwas tue, dass ich nicht akzeptiere. Und von meinem Gegenüber wird es daher auch nicht als klug empfunden.

Klug bedeutet auch, alle Bereiche meines Wissens zu durchforsten, um so die relevantesten Sachverhalte in meine Handlung miteinzubeziehen. Betrachtet man also schlechtes Umsetzungsvermögen aus der Sicht der Klugheit, so trifft die Meinung Fredmund Maliks ebenfalls zu.

„In Wahrheit gibt es nur zwei Gründe für Umsetzungsschwäche: erstens, man nimmt sich zu viel vor, vor allem zu viel Verschiedenartiges; und zweitens, das Follow-through, das Nachfassen, ist nicht organisiert." (Malik 2006, S. 329)

Sich zu viel Verschiedenartiges vorzunehmen, hat eindeutig nichts mit Willensstärke zu tun. Wenn dann schon mit mangelhafter Klugheit. Und sich vorher nicht zu überlegen, was man tut, wenn der Vorsatz schiefgeht, entspricht ebenfalls nicht der Klugheit.

Fazit

Ich bin überzeugend, wenn ich klug handle.

9.1 Körpersprache

Was genau bedeutet Körpersprache?
Die Diplom-Psychologin und Körpersprache-Expertin Monika Matschnig erklärt den Begriff wie folgt: „Sprechen ohne Worte, nonverbale Kommunikation. Das tun wir durch alle bewussten und unbewussten Bewegungen – also durch Körperhaltung, Gestik, Mimik und Stimme." (Matschnig 2019, E-Book Pos. 183) Wie wichtig die Körpersprache ist, soll das folgende Beispiel veranschaulichen:

Beispiel

Wenn jemand mit ernster Miene, einseitig heruntergezogenem Mundwinkel und leicht nach oben gezogenen Augenbrauen meint „War echt toll", dann wird das zumeist so interpretiert, dass es dieser Person nicht gefallen hat. Für Sheldon Cooper aus der Fernsehserie „Big Bang Theory" müsste man jetzt das Schild „Sarkasmus" in die Höhe halten. Warum? Weil er einen jungen Wissenschaftler mit leichter Form von Autismus darstellt, der nicht in Gesichtern lesen kann. Für ihn zählt rein die gesprochene Sachbotschaft. Die wahre – oder besser gesagt eine hintergründige ironische – Botschaft versteht er nicht.

Der nonverbale Ausdruck wird vorrangig interpretiert, obwohl oft unbewusst. Die Körpersprache hat also vor dem Gesprochenen Priorität.

Marshall Rosenberg verwendet die Körpersprache in seiner Methodik der „Gewaltfreien Kommunikation" in zweierlei Hinsicht: Zum einen

beobachtet er sein Gegenüber, ob dieser eine entspannte oder ange-
spannte Körperhaltung zeigt, um entsprechend darauf reagieren zu können (Rosenberg 2010, E-Book Pos. 3406), zum anderen empfiehlt er, die
eigene Mimik und Körpersprache zu beobachten und zu kontrollieren,
um empathisch und deeskalierend wirken zu können. (Rosenberg 2010,
E-Book Pos. 443)

Der bekannte deutsche Zauberkünstler Thorsten Havener ist Spezialist
für Körpersprache. Zunächst studierte er Sprachwissenschaften und war
gelernter Diplom-Übersetzer. Die Faszination für Sprache brachte ihn
zur Körpersprache. Nach seinem „Dreisatz" kommt zuerst der Gedanke,
dann spricht der Körper und erst dann der Mund. Er beschreibt folgendes:

> Beim Dolmetschen habe ich gelernt, dass Sprache überall dort wichtig ist,
> wo Menschen aufeinandertreffen. Und bei meinen Auftritten habe ich ge-
> lernt, dass das für die Körpersprache noch viel mehr gilt. (Havener 2014,
> E-Book Pos. 103)

Er ist davon überzeugt, dass

> wir durch Empathie und bewusstes Kommunizieren unsere Ziele leichter
> erreichen und ein zufriedeneres Leben führen können. Der richtige Um-
> gang miteinander ist eine der Schlüsselkompetenzen dafür. Wenn wir uns
> nicht richtig mitteilen können und den anderen nicht richtig verstehen,
> bringt uns all unser Fachwissen auch nicht weiter. Wenn wir im Beruf die
> Mitarbeiter nicht verstehen, endet das im schlimmsten Fall in Mobbing
> oder einem Burn-out. (Havener 2014, E-Book Pos. 114)

Kurz gesagt: Auch Havener ist der Meinung, dass die Fähigkeit richtig
zu kommunizieren, und dazu zählt auch die Körpersprache, noch vor
dem Fachwissen einzuordnen ist.

Ein Großteil unserer Körpersprache läuft unbewusst ab. Im Normalfall machen wir uns während eines Gespräches keine Gedanken darüber.
Vom Gegenüber werden Haltung, Gestik, Stimme und andere Einzelheiten, zwar oft unterbewusst, aber sehr wohl wahrgenommen, und meist
erfolgt auch eine unmittelbare Reaktion darauf. Diese Reaktion kann so-

wohl positiv (zum Beispiel durch Erwiderung eines Lächelns) aber auch negativ (zum Beispiel durch eine Abwehrhaltung) erfolgen.

Fragen
- Kommt es vor, dass Sie andere nicht überzeugen können, obwohl Sie Experte/Expertin in Ihrem Thema sind?
- Haben Sie in diesem Moment das Gefühl, dass manche Menschen unwirsch, fast schon aggressiv auf Sie reagieren?

Die Antwort könnte in Ihrer Körpersprache liegen: Eine nonverbale Mitteilung, die Sie dem Umfeld unabhängig von den gerade besprochenen Sachthemen – oder möglicherweise sogar in völligem Widerspruch – mitsenden. Nach Haveners Dreisatz würde das bedeuten: 1, der Gedanke stimmt mit 2, der Körpersprache, aber nicht mit Punkt 3, dem Mündlichen, überein. Ein aufmerksames Gegenüber nimmt das sofort wahr und erkennt die Divergenz dahinter.

Wenn Sie nun denken, Ihre Körpersprache pausenlos kontrollieren zu müssen, um beruflich erfolgreich zu sein, kann Sie Matschnig beruhigen: Sie meint, es komme nur darauf an, dass sich die verbale und die nonverbale Kommunikation auf derselben Ebene abspielen. „Unsere Worte sollen durch unser Verhalten bestätigt werden, indem wir auf beiden Ebenen dieselbe Botschaft vermitteln." (Matschnig 2019, E-Book Pos. 197)

Dies bedeutet, dass eine Kongruenz zwischen gesprochenen Worten und der Körpersprache notwendig ist, um glaubwürdig zu wirken. Das ist dann der Fall, wenn der Sprecher von seinen Worten voll und ganz überzeugt ist. Ist er jedoch von vornherein ängstlich oder angespannt und nicht davon überzeugt, dass man ihm glauben könnte, wird er möglicherweise eine inkongruente Körpersprache zeigen.

Körpersprache bewusst wahrzunehmen, hat nicht nur den Vorteil andere besser einschätzen und verstehen zu können, man kann sogar seine eigenen Gedanken und Gefühle mitbeeinflussen. Eine einfache Übung, von der Sie vielleicht schon mal gehört haben (wenn Sie bereits ein Motivationsseminar besucht haben, sogar ziemlich sicher!).

> **Beispiel**
>
> Nehmen Sie einen Bleistift zwischen die Zähne und halten Sie die Pose zwei Minuten lang. Egal wie negativ Ihre Stimmung war: Durch die automatisch nach oben gezogenen Mundwinkeln geht das Gehirn davon aus man lächle und sendet die dementsprechenden Botenstoffe auf den Weg; in dem Fall Endorphine (Glückshormone). Abgesehen davon kommt man sich dabei meist dämlich vor, sodass man wirklich lachen muss.

„Kopf hoch", das Buch von Dr. Claudia Croos-Müller mit dem Zusatztitel „Soforthilfe bei Stress, Ärger und anderen Durchhängern" beschreibt den Zusammenhang zwischen Körper und Gehirn und warum man mit der Körperhaltung seine Gedanken und Gefühle beeinflussen kann: Der Gemütszustand zeigt sich an der Körperhaltung und die Körperhaltung beeinflusst wiederum den Gemütszustand. (Croos-Müller 2011, S. 3) Die Neurologin hat aufgrund dieser Tatsache einfache Körperübungen entwickelt, mit deren Hilfe man sich bei Panik- und Stresssituationen helfen kann.

Hat ein Mensch schlechte Stimmung, äußert sich das am ganzen Körper: Die Wirbelsäule wird krumm, der Blick geht nach unten, die Atmung wird dadurch flacher.

Croos-Müller empfiehlt, die Reihenfolge zu ändern:

„Lass nicht deinen Gemütszustand auf deinen Körper wirken. Sondern beeinflusse gezielt über deinen Körper deinen Gemütszustand." (Croos-Müller 2011, S. 4)

Sie empfiehlt dafür einfache Korrekturen an der Körperhaltung wie zum Beispiel: „Kopf hoch", „Brust raus" oder „breitbeinig stehen".

> **Beispiel**
>
> Versuchen Sie es im nächsten Meeting:
>   Starten Sie mit aufrechter Körperhaltung und einem Lächeln! Sie werden sich selbst besser fühlen und Sie werden zumindest einen Teil der Anwesenden – wir alle verfügen über sogenannte Spiegelneuronen – damit anstecken. Die dadurch geschaffene, entspanntere Atmosphäre kann der Problemlösung nur dienlich sein. Kreative Ideen und Kompromisslösungen entfalten sich nur schwer in angespannter Stimmung.

Pierre Franckh schreibt in seinem Buch „Das Gesetz der Resonanz" über „das Geschenk der Spiegelneuronen". Der italienische Neurologe Giacomo Rizzolatti fand heraus, dass spezielle Gehirnzellen beim Beobachten einer Tätigkeit angeregt werden und sie diese Bewegungsabläufe speichern und wiederholen können, obwohl die Tätigkeit nicht selbst durchgeführt wurde. Diese Gehirnzellen – die Spiegelneuronen – verleihen also die Fähigkeit, Tätigkeiten innerlich nachzuvollziehen, wenn wir sie bei anderen beobachten. (Franckh 2010, E-Book Pos. 957)

Erinnern Sie sich, als Sie das letzte Mal mit einem Sportler mitgefiebert haben? Egal, ob es sich dabei um ein Fußballspiel, ein Auto- oder Skirennen, oder einen Boxkampf handelt:

> Ohne dass es uns richtig bewusst wird, werden wir in das Geschehen hineingezogen, als würden wir es selber erleben. Wird die Situation für unseren Lieblingssportler kritisch oder erreicht der Wettkampf eine entscheidende Phase […] dann spannen sich unsere Muskeln an, unser Puls beschleunigt sich und unser Atem geht wesentlich schneller. (Franckh 2010, E-Book Pos. 975)

Obwohl wir nur auf der Couch sitzen mit einer Tüte Kartoffelchips in der Hand, erleben wir die gleiche Gefühlspalette wie der Sportler selbst: von Aufregung über Jubel und Freude bis hin zu großer Enttäuschung und Leid. Und dabei ist unser gesamter Körper beteiligt.

> Die Spiegelneuronen geben uns also die Chance, uns in andere Personen hineinzuversetzen. […] Wir empfinden Mitleid, Ekel oder Glücksgefühle innerlich mit und können diese Gefühle dadurch verstehen und nachvollziehen. (Franckh 2010, E-Book Pos. 977)

Croos-Müller erklärt die Spiegelneuronen als Nervenzellen, die im Gehirn während der Betrachtung einer Person, die gleichen aktiven Verhaltensmuster auslösen, die diese Person zeigt. Zum Beispiel: Man lächelt automatisch, wenn man von jemandem angelächelt wird. (Croos-Müller 2011, S. 7)

Man könnte daher die Spiegelneuronen auch als Empathie erklären. Mit Hilfe der Spiegelneuronen können wir erkennen, wie es den anderen gerade geht und deren Gefühle nachempfinden.

Bei manchen Kommunikationstechniken wird Gestik und Körperhaltung nachgeahmt, um sich in das Gegenüber besser einfühlen zu können. Wir wollen hier auch das sogenannte NLP – die Neuro-Linguistische Programmierung – vorstellen. Nicht unbedingt, weil wir die Anwendung von NLP empfehlen, aber weil man sich durch die Theorie des NLP ein gutes Bild machen kann, um was es sich bei „Empathie" oder einer „gemeinsamen Wellenlänge" eigentlich handelt. Im Wesentlichen handelt es sich um Ähnlichkeiten und Übereinstimmungen in der Körpersprache.

NLP wurde Anfang der 70er-Jahre entwickelt und hatte ursprünglich zum Ziel, die eigene Kommunikation zu verbessern. Heute besteht NLP aus einer weiten Sammlung von Techniken und Methoden. Besonderes Augenmerk wird hier unter anderem auf nonverbale Kommunikation gelegt. NLP-Anwender nehmen zunächst einmal die Körpersprache des anderen wahr:

> Wie atmet der andere? Wie ist seine Haltung, seine Körperspannung, sein Blick, seine Mimik? Ist sein Händedruck fest oder schlaff, trocken oder feucht? Diese Wahrnehmungen sind Grundlage dafür, sich auf andere einzustellen (kalibrieren). (Heragon 2012, E-Book Pos. 292)

Es wird also zunächst die Körpersprache des Gegenübers genau beobachtet, um sich in ihn hineinversetzen zu können und sich seiner Stimmung bewusst zu werden.

Der nächste Schritt besteht aus „Spiegeln" oder „Pacing". Darunter versteht man, die Handlungsweisen des anderen wie in einem Spiegel wiederzugeben.

Sobald wir eine ähnliche Körperhaltung einnehmen wie die Person gegenüber, fühlt sich diese wohl und verstanden. Warum?

> Wer sich gut versteht, spricht die gleiche Körpersprache: Bewegungen, Gestik, Mimik und Atmung passen sich wechselseitig dem Gegenüber an. Dieses Phänomen können Sie bewusst einsetzen, um ‚Rapport', eine angenehme Stimmigkeit zwischen Menschen, herzustellen. […] Achten Sie dabei auf Nicken, Stirnrunzeln, Fußwippen, Armbewegungen und Atemtiefe! (Heragon 2012, E-Book Pos. 27)

Laut Heragon verwenden Menschen auf gleicher Wellenlänge – also, im Rapport – ähnliche Wörter und nehmen ähnliche Körperhaltungen ein. Sie wechseln die Haltung gleichzeitig, nicken zeitgleich mit dem Kopf, erwidern ihr Lachen und berühren sich selbst an den gleichen Stellen. (Heragon 2012, E-Book Pos. 51)

Ist ein guter Rapport hergestellt, kann man zum „Leading" übergehen: Leading wird sowohl auf verbaler als auch auf nonverbaler Ebene benutzt, um Interaktionen und deren Verlauf in eine gewünschte Richtung zu lenken, wie zum Beispiel von einem Problemzustand zu einer Lösung. (Heragon 2012, E-Book Pos. 37)

Es ist von Vorteil, sich die Vorgänge des Rapports bewusst zu machen. Die Techniken, vor allem das Leading, sind jedoch mit Vorsicht zu genießen und bedürfen genügend Übung, um authentisch zu wirken. Matschnig meint dazu:

Wenn Sie eine ‚fremde' Körpersprache adaptieren oder kopieren, ändert das nichts an Ihrer Wirkung und schon gar nichts an Ihrer Persönlichkeit. Es hat nur eines zur Folge: Sie werden vermutlich nicht authentisch wirken, und das ist alles andere als vertrauenswürdig. (Matschnig 2019, E-Book Pos. 122)

Beispiel

Überprüfen Sie einmal:

- Wie ist Ihre Körperhaltung jetzt gerade? Ja, Sie lesen gerade ein Buch.
- Aber wie fühlt sich Ihr Körper dabei an?
- Ist Ihr Schulterbereich entspannt oder leicht hochgezogen?
- Sitzen oder liegen Sie entspannt oder sind Ihre Beine überkreuzt?
- Ist Ihre Wirbelsäule gerade oder krumm?
- Wie steht es mit Ihrem Gesicht? Viele Menschen ziehen beim Lesen die Augenbrauen zusammen.
- Ist Ihr Kiefer entspannt oder beißen Sie gerade die Zähne zusammen?

Beginnen Sie, sich Ihre Körperhaltung immer wieder bewusst zu machen und gegebenenfalls zu korrigieren. Sie werden sehen: Wenn Ihr Körper entspannt ist, fühlen auch Sie sich entspannter. Der umgekehrte Weg ist also auch möglich: Sie können mit Ihrer Körperhaltung Ihre Stimmungslage beeinflussen.

Croos-Müller erklärt das so: Der Körper ist mit dem Gehirn über insgesamt 5,8 Millionen Kilometer Nervenbahnen verbunden. Somit stehen körperliche und emotionale Empfindungen in einem Zusammenhang. (Croos-Müller 2011, S 10 f.)

Fühlt sich eine Person traurig, verwundbar oder mutlos, reagiert auch ihr Körper dementsprechend. Die Schultern werden nach vorn gezogen, der Kopf senkt sich, dadurch wird die Atmung automatisch flacher, was sich wiederum negativ auf das Wohlbefinden auswirkt – ein Teufelskreis. Daher lautet ihr Rat, den Teufelskreis mit einfachen Körperübungen wie Kopf hoch, Brust raus und Strecken und Dehnen zu durchbrechen. (Croos-Müller 2011, S. 4 f.)

> Je bewusster Ihnen Ihre eigene Körpersprache wird – indem Sie sich immer wieder Ihre aktuelle Körperhaltung und Ihre Stimmung bewusst machen –, umso besser können Sie auch die Stimmung und Gefühle bei anderen erkennen.

Ihre Gedanken haben Einfluss auf Ihre Körpersprache, und Ihre Körpersprache wiederum hat Einfluss auf Ihre Gefühle. Die eigenen Gedanken zu kontrollieren, mag manchmal schwierig sein, aber Sie haben die Möglichkeit, Ihre Körpersprache zu beeinflussen. Das gelingt nicht ständig, aber sooft Sie daran denken, oder in manch heiklen Situationen, können Sie den Umstand nutzen. Mit aufrechtem Gang, einer imaginären Krone auf dem Kopf, einem offenen Blick und einem Lächeln verbessern Sie nicht nur Ihre eigene Stimmung: Ihre positive Haltung wird auch von anderen wahrgenommen. (Matschnig 2019, E-Book Pos. 162)

Fazit

Mit Hilfe der Körpersprache können wir unsere Empathie und somit unsere Kommunikationsfähigkeit verbessern: Da die Körpersprache – Körperhaltung, Gesichtsausdruck, Gestik, Stimmlage … unmittelbar durch die Gefühlslage beeinflusst wird, kann sie bewusst wahrgenommen und gelesen werden.

9.2 Die Kraft der Bilder

Die Visualisierung ist ein ausgezeichnetes Werkzeug, um komplexe Sachverhalte verständlich aufzubereiten. Sich ein Bild von etwas zu machen bedeutet, die gesamte Szenerie auf einen Blick darzustellen, wie auf einem Gemälde. Auch Geschichten dienen dazu, lose Informationen zusammenzuführen. Je kürzer und einfacher eine Sache dargestellt wird, desto leichter ist sie zu verstehen und anzunehmen.

Gustave Le Bon beschreibt in seinem Buch „Psychologie der Massen": „Die Massen können nur in Bildern denken und lassen sich nur durch Bilder beeinflussen." (Le Bon 2009, E-Book Pos. 862)

Weiter erklärt er, dass sich die bildliche Darstellung besonders im Theater zeigt. Das Publikum wurde in früheren Zeiten dadurch so stark beeinflusst, dass vereinzelt Schauspieler nach dem Theaterstück angegriffen wurden. Die Bilder haben dem Publikum dieselben Gefühle suggeriert, die im jeweiligen Stück vermittelt wurden. Mit derartigen Beispielen zeigt sich, wie leicht Menschen beeinflussbar sind und welche Kraft hinter Visualisierung steckt. (Le Bon 2009, E-Book Pos. 863)

Die Kraft der Bilder kann auch bei Zielsetzungen hilfreich sein. Für unser Gehirn sind alle Szenen gleich real, egal ob wir sie erlebt haben und uns daran erinnern, oder ob wir sie uns nur vorstellen. Deshalb kann die Technik des Visualisierens sehr erfolgreich sein, um unsere Ziele zu verwirklichen. Wer seine Wünsche und Träume immer vor dem inneren Auge hat, wird stetig daran erinnert und verzettelt sich weniger. Profisportler nutzen die Technik des Visualisierens schon lange: Alleine schon die Vorstellung den Wettkampf zu bestreiten und zu gewinnen, spiegelt dem Gehirn eine Realität vor.

Ob eine Handlung lediglich als inneres Bild in der Vorstellungswelt gedanklich vollzogen oder aber tatsächlich ausgeführt wird, lässt sich auch mit Hilfe der bildgebenden Verfahren nicht eindeutig klären. In beiden Fällen werden weitgehend identische innere Vorstellungsbilder wachgerufen. (Hüther 2014, S. 86)

Viele Menschen glauben von sich, sie hätten keine gute Vorstellungskraft. Lassen Sie sich jedoch eines sagen: Wenn Sie sich schon einmal

Sorgen gemacht haben, dann haben Sie Vorstellungskraft. Wer sich Schlimmes ausmalen kann, hat auch die Fähigkeit, positive Dinge zu visualisieren. Leider benutzen wir die Technik jedoch meist, um uns Schreckensszenarien auszumalen.

Beispiel

Eine Übung, um die Visualisierungsfähigkeit zu trainieren, ist die Kerzenübung:
   Betrachten Sie ein paar Minuten die Flamme einer Kerze. Danach schließen Sie die Augen und stellen sich das Gesehene nochmals genau vor. Sie werden merken, dass – je öfter Sie diese Übung durchführen – die Flamme immer präziser mit dem inneren Auge zu sehen ist. (Obermaier und Täuber 2016, S. 210)

Wie wichtig die Visualisierung von Zielen und Erfolgserlebnissen ist, hat auch die Studie von der Psychologin Gail Matthews an der Dominican Universität in San Rafael, Kalifornien ergeben: Matthews bat 267 Personen im Alter von 23 bis 72 Jahren sich Ziele zu überlegen, die sie in den nächsten vier Wochen erreichen möchten, wie z. B. ein Projekt erfolgreich abschließen oder seine eigene Leistung steigern. Sie unterteilte in fünf Gruppen:

Die erste Gruppe sollte ihre Ziele mündlich formulieren und priorisieren. Die zweite Gruppe hatte die Aufgabe, ihre Ziele schriftlich zu fixieren und zu priorisieren. Die dritte Gruppe wurde instruiert, lediglich die Maßnahmen zur Zielerreichung zu notieren. Die vierte Gruppe sollte sowohl die Ziele als auch die konkreten Maßnahmen aufschreiben und einem Freund davon berichten. Die fünfte Gruppe hatte zusätzlich zu den Aufgaben der vierten Gruppe, die Anweisung, auch den Fortschritt schriftlich festzuhalten.

Das Ergebnis war wenig verwunderlich: 76 Prozent der fünften Gruppe hatten ihre Ziele erreicht, dagegen waren die Teilnehmer der Gruppe 1 nur bei 43 Prozent Zielerreichung angelangt. Das ist beeindruckend, wenn man bedenkt, dass wir im beruflichen Alltag meistens mit einer Liste an Aufgaben und Maßnahmen ein Meeting verlassen, selten aber mit dem Zielbild oder einer Liste an bereits Erreichtem. (Matthews 2015)

9.2.1   Das Vision Board

Um die Kraft der Bilder für Ihre Zielerreichung einzusetzen, ist das sogenannte Vision Board eine hilfreiche Methode: Dies ist eine kreative Darstellung der eigenen Ziele und kann aus einer Collage von Bildern, Stichworten und Affirmationen bestehen. Eine kleine Pinwand, Magnettafel, oder ein Stück Pappe genügen. Sobald das Vision Board befüllt ist, hängen Sie es an einer möglichst prominenten Stelle auf, also an einer Stelle, an der Sie täglich vorbeikommen, wie zum Beispiel über dem Schreibtisch, auf der Kühlschranktür oder im Vorzimmer. Abfotografiert kann das Vision Board auch zum Bildschirmschoner werden.

9.2.2   Der Erfolgsfilm

Schreiben Sie Ihr persönliches Drehbuch, in dem Sie Ihre Ziele erreichen. Arbeiten Sie dabei mit so vielen Sinnen wie möglich. Malen Sie sich die Orte und Personen der Handlung genau aus, beschreiben Sie Ihre Gefühle und vor allem das Gefühl, wenn Sie Ihr Ziel erreicht haben. Möglicherweise können Sie Ihr Ziel auch mit einem Duft oder einem Geschmack verbinden? Lassen Sie Ihrer Fantasie freien Lauf!

> Machen Sie Ihre Bilder noch größer, noch farbenfroher, noch aufregender und bringen Sie intensives Erleben hinein. Dadurch können die Gefühle verstärkt werden und je stärker die Gefühle, desto höher der Glauben und das Vertrauen in die Verwirklichung. Wichtig ist, dass Sie alles so erleben, als hätten Sie das Ziel bereits erreicht!

Wie gesagt: Ihr Gehirn kann nicht unterscheiden, ob es sich um reale Bilder, oder um ein fiktives, von Ihnen kreiertes Bild handelt. Als nächstes braucht es Geduld und vor allem Wiederholung, Wiederholung und Wiederholung, damit ihr persönliches Programm abgespeichert und zu einer Gewohnheit werden kann, die wiederum Ihr Verhalten prägt.

9.3   Die Kraft der Sprache

„Die Grenzen meiner Sprache sind die Grenzen meiner Welt."
(Wittgenstein)

Die Sprache hat sich laut Forschungen der Anthropologie entwickelt,
weil Menschen sich in immer größeren Gruppierungen zusammengefun-
den haben. Die körperliche Berührung, die kleinen Gruppen zur Kommunikation diente, funktionierte bei mehreren Menschen nicht mehr.
Die Sprache diente also ursprünglich dem Zusammenhalt, der Beziehung
von Menschen, und nicht dem Weitergeben von Sachinhalten. (Sprenger
2018, S. 156)

Als sich das Individuum aus der Gruppe gelöst hatte, wurde die Sprache umfangreicher.

Einer der berühmtesten Sprachwissenschaftler und Philosophen Ludwig Wittgenstein versuchte in seinem „Tractatus Logico Philosophicus"
die Satzbildung einer kategorischen Logik zu unterwerfen, indem er unter anderem in sinnvolle (wahre) und unsinnige (unwahre) Sätze unterteilte. Ein Satz ist dann unwahr, wenn er dem naturwissenschaftlichen
Verständnis widerspricht. Zum Beispiel: „Schönes Wetter gibt es nicht"
oder „Mein Hund wiehert". Er bezeichnete es folgendermaßen:

„Die Gesamtheit der wahren Sätze ist die gesamte Naturwissenschaft
(oder die Gesamtheit der Naturwissenschaften)." (Wittgenstein 1963)

Weiter behauptete Wittgenstein:

„Die Grenzen meiner Sprache sind die Grenzen meiner Welt." (Wittgenstein 1963)

Führt man die beiden Aussagen zusammen, so ergibt sich ein Problem.
Um wahre Sätze sagen zu können, bedarf es dem gesamten Wissen um
die Naturwissenschaften. Denn, je weniger ich darüber weiß, desto enger
sind die Grenzen meiner Welt. Oder anders ausgedrückt: Wenn mir na-
turwissenschaftliche Kenntnisse fehlen, bin ich nicht gefeit davor, unwahre Sätze zu bilden und so außerhalb der Grenzen meiner Welt zu
sprechen.

Was so kompliziert klingt, ist eigentlich ganz einfach. Wenn wir über
uns selbst Dinge sagen, die eindeutig unwahr sind, befinden wir uns in
diesen Momenten außerhalb unserer Welt. Ich sage zum Beispiel: „Ich

kann nicht Chef einer Firma werden" oder „Ich werde nie lernen, Gitarre zu spielen." Beide Aussagen sind naturwissenschaftlich falsch, denn nach den Gesetzen der Natur spricht nichts dagegen, Chef einer Firma zu werden oder Gitarre zu erlernen.

Durch die unwahren Behauptungen verliert man die Sicherheit, in seiner eigenen Welt zu bleiben bzw. die Grenzen der eigenen Welt zu erkennen. Man begibt sich in eine irreale Situation. Und je mehr unwahre Dinge man von sich gibt, desto irrealer wird das eigene Leben; und desto leichter verliert man den Faden, in seiner eigenen Welt zu bleiben. Man fühlt sich von anderem bewegt, obwohl man selbst den Anstoß dazu gab.

Wenn ich mir zum Beispiel einrede, etwas tun zu müssen, ohne einen naturwissenschaftlichen Beweis dafür zu haben, überschreite ich ebenfalls die Grenze meiner Welt.

Dieses Überschreiten äußert sich in Unsicherheit, Druck und Unwohlsein. Wenn man ehrlich darüber nachdenkt, gibt es nur wenige Zustände, die ein „müssen" aus naturwissenschaftlichen Gründen erfordern. Mir fallen da nur menschliche Grundbedürfnisse ein.

Im Berufsleben (oder auch Privatleben) ist ein „muss" also etwas selbst Definiertes, das keiner weiteren Logik entspricht. Warum sich also dieses Wortes bedienen, wenn es lediglich negative Auswirkungen nach sich zieht?

Ein anderer Sinn hinter Wittgensteins Festlegungen zeigt sich, wenn man sich bestimmte Gedanken oder Sätze nicht zugesteht. Wenn ich mir nicht zutraue, etwas auszusprechen, dann kann es laut Wittgenstein gar nicht geschehen, da die Grenzen meiner Sprache, die Grenzen meiner Welt sind. Ich traue mir nicht zu, mich zu ändern, also wird es auch nicht geschehen. Ich traue mir nicht zu, meine Probleme zu lösen, also werden sie mir bleiben. Oder gibt es einen naturwissenschaftlichen Grund, der dagegenspricht?

Fazit

Sprechen Sie Ihre Wünsche aus. Definieren Sie sie, als wären sie bereits Wirklichkeit. Lösen Sie Probleme, indem Sie das gewünschte Ergebnis laut aussprechen. Lassen Sie Ihre Sprache Ihre Grenze erweitern. Verstoßen Sie „unwahre" Sätze aus Ihrem Sprachgebrauch und achten Sie auf gefährliche Wörter, wie „muss" oder „soll". Suchen Sie nach ihren eigenen Grenzen, indem Sie sich alles zutrauen, das naturwissenschaftlich möglich ist. Nutzen Sie die Kraft der Sprache, um ihre vielfältigen Möglichkeiten möglich werden zu lassen.

Literatur

Croos-Müller, C. (2011). *Kopf hoch! Das kleine Überlebensbuch: Soforthilfe bei Stress, Ärger und anderen Durchhängern.* München: Kösel.

Franckh, P. (2010). *Das Gesetz der Resonanz* (4. Aufl.). Burgrain: Koha.

Havener, T. (2014). *Ohne Worte: Was andere über dich denken.* Hamburg: Rowohlt.

Heragon, C. (2012). *NLP. Basiswissen in 50 x 2 Minuten.* Freiburg: Heragon.

Hüther, G. (2014). *Die Macht der inneren Bilder. Wie Visionen das Gehirn, den Menschen und die Welt verändern.* Göttingen: Vandenhoeck & Ruprecht.

Janssen, B., & Grün, A. (2017). *Stark in stürmischen Zeiten: Die Kunst, sich selbst und andere zu führen.* München: Ariston.

Le Bon, G. (2009). *Psychologie der Massen.* Hamburg: Nikol.

Malik, F. (2006). *Führen, Leisten, Leben.* Frankfurt a. M.: Campus.

Matschnig, M. (2019). *Körpersprache. Macht. Erfolg: Wie Sie andere im Beruf überzeugen und begeistern.* Offenbach: Gabal.

Matthews, G. (2015). *Goal research summary.* Paper presented at the 9th annual international conference of the psychology research unit of Athens Institute for Education and Research (ATINER), Athens, Greece.

Obermaier, P., & Täuber, M. (2016). *Gewinner grübeln nicht. Richtiges Denken als Schlüssel zum Erfolg.* Berlin: Goldegg.

Rosenberg, M. (2010). *Gewaltfreie Kommunikation: Eine Sprache des Lebens.* Paderborn: Junfermann.

Sprenger, R. (2018). *Radikal Digital: Weil der Mensch den Unterschied macht – 111 Führungsrezepte.* München: Deutsche Verlagsanstalt.

Wittgenstein, L. (1963). *Tractatus logico-philosophicus: Logisch-philosophische Abhandlung.* Frankfurt a. M.: Suhrkamp.

10

Utopie und Vision
Wie weit erlaube ich mir zu denken?

„Unmöglich ist's, drum eben glaubenswert."
(Johann Wolfgang von Goethe)

Zusammenfassung Wie weit man sich erlaubt zu denken und wie notwendig es ist, über den Rand zu sehen, wird in diesem Kapitel bearbeitet. Die teils philosophische Sichtweise wird mit praktisch Anwendbarem verknüpft, um so eine Anleitung für die Zukunft zu bekommen.

10.1 Die Utopie

Viele Führungskräfte, vor allem jene in der Technik sehen die Frage nach Utopie als Angriff auf ihr etabliertes Arbeitsumfeld. Da in erster Linie Ergebnisse und vor allem Erfolge von ihnen gefordert werden, können sie mit dem Gedanken an etwas, dass möglicherweise kein Ergebnis liefert, nichts anfangen. Noch dazu wird das Wort „utopisch" für etwas verwendet, das als „nicht erreichbar" definiert wurde, was eigentlich der Dystopie entspricht. Das Wort „Dystopie" hat jedoch nur in engen Fachkreisen

© Springer Fachmedien Wiesbaden GmbH, ein Teil von Springer Nature 2020
P. Hennerfeind et al., *Soziale Aspekte der Führung*,
https://doi.org/10.1007/978-3-658-29510-3_10

Einzug gefunden, wonach „Utopie" im normalen Sprachgebrauch verwendet wird.

Utopie

Betrachtet man das Wort Utopie, so leitet es sich aus dem Griechischen ab und bedeutet etwa so viel wie „Nicht-Ort", wenn man es auf die Wortsilbe „ou" für „nicht" bezieht. Verwendet man statt „ou" „eu", also „gut" Eutopie, erkennt man den positiven, optimistischen Grundgedanken dahinter. Wogegen das Wort „Dystopie" den pessimistischen Gedanken widerspiegelt. Verleiht man dem Wort „Utopie" also einen positiven Nachhall, lässt sich die dahinterstehende Kraft besser verstehen.

Das wohl bekannteste Beispiel für den Gebrauch des Begriffs „Utopie" ist der Roman des englischen Staatsmannes Thomas Morus (Vom besten Zustand des Staates oder von der neuen Insel Utopia, 1516), in welchem er das damalige London mit einer in der Ferne befindlichen Insel verglich, um auf die Zustände in der Politik und deren möglicher Veränderbarkeit hinzuweisen.

Der markante Unterschied zum heutigen Verständnis des Wortes Utopie liegt darin, dass Morus seine Insel nicht in der Zukunft, sondern lediglich in der Ferne gesehen hat. Er ging also davon aus, dass seine erhofften Veränderungen bereits dort umgesetzt wurden und dies keine Zukunftsvision beschreibt. Nach seinem Verständnis ist etwas Utopisches also etwas, dass bereits in der Ferne existiert und erst gefunden werden muss. Was den zu Beginn beschriebenen Angriff auf das Arbeitsumfeld und die Ergebnislosigkeit ad absurdum führt, denn das Ergebnis gibt es bereits; es muss nur noch erzielt werden.

Der Ansatz von Ernst Bloch in seinem „Prinzip Hoffnung", wo er dem Wort „Nicht" das „Noch" vorsetzt – also „Noch nicht" -, beschreibt einen ähnlichen Zugang. (Zimmermann 2017)

Utopie bedeutet also, wenn man es so sehen will, die positive Entwicklung einer Sache, die so an diesem Ort noch nicht besteht. Wenn man sie als Grundlage jeglicher Veränderung sieht, geht man unweigerlich von einem positiven Ergebnis aus. Sie ist, wenn man so will, die kreative Leistung eines Gehirns mit positivem Ergebnis. Was im Wesentlichen den

Idealzustand beschreibt, wenn es um Ideenfindung und deren Umsetzung geht.

Peter Drucker hat sich selbst in der Rolle eines Utopisten gesehen, auch wenn er sich nicht so bezeichnet hat.

Beobachten und berichten, was der Welt bevorsteht und was sich abzeichnet das war Druckers Aufgabe. Dies sollte aber auch die Aufgabe eines jeden CEOs sein, der das nächste Jahrzehnt überleben will. (Haas Edersheim 2007, S. 61)

Wer nicht voraussieht, sich nicht an dem Unmöglichen orientiert, nimmt sich die Möglichkeit Neues zu gestalten.

„Die bizarren oder verrückten Alternativen haben die Aufgabe, unser Denken anzuregen." (Haas Edersheim 2007, S. 253)

Bleibt man am Realen hängen, ist man immer damit beschäftigt, der Zukunft nachzulaufen. Ich behaupte: Utopie ist zwingend notwendig, um in der Gegenwart zu bleiben und sich in der Gegenwart zu behaupten. Wer sich nicht mit Utopie befasst, rutscht unweigerlich in die Vergangenheit und holt sich dort seine Impulse. Dies mag zu mehr Sicherheit führen, aber sicherlich nicht zu mehr Erfolg. Und wenn der Erfolg ausbleibt, sinkt der Wert der Sicherheit.

Unser Status, unser Prestige wird an der Vergangenheit gemessen. Daher ist es so schwer, den Fokus auf die Zukunft zu richten. Für das, was man schaffen könnte, gibt es keine Lorbeeren; und doch ist es unumgänglich, sich nach neuen Werten umzusehen. Die alten Werte, sofern sie noch in die Gesellschaft passen, können als Fundament für Neues verwendet werden. Sie zu hegen und zu pflegen, geht jedoch am Ziel vorbei. Es geht nicht darum Werte aufzugeben. Werte sind essenziell für ein gesundes Unternehmen. Es geht darum, alte, abgelaufene Werte in neue, passende Werte umzuwandeln. Utopie ist also mehr als bloßes Wunschdenken. Sie vereint in gewisser Weise die sinnvollen Erkenntnisse aus der Vergangenheit mit der Suche nach neuen Innovationen. Neues baut auf Altem auf, ohne sich davon einschränken zu lassen. Wenn ein Produkt stagniert, hilft es nicht zwingend es zu verbessern, denn möglicherweise liegt es nicht am Produkt, sondern am Markt. Wenn sich der Markt verändert, das Produkt in seiner Eigenschaft jedoch gleichbleibt, dann hat es

keinen Markt mehr. Der Utopiegedanke ist also auch zwingend erforderlich, um Veränderungen am Markt nicht nur zu erkennen, sondern sie
vorauszusehen oder noch besser, um sie selbst einzuleiten. Nicht wie wird
sich der Markt verändern, sondern wie werde ich den Markt verändern!

Das Suchen nach Neuem ist eine wesentliche Funktion von Führungskräften. Nur wer ständig nach Innovationen sucht, bleibt beweglich. Das
ständige Untersuchen des Marktes, das dauerhafte Erkennen der Kundenwünsche gibt einem Unternehmen die Elastizität, die der Markt erfordert. Daher ist es unumgänglich jede Führungskraft, egal in welcher
Ebene, mit dieser Aufgabe zu betrauen. Und geben Sie Ihren Führungskräften die Möglichkeit, erkannte Chancen publik zu machen. Richten
Sie Diskussionsplattformen ein und belohnen Sie herausragende Innova-
tionsleistungen.

10.2   Die Vision

Die Vision ist für viele Menschen greifbarer als die Utopie. Der Wortge-
brauch beschreibt zwar ebenfalls eine Sache, die noch nicht geschehen ist,
sie ist jedoch quasi von weitem sichtbar. Ihr gesteht man eher die Möglichkeit der Wahrwerdung zu als der Utopie. Sie ist näher am Geschehen
und verständlicher. Was sie möglicherweise der Utopie hintenanstehen
lässt, ist ihre Reichweite. Aufgrund ihrer näheren Empfindung scheint sie
mit weniger Risiko behaftet zu sein. Das macht sie in einer schnelllebigen
Zeit attraktiver. Wenn es also um schnelle, kurzzeitige Veränderungen
geht, denkt man eher an Visionen als an Utopien. Ist es jedoch erforderlich eine weitreichende und nachhaltige Veränderung durchzuführen,
wäre die Vision zu kurzsichtig.

Hinter all der Erklärung von Utopie und Vision stecken Faktoren, die
es in Einklang zu bringen gilt: Die Erfahrung, den Mut und den Willen/
Drang etwas zu verändern. Wenn einer der drei Faktoren nicht zutrifft
oder gar nicht erforderlich ist, braucht es im Geschäftsleben keine Utopie
und keine Vision.

Anselm Grün ist der Meinung, dass eine Vision nur dann Segen bringt,
wenn sie nicht aus einer inneren Zerrissenheit und Unzufriedenheit entsteht. (Janssen und Grün 2017 S. 43) Dies widerspricht der Ansicht von

Fredmund Malik, der Weiterentwicklung eine gewisse Unzufriedenheit zu Grunde legt. (Malik 2006, S. 44) Ich interpretiere beide Meinungen so: Unzufrieden mit der Sache, dem Ist-Zustand, aber zufrieden im Geist.

Drucker war der Überzeugung, dass der Manager mit den richtigen Fragen, dem richtigen Urteilsvermögen und der richtigen geistigen Einstellung, der „einen anderen Weg geht" und damit sich und andere von den Abgrenzungen des „was du zu wissen glaubst" befreit, zu mehr fähig ist, als nur den Gegebenheiten gerecht zu werden. (Haas Edersheim 2007, S. 62)

Fazit

Keine Angst vor Utopie und Vision, wenn man nicht darin gefangen ist. Sie sind beide hilfreiche, strategische Werkzeuge, ohne die es keine wesentliche Weiterentwicklung der Menschheit gegeben hätte.

10.3 Anpassungsfähigkeit

Gibt es einen Zusammenhang zwischen Anpassungsfähigkeit und Utopie?
Der Begriff „Anpassungsfähigkeit" beschreibt, wie leicht es uns fällt, Neues oder Veränderungen zu akzeptieren. Wie schnell wir uns damit abfinden, die Veränderung durchmachen zu müssen. Er beschreibt nicht, dass wir Veränderungen oder Neues begrüßen, sondern wie schnell wir sie wieder vergessen.

Eine Veränderung im geschäftlichen Sinn ist meist etwas Unangenehmes. Es reißt uns aus dem Alltag, aus unserer Arbeitssystematik, aus Gewohntem. Erlerntes und Erfahrenes wird auf die Probe gestellt.

Bin ich ausreichend geschult und erfahren, um die Veränderung und die damit neu an mich gestellte Forderung zu erfüllen?

Anpassungsfähigkeit sagt aus, dass ich schnell lerne, ausreichend Erfahrung sammle und mich nicht aufrege, wenn es ungemütlich wird –

also anders gesprochen, wenn mir utopisches Denken liegt. Denn wie vorher erwähnt, gehen wir bei der Utopie von einem positiven Ergebnis aus, dass so an diesem Ort noch nicht besteht. Möglicherweise lässt sich mit der Frage nach Utopie ein Rückschluss ziehen auf die Anpassungsfähigkeit des jeweiligen Menschen.

Anpassungsfähige Menschen sind Optimisten. Sie haben keine Angst vor dem Ungewissen. Für sie besteht immer eine Möglichkeit, neue Herausforderungen zu bestehen. Bezieht man diese Herausforderungen auf zwischenmenschliche Belange, haben anpassungsfähige Menschen eine gehörige Portion Toleranz.

Literatur

Haas Edersheim, E. (2007). *Peter F. Drucker: Alles über Management.* Heidelberg: Redline.

Janssen, B., & Grün, A. (2017). *Stark in stürmischen Zeiten: Die Kunst, sich selbst und andere zu führen.* München: Ariston.

Malik, F. (2006). *Führen, Leisten, Leben.* Frankfurt a. M.: Campus.

Zimmermann, E. (Hrsg.). (2017). *Ernst Bloch: Das Prinzip Hoffnung.* Berlin: De Gruyter.

11

Fachwissen

„Mit dem Wissen wächst der Zweifel."
(Johann Wolfgang von Goethe)

Zusammenfassung In diesem Kapitel widmen wir uns der Frage, wie wichtig Fachwissen für eine Führungskraft ist. Aufgrund praktischer Beispiele und neuer Erkenntnisse wird erläutert, welches Wissen und wie viel davon für die zukünftige Führungskraft sinnvoll erscheint. Dabei wird besonders darauf Rücksicht genommen, dass sich der arbeitende Mensch immer mehr zum Wissensarbeiter entwickelt und dieser Umstand ein neues soziales Wissen über den Menschen und sein Umfeld erfordert.

Dieses Zitat von Goethe lässt sich unterschiedlich interpretieren. Einerseits entsteht durch Wissen Zweifel an der eigenen Sichtweise, da jeder neue Aspekt einer Sache, die Möglichkeit eines weiteren eröffnet. Je mehr ich über etwas weiß, desto klarer wird mir, dass es darüber noch viel mehr zu wissen gibt; und es ist nahezu unmöglich, alles über eine Sache zu

© Springer Fachmedien Wiesbaden GmbH, ein Teil von Springer Nature 2020
P. Hennerfeind et al., *Soziale Aspekte der Führung*,
https://doi.org/10.1007/978-3-658-29510-3_11

wissen. Bin ich ein unsicherer Mensch, lässt mich diese Tatsache an meiner Integrität und meiner Entscheidungskraft zweifeln.

Die zweite Interpretation des Zitats beschreibt den entstehenden Zweifel an anderen Personen. Je mehr ich über eine Sache in Erfahrung bringe, desto eindeutiger erkenne ich die Unwissenheit des anderen darüber; und desto stärker bilden sich Zweifel über dessen Integrität und Entscheidungskraft. Diese Art des Zweifels beeinflusst das Verhältnis zwischen Führungskraft und Mitarbeiter am stärksten; im schlimmsten Fall verhindert dieser Zweifel ein produktives Zusammenarbeiten.

Wie beeinflusst also Expertenwissen meinen Führungsstil bzw. brauche ich überhaupt Expertenwissen, um zu führen?

Fach- oder Expertenwissen wird oft dazu verwendet, andere Menschen zu diskriminieren, sie klein zu halten. Zu viel fachspezifisches Wissen scheint einerseits hinderlich für Führungskräfte zu sein, die dieses für ihr eigenes Selbstbewusstsein verwenden. Andererseits geht intensives Detailwissen zu Lasten der Übersicht, die für Führungskräfte ausgesprochen notwendig ist.

Wer sich zu sehr im Detail bewegt, verliert den Überblick oder wie Fredmund Malik es ausdrückt:

„Arroganz und Indifferenz sind die typischen Untugenden der Spezialisten, und sie sind gravierende Probleme für jede Organisation." (Malik 2006, S. 101)

Dort liegt meist das Problem, wenn Spezialisten aufgrund ihrer hervorragenden fachspezifischen Kenntnisse zu Führungskräften befördert werden. Für sie war es als reine Fachexperten nur bedingt notwendig, andere Zugänge zu respektieren. Ihre eigene Vorgangsweise hat stets zum Erfolg geführt. Daher beharren Fachspezialisten gerne auf ihrer Arbeitssystematik, auch wenn diese nur auf sie passt. Sie akzeptieren nur diejenigen, die sich ihrer Art und Weise beugen oder in derselben agieren. Im Dialog mit Fachspezialisten wird man mit Details, Normen und Richtlinien bombardiert; Kooperation und gemeinsames Lösen einer Aufgabe bleiben meist unbeachtet.

Unternehmen brauchen jedoch Fachspezialisten, um spezifische Aufgaben lösen zu können. Manchmal ist es erforderlich, bis ins kleinste Detail abzutauchen, um die Aufgabe vollständig und erfolgreich abzuschließen. Es wäre sogar fatal, sich nicht Fachexperten zu bedienen. Im Grunde geht es nur um die Frage, wie man Fachexperten behandelt. Sie sind, so unglaublich das klingen mag, mit Freidenkern vergleichbar. Sie brauchen eine Spielwiese, auf der sie ihre Fähigkeiten zeigen können. In einer Gruppe bedient man sich ihrer Kenntnisse, dort wo sie dringend benötigt werden. Und genau dort liegt der Kern der Wahrheit: Es gibt jemanden, der darüber entscheidet, wie und wann Fachexperten beigezogen werden. Und dieser Jemand ist die Führungskraft.

So betrachtet, benötigt die Führungskraft also kein Expertenwissen, eher Wissen darüber, wie, wo und wann man Fachexperten einsetzt. Doch ganz so einfach scheint die Sache doch nicht zu sein. Wenn ich als Führungskraft kein Fachwissen habe, wie kann ich dann Fachexperten an der richtigen Stelle einsetzen? Wie weiß ich, wann ich sie hinzuziehe?

Braucht eine Führungskraft nun Fachwissen?
Ich denke, Ja. Aber nicht in dem Ausmaß, indem es in den Ausbildungsstätten gelehrt wird. In den Schulen und Universitäten, insbesondere in der Technik, ist der Ausbildungsschwerpunkt auf Fachwissen gesetzt; obwohl ein Großteil der Absolventen eine Führungsaufgabe übernehmen wird. Die sozialen Aspekte werden, wenn überhaupt, nur gestreift. Man versucht zwar Kooperation und Kommunikation zu lehren, tut dies jedoch rein systematisch. Es wird davon ausgegangen, dass jeder Mensch dieselben Grundvoraussetzungen mitbringt; so als hätten alle dieselben Charakterzüge und Stärken.

In meiner technischen Ausbildung wurde nicht darauf eingegangen, ob ich die Fähigkeiten besitze, andere Menschen zu verstehen oder sie zu führen. Sehr wohl war es wichtig, mathematische Formeln und Fachausdrücke auswendig zu lernen, die ich in meinem späteren Berufsleben nie mehr benötigt habe. Dass ich es mit unterschiedlichsten Menschentypen zu tun haben werde, mit denen ich kooperiere, verhandle und kommuniziere, hat mir kein Lehrer gesagt.

Fakt ist: Würde bereits in der Ausbildung mehr Augenmerk auf zwischenmenschliches Verhalten gelegt werden, gäbe es mehr Kooperation in technischen Unternehmen. Wie sich zeigt, ist das erforderliche Wissen um Führung nicht minder umfangreich als technisches oder sonstiges Fachwissen. Insbesondere wenn die Führungskraft einem veränderbaren Markt gegenübersteht. Da hilft massenhaft angeeignetes Fachwissen nur bedingt. Als Führungskraft ist es also wichtig, anwendbares Wissen zu besitzen.

> „Wissen ist nur dann von Bedeutung, wenn es angewendet wird." (Haas Edersheim 2007, S. 31)

Früher war es wesentlich wichtiger, umfangreiches Detailwissen zu haben, um komplizierte Aufgaben schnell und möglichst fehlerfrei zu erledigen. Heutzutage bekommt man notwendige Informationen auf Knopfdruck. Es ist viel wichtiger geworden, sich schnell zurechtzufinden und mögliche Kooperationen und Synergien zu erkennen. Ein mit Waren vollgestopfter Hochseedampfer ist nicht so beweglich wie ein Aufklärungsflugzeug. Für die Führungskraft ist es notwendiger, soziale Missstimmungen zu erkennen, als sich in fachliche Details zu vertiefen.

Zuviel Fachwissen der Führungskraft ist noch auf andere Weise hinderlich:

> „Diese enorme Fachkompetenz der Führungskräfte steht der Bereitschaft einzelner Mitarbeiter, Verantwortung zu übernehmen, einfach im Wege." (Janssen und Grün 2017, S. 150)

Ich kenne das aus eigener Erfahrung. Man sitzt Fachexperten gegenüber und weiß, dass jeder Vorschlag umgehend mit Expertenwissen niedergeschlagen wird. Um sich diese Blamage zu ersparen, hält man sich besser zurück. Meist sprechen Fachexperten während Zusammenkünften den Großteil der Zeit. Sie verlieren sich in Details, um ihr ausgeprägtes sachliches Wissen darzustellen. Sie verlagern das Gespräch auf eine Ebene, die andere Menschen diskriminiert und ausschließt. Damit wollen sie eine Unantastbarkeit erreichen, um jeglicher Kritik aus dem Weg zu gehen. Sehr oft sind solche Menschen unfähig, ihre Gefühle darzulegen, und Gefühle anderer stören sie noch mehr. Dies ist einer der Hauptgründe, warum sie als Führungskräfte ungeeignet sind: Eine Führungskraft kann nur dann etwas bewirken, wenn sie ihre Mitarbeiter und ihre Kunden versteht.

Bodo Janssen ist der Meinung, dass die Führungskraft, statt selbst zu antworten, besser Fragen stellen sollte, um so eine gemeinschaftliche Lösung zu erhalten. (Janssen und Grün 2017, S. 150)

Durch Fragen stellt man sich auf dieselbe Ebene und gibt dem Mitarbeiter die Möglichkeit, Verantwortung zu übernehmen.

Fazit

Fachspezifisches Grundwissen ist für Führungskräfte notwendig. Wenn die Führungskraft nicht versteht, was ihre Mitarbeiter tun und wo deren Herausforderungen liegen, kann sie weder Leistungen anerkennen noch sinnvolle Schlüsse ziehen. Es geht im Grunde darum, dieses fachspezifische Wissen einzusetzen, um richtige und sinnvolle Fragen zu stellen; um gruppendienlich statt gruppenhinderlich zu agieren. Was es definitiv nicht braucht, ist fachspezifisches Detailwissen. Vielmehr benötigt man Wissen über Zusammenhänge, Auswirkungen und Möglichkeiten – im Sinne des Wertschöpfungsprozesses und der Mitarbeiter.

Literatur

Haas Edersheim, E. (2007). *Peter F. Drucker: Alles über Management*. Heidelberg: Redline.

Janssen, B., & Grün, A. (2017). *Stark in stürmischen Zeiten: Die Kunst, sich selbst und andere zu führen*. München: Ariston.

Malik, F. (2006). *Führen, Leisten, Leben*. Frankfurt a. M.: Campus.

12

Situationsbezogene Selbstführung – ein Ansatz

Zusammenfassung In diesem Kapitel wird der Versuch unternommen, die situationsbezogene Führung nach Blanchard auf eine situationsbezogene Selbstführung mit praktischer Anwendbarkeit umzulegen.

Auf Basis der situationsbezogenen Führung nach Blanchard, Zigarmi, Zigarmi (Blanchard et al. 2015) (siehe auch Abschn. 13.1).

In deren Werk geht es um Führungsstile, die dem jeweiligen Entwicklungsgrad des Mitarbeiters und dessen jeweiligen Zielen angepasst werden. In Abhängigkeit von Kompetenz und Engagement ändert sich der Führungsstil vom dirigierenden zum sekundierenden Verhalten. Das Besondere an dieser Technik ist jedoch nicht das Anwenden unterschiedlicher Stile, sondern die transparente Haltung, die die Führungskraft bei der Wahl des Führungsstils einnimmt. Der jeweilige Führungsstil wird gemeinsam mit dem Mitarbeiter bestimmt. Jeder Mitarbeiter weiß also genau, wie er wann geführt wird.

Wendet man das System auf die Selbstführung an, gibt es ein paar Unterschiede. Statt andere zu führen, entstehen Situationen bei der

© Springer Fachmedien Wiesbaden GmbH, ein Teil von Springer Nature 2020
P. Hennerfeind et al., *Soziale Aspekte der Führung*,
https://doi.org/10.1007/978-3-658-29510-3_12

Selbstführung, wo Hilfe (Führung) benötigt wird. Betrachtet man die vier Führungsstile nach Blanchard, Zigarmi, Zigarmi „Dirigieren, Trainieren, Sekundieren und Delegieren", ergibt sich folgendes Bild:

Anwendung der vier Führungsstile in der Selbstführung

Dirigieren
Beim Dirigieren arbeitet man nach konkreten Vorgaben. Hier geht es um Angelegenheiten, die nicht hinterfragt werden. Derartige Aufgaben wird man zügig abarbeiten, ohne weitere Gedanken daran zu verlieren (etwa Berichte an den Vorstand, Steuererklärung …)

Sekundieren
Beim Sekundieren holt man sich Expertenrat, um eine Angelegenheit zu lösen. Man begibt sich in eine externe Abhängigkeit. Man wird geführt.

Trainieren
Beim Trainieren entscheidet man sich, erforderliches Wissen zu erlernen, um eine Aufgabe erfolgreich abzuschließen.

Delegieren
Beim Delegieren verlässt man sich ganz auf seine Erfahrung und entscheidet nach bestem Wissen und Gewissen.

Je nach Komplexität der Aufgabe kann es erforderlich sein, alle Führungsstile anzuwenden; natürlich immer der jeweiligen Situation angepasst.

Um den richtigen Führungsstil anzuwenden, bedarf es einer Evaluierung des, der Situation entsprechenden, Wissens- und Erfahrungsstandes. Dabei gilt es, zu sich selbst ehrlich zu sein und eventuelle Schwächen klar zu akzeptieren.

Notwendige, vielleicht unangenehme Arbeiten vor sich her zu schieben, ist ebenso gefährlich, wie auf Expertenrat zu verzichten, wenn man nicht alle Aspekte einer Aufgabe erkennt oder beherrscht.

Durch die Kenntnis der vier Selbstführungsstile fällt es leichter, sich einzuordnen. Langes Grübeln und Überforderung kann vermieden werden, da man frühzeitig erkennt, wenn man für eine Aufgabe nicht aus-

Tab. 12.1 Situationsbezogene Selbstführung

Dirigieren	Ich erfahre, was zu tun ist.	Ich tue, was fremdentschieden wurde.
Sekundieren	Ich weiß nicht, was zu tun ist.	Ich hole mir Hilfe, Auskunft.
Trainieren	Ich lerne, was zu tun ist.	Ich bilde mich weiter.
Delegieren	Ich entscheide, was zu tun ist.	Ich tue es oder delegiere es an andere.

reichend mit Wissen ausgestattet ist. Insbesondere wenn es um weitreichende Entscheidungen geht, hilft dieser Zugang, die Entscheidung auf mehrere Füße zu stellen. Je breiter die Basis, desto schneller werden Entscheidungen akzeptiert und umgesetzt.

Es geht nicht darum, ständig über den richtigen Führungsstil nachzudenken, sondern vielmehr darum, sich selbst richtig einzuschätzen. Aufgrund der immensen Forderungen, die an Führungskräfte gestellt werden, gerät man leicht in Gefahr, sich zu überschätzen; in seinen Entscheidungen, in seiner Leistungsbereitschaft und in seiner körperlichen Widerstandskraft.

Sehr oft vergessen Führungskräfte darauf, sich rechtzeitig Hilfe zu holen. Dies mag einerseits dem Erwartungsdruck geschuldet sein, den sich manche Führungskräfte selbst auferlegen. Andererseits ist man aufgrund der Häufigkeit der Aufgaben, so im Dickicht der Lösungsfindung verloren, dass man tatsächlich einfach darauf vergisst, nicht alles selbst erledigen zu müssen.

Die situationsbezogene Selbstführung soll dabei als übersichtliches Werkzeug dienen (siehe Tab. 12.1).

Literatur

Blanchard, K., Zigarmi, P., & Zigarmi, D. (2015). *Führungsstile: Wirkungsvolleres Management durch situationsbezogene Menschenführung* (2. Aufl.). Reinbek bei Hamburg: Rowohlt.

Teil II

Fremdführung

1.1 Ich konzentriere mich auf andere (vertikale Beziehungen)

Wenn ich als Führungskraft mit mir im Reinen bin, kann ich andere Menschen führen.

13

Die emotionale Führungskraft

„Behandle die Menschen so, als wären sie, was sie sein sollten, und du hilfst ihnen zu werden, was sie sein können."

(Johann Wolfgang von Goethe)

Zusammenfassung In diesem Kapitel wird anhand eines Vergleichs untersucht, ob es für die Führungskraft sinnvoll ist, Emotionen zu zeigen, oder ob Sachlichkeit eher zum Erfolg führt. Zu praktischen Beispielen fügen sich sozialpsychologische Überlegungen.

Als Führungskraft werden Eigenschaften verlangt: Fehlerresistenz, Allwissen, Rhetorik in Perfektion, Entscheidungskraft, Einfühlungsvermögen, Überzeugungskraft und viele mehr. Fredmund Malik beschreibt es folgendermaßen:

> „Auf eigentümliche Weise ist die Vorstellung in die Welt gekommen, Manager – und insbesondere Top-Manager – müssten eine Kreuzung aus einem antiken Feldherrn, einem Nobelpreisträger für Physik und einem Fernseh-Showmaster sein." (Malik 2006, S. 35)

© Springer Fachmedien Wiesbaden GmbH, ein Teil von Springer Nature 2020
P. Hennerfeind et al., *Soziale Aspekte der Führung*,
https://doi.org/10.1007/978-3-658-29510-3_13

Mein Idealbild wäre eher die Kreuzung aus einem Geschäftsmann, einem Philosophen und einem Humoristen, was man in Perfektion auch nicht verlangen kann, was aber in Grundzügen vorhanden sein darf.

> „Niemand – auch nicht der ‚topste' Top-Manager – erbringt ständig Spitzenleistungen. Permanent die Forderung danach zu erheben halte ich im schlechten Sinne des Wortes für Theorie, vor allem aber halte ich es für unmenschlich." (Malik 2006, S. 36)

Diese Unmenschlichkeit, die Fredmund Malik meint, scheint der Grund dafür zu sein, warum so viele Führungskräfte scheitern. Es ist ebenso sinnlos, dem Idealbild einer Führungskraft nachzueifern als dem Titelfoto einer Illustrierten. Die zugeschriebenen Eigenschaften sind ebenso gefakt wie die makellose Haut der Zeitungsschönen. Betrachtet man die Biografien berühmter Manager erkennt man, dass keiner über alle geforderten Eigenschaften verfügt. Die meisten verfügen nur über wenige. Was sie jedoch alle haben ist Widerstandskraft.

Fredmund Malik sieht das anders. Er meint, die Art der Handlungen führt zum Erfolg.

> „Der Schlüssel zu den Leistungen wirksamer Menschen – der Performer – liegt in der Art ihres Handelns." (Malik 2006, S. 38)

Seiner Meinung nach braucht die Führungskraft nur richtig zu handeln. Ich würde das sofort unterschreiben, wenn da nicht andere Menschen im Spiel wären. Menschen haben die unangenehme Angewohnheit einzigartig zu sein. Jeder ist anders und vor allem: Jeder benimmt sich ein wenig anders. Sobald also Menschen ins Spiel kommen, reicht es nicht aus, nur mehr an Handlungen zu denken. Denn auch der Performer performt für Menschen; und, um zu performen, braucht er andere Menschen. Wenn ich mich als Führungskraft nicht mit den Emotionen anderer Menschen auseinandersetze, finde ich keine Leitlinie, nach der ich performen kann.

Wahrscheinlich liegt die Wahrheit in der Mitte: Die richtigen Handlungen zur richtigen Zeit für die richtigen Menschen und nach einem Rückschlag von vorne beginnen.

Reinhard Sprenger sieht die Aufgaben einer Führungskraft folgendermaßen:

- Vom „Ich" zum „Wir"
- Von der „Vorgabe" zur „Selbstverantwortung"
- Von der „Kontrolle" zum „Vertrauen"
- Von der „Motivierung" zur „Motivation"
- Von der „Sicherheit" zum „Risiko"
- Von der „Fehlervermeidung" zum „Ausprobieren"
- Vom „Mitspracherecht" zur „Mitsprachepflicht"
- Von der „Binnenorientierung" zur „Außenorientierung" (Sprenger 2018, S. 18)

Insbesondere die Mitsprachepflicht der Mitarbeiter halte ich persönlich für eine sehr sinnvolle Sache. Damit ist sichergestellt, dass Entscheidungen auf breiten Fundamenten stehen und dass bei deren Umsetzung Konsens besteht.

Im technischen Bereich findet man immer wieder Führungskräfte, die Führen nur schlecht oder gar nicht gelernt haben. Sie sind aufgrund ihrer fachlichen Qualifikation in die Führungsrolle gekommen. Umso schwerer fällt es solchen Fachspezialisten, die sozialen Aspekte der Führung zu erkennen. Meist ein Grund dafür, warum sie scheitern oder ihre Mitarbeiter an ihnen scheitern. Werden sie angehalten, sich verstärkt um Führung zu kümmern, geschieht dies sehr statisch; es werden teils vorgegebene Führungswerkzeuge angewendet ohne Rücksicht auf Situation oder Erfahrungsstand des Mitarbeiters. Unweigerlich führt auch dieses Verhalten nicht zum gewünschten Erfolg. Für die ausschließlich fachlich qualifizierte Führungskraft der Beweis, dass soziales Vorgehen ohnehin von Haus aus zum Scheitern verurteilt war und völlig überschätzt wurde.

Derartige Einstellungen habe ich in 30 Jahren Berufserfahrung hunderte Male gehört: „Mitarbeiter sollen ihre Persönlichkeit zu Hause lassen. Sobald man die Arbeitsstelle betritt, hat Persönliches nichts mehr zu suchen."

Wenn ich versucht habe, auf die Gefühlsebene zu kommen, wurde ich auf fehlende Sachlichkeit hingewiesen. Als Beispiel wurde oft der Umgang beim Bundesheer (Bundeswehr) vorgebracht: Es wäre gar nicht möglich, junge Menschen für ein Ziel zu bewegen, wenn man ihnen nicht befiehlt und sie nicht streng behandelt. Andererseits, wie viele junge Menschen würden für ihr Land dienen, wenn es bloß Befehle und Strenge gäbe? Wären da nicht Zusammenhalt, Hilfsbereitschaft, Freundschaft oder Mitgefühl könnte man wohl nicht davon ausgehen, dass so ein System der Führung funktionieren kann.

Wie immer liegt die Wahrheit wohl in der Mitte. Eine gewisse Strenge zur rechten Zeit, verstärkt den Sinn für die Sache. Wenn etwas besonders wichtig ist, hilft Strenge eventuell, sich zu fokussieren. Weiter sollte es jedoch keinesfalls gehen. Sobald der Focus gesetzt wurde, ist Eigenverantwortung gefragt.

Nach dem Motto: „Das ist dein Ziel – entscheide selbst, wie du es erreichst!"
Hier gehen die Meinungen definitiv auseinander. Betrachte ich Führungskräfte aus meinem Bekanntenkreis, finden sich Vertreter aller Richtungen. Die einen lassen keine Emotionen zu und behandeln jedes Thema mit Strenge, andere agieren ausschließlich auf der Gefühlsebene. Ich traue mich nicht zu behaupten, dass die eine oder andere Art des Umganges mehr oder weniger Erfolg bringt. Was ich jedoch eindeutig feststellen konnte: Teams arbeiten länger zusammen, wenn sie emotional miteinander umgehen. Dort wo nur Sachlichkeit und Strenge herrscht, ist die Fluktuation der Mitarbeiter wesentlich höher; was sich wiederum langfristig gesehen auf die Qualität und das Leistungsvermögen umschlägt. Was ich ebenfalls beobachten konnte: Unternehmen, wo Sachlichkeit und Strenge herrschen, weisen immer auf die schlechte Marktsituation hin, wenn sie starker Fluktuation unterliegen. Irgendjemand anderer ist immer daran schuld, wenn Mitarbeiter das Unternehmen verlassen.

Auch Anselm Grün ist der Meinung, dass Führungskräfte Emotionen zeigen sollten; denn sie sind die Kraft des Menschen (Janssen und Grün 2017, S. 38)

Emotionen zeigen, ob etwas richtig oder falsch läuft. Sie sind der Motor für Verbesserung. Wer als Führungskraft seine Emotionen verbirgt, wird auch von seinen Mitarbeitern nur Fassade sehen. Und Fassade dient immer nur dem Einzelnen, nie dem Gesamten.

Ich erinnere mich gerne an die neu renovierten Fassaden am Jakobsweg in Spanien: In kleinen Ortschaften, die direkt am vielbevölkerten Jakobsweg liegen, findet man immer wieder uralte Häuser mit neuen Fassaden. Doch das kuriose daran ist, dass nur die dem Weg zugeneigten Fassaden erneuert wurden. Die hinteren Fassaden zeigen ein ganz anderes Bild. Vorne schön anzusehen, hinten desolat und abschreckend.

Ohne Emotionen zeigt man unweigerlich nur eine Fassade – und die ist unecht.

13.1 Situationsbezogenes Führen

Der Begriff des situationsbezogenen Führens nach Kenneth Blanchard wird vielerorts diskutiert. Manche sprechen davon, dass es keinen Beweis dafür gibt, dass situationsbezogene Menschenführung besser funktioniert als ein autoritärer Führungsstil. Wahrscheinlich ist dies auch gar nicht nachweisbar, da der Unternehmenserfolg nicht ausschließlich von der Führungsqualität abhängt. Ein Produkt, das jeder will, kann auch mit schlechter Menschenführung an den Mann gebracht werden. Und die beste Führungskultur kann unvorhersehbare Markteinbrüche nicht verhindern.

Beim Führen geht es lediglich um den Menschen. Wie behandle ich Menschen, damit sie das tun, was ich als Führungskraft von ihnen verlange; natürlich unter der Prämisse der Menschlichkeit und der Menschenwürde. Mehr ist unter dem Begriff Führung nicht zu verstehen. Alle anderen organisatorischen Aufgaben fallen unter Management. Hier wird eine klare Linie gezogen.

Beim situationsbezogenen Führen behandelt man Menschen nach deren Erfahrung und Kenntnissen. Nach dem jeweiligen Stand werden Menschen dirigiert, trainiert, sekundiert oder delegiert (Blanchard et al. 2015, S. 49)

Aber es geht nicht nur um das Anwenden des richtigen Führungsstils, sondern um das Erkennen des Erfahrungs- und Wissensstandes des Mitarbeiters und um die gemeinsame Absprache der Führungsmethode. Die Führungskraft kann also den jeweiligen Führungsstil nur anwenden, wenn sie den Mitarbeiter und seinen Erfahrungs- und Wissensstand kennt. Und dies nicht nur allgemein gesehen, sondern bezogen auf die jeweilige Aufgabe und Situation. Entwickelt sich der Mitarbeiter weiter, ändert sich auch der Führungsstil.

Betrachtet man eine Führungskraft, die 50 Mitarbeiter führt, kann man sich in etwa vorstellen, von welchem zeitlichen und organisatorischen Aufwand man spricht. Im Alltag wird man nicht immer die Möglichkeit haben, die Entwicklung jedes Mitarbeiters genau zu verfolgen und ständig den Führungsstil anzupassen. „Muss ich Herrn Meier jetzt trainieren oder ihm sekundieren?" Sollte man dann nicht jedem Mitarbeiter ein Schild mit dem jeweiligen Führungsstil umhängen?

Man sieht, dass derartige Systeme an ihre Grenzen stoßen. Ich bin jedoch trotzdem dafür, dass es sie gibt. Denn sich Gedanken zu machen, wie man mit seinem Gegenüber umgeht, ist sicherlich immer richtig. Auch die Absprache darüber finde ich positiv. Hätte mir wer in jungen Jahren erklärt, wie er mich sieht und wie er mit mir umgehen wird, hätte ich mir einige Ängste und Missverständnisse erspart und wäre bestimmt öfter schneller ans Ziel gekommen. Viele Menschen klagen darüber, von ihren Vorgesetzten nicht beachtet zu werden. Ich selbst habe zu Beginn meiner Berufszeit meinen damaligen Chef nur gesehen, wenn ich selbst um einen Termin bat. Nach wenigen Worten musste ich jedes Mal feststellen, dass er keine Ahnung hatte, was ich in seinem Unternehmen überhaupt tat. Man kann sich die motivierende Situation vorstellen.

Situationsbezogen führen kann man nur, wenn man sich um seinen Mitarbeiter kümmert und wenn man Emotionen zulässt. Selbst Verfechter der Sachlichkeit finden es sinnvoll, sich einmal im Jahr zu einem Mitarbeitergespräch zu bemühen. Denn auch ihnen gefällt der Umstand, mehr darüber zu erfahren, wie ihre Mitarbeiter so denken.

Wie viele Informationen über sich selbst geben Sie Preis, wenn Sie von Ihrem Gegenüber nichts über ihn erfahren?

Während des gemeinsamen Entscheidens des Führungsstiles lässt man automatisch Emotionen zu. Denn dies bildet die Grundlage, wie miteinander umgegangen wird. Jemanden einzuschätzen, bedeutet gleichzeitig, die Beziehung mit diesem Menschen zu bewerten. Da ich als Führungskraft für meinen Mitarbeiter verantwortlich bin, ist ein Teil seines Verhaltens von mir geprägt. Ich kann mich also als Führungskraft nicht von aller Schuld reinwaschen, wenn ich mit meinem Mitarbeiter unzufrieden bin. Zu einem gewissen Teil handelt er so, weil ich ihn so behandle. Um das zu verstehen, und, um darauf sinnvoll einwirken zu können, bleibt mir nichts anderes übrig als in die Gefühlswelt abzutauchen. Schließlich kann ich nur etwas bewirken, wenn ich den Grund für seine Handlungen – mit denen ich unzufrieden bin – kenne.

Fazit

Führungskräfte, die emotional handeln und die Emotionen ihrer Mitarbeiter zulassen, haben wesentlich mehr Möglichkeiten, ihr Arbeitsumfeld zu gestalten. Sie können wesentlich effektiver in das Betriebsklima eingreifen und somit die Leistungsbereitschaft ihrer Mitarbeiter fördern.

Literatur

Blanchard, K., Zigarmi, P., & Zigarmi, D. (2015). *Führungsstile: Wirkungsvolleres Management durch situationsbezogene Menschenführung* (2. Aufl.). Reinbeck bei Hamburg: Rowohlt.
Janssen, B., & Grün, A. (2017). *Stark in stürmischen Zeiten: Die Kunst, sich selbst und andere zu führen*. München: Ariston.
Malik, F. (2006). *Führen, Leisten, Leben*. Frankfurt a. M.: Campus.
Sprenger, R. (2018). *Radikal Digital: Weil der Mensch den Unterschied macht – 111 Führungsrezepte*. München: Deutsche Verlags-Anstalt.

14

Ethik, Moral, Werte

Zusammenfassung Wie ehrlich sind Unternehmen? Wie behandeln sie ihre Mitarbeiter und ihre Umwelt? Welche Verantwortung tragen Unternehmen? Wie können Führungskräfte durch ihre Handlungen Unternehmen beeinflussen? Diese und weitere Fragen werden in diesem Kapitel beantwortet. Außerdem werden neue unangenehme Fragen aufgeworfen, denen sich Führungskräfte stellen müssen. Zum Abschluss des Kapitels geht es um das gemeinsame Verständnis von Richtig und Falsch und dessen Zusammenhang mit dem Funktionieren eines erfolgreichen Unternehmens.

Jeder kennt die Ausdrücke „Ethik" und „Moral", doch wie stehen sie im Zusammenhang mit Image, Prestige, Erfolg und Gewinn? Dass es immer wieder schwarze Schafe in der Wirtschaft gibt, liest man leider allzu oft in den Printmedien, und manchmal erlebt man es am eigenen Leib: Wenn Menschen ausgebeutet, unterdrückt und gemobbt werden, stehen oft die Karrieregedanken einzelner Menschen dahinter.

© Springer Fachmedien Wiesbaden GmbH, ein Teil von Springer Nature 2020
P. Hennerfeind et al., *Soziale Aspekte der Führung*,
https://doi.org/10.1007/978-3-658-29510-3_14

„Wer über Leichen geht, muss sich auch an den üblen Geruch gewöhnen."

14.1 Vorbildwirkung

Der berühmte Philosoph Immanuel Kant definiert die Vorbildwirkung mit seinem „kategorischen Imperativ" folgendermaßen:

> „Handle so, dass die Maxime deines Willens jederzeit zugleich als Prinzip einer allgemeinen Gesetzgebung gelten könne."

Er meint damit also nicht nur die eigene Person betreffend wie etwa: „Behandle andere so, wie du von ihnen behandelt werden willst" oder wie im Sprichwort: „Was du nicht willst, dass man dir tut, das füg auch keinem andern zu", sondern derart, dass man daraus ein Gesetz erstellen könnte. Diese Steigerungsform beschreibt, dass alle unterschiedlichen Individuen, egal wie sie empfinden, in die Handlungen einzubeziehen sind. Es könnte ja sein, dass *mir* die eine oder andere unethische Tat keine Probleme bereitet, anderen jedoch schon.

Daher ist es gerade als Führungskraft wichtig, als jemand, der über die Geschicke anderer bestimmt, die eigenen Handlungen so zu wählen, dass niemand dadurch negativ beeinflusst wird. Wenn man sich die Tragweite dessen überlegt, erkennt man, dass es alles andere als einfach ist, stets ethisch zu handeln; sprich, niemandem sprichwörtlich auf die Zehen zu treten. Denn, wenn ich als Führungskraft von meinen Mitarbeitern gerechtes, ethisches Handeln verlange – vor allem auch mir gegenüber –, gehe ich mit gutem Vorbild voran. Gerecht zu handeln heißt auch, zu meiner eigenen Entscheidung zu stehen und – wie im nachfolgenden Zitat erwähnt – die Entscheidung ehrlich und transparent in Frage zu stellen, wenn sie nicht das erwünschte Ergebnis bringt.

> „Es bedarf oft mehr Mut seine Meinung zu ändern, als ihr treu zu bleiben."
> (Friedrich Hebbel)

Aus dem Zitat könnte man schließen, dass Ethik auch mit Mut zu tun hat. Nicht selten stellt man sich gegen Entscheidungen, wenn man ethisch handelt – insbesondere, wenn firmenpolitische Strategien umzusetzen sind, die nicht dem Wohl aller dienen. Sich zu Gunsten seiner Mitarbeiter oder der Umwelt gegen Entscheidungen von höherer Instanz zu wehren, gehört ebenso zu einer langfristig erfolgreichen Führungskraft wie das im Blick behalten des wirtschaftlichen Gesamterfolges. Und wie Fredmund Malik es richtig darstellt: Das Übernehmen von Verantwortung seinen Mitarbeitern gegenüber, stärkt deren Zugehörigkeitsgefühl und Leistungsbereitschaft.

Aber eines ist klar: Wer nicht zu seiner Verantwortung steht, ist kein Manager; auch dann nicht, wenn er in die höchsten Positionen der Gesellschaft gelangen sollte – und er wird nie ein Leader sein können. Er ist ein Karrierist. Die Menschen werden sich der Macht beugen müssen, die de facto aus seiner Position resultiert, insbesondere jene, die keine Optionen haben. Aber sie werden ihm keine Gefolgschaft leisten. Sie werden wegen ihres Einkommens arbeiten, aber nicht wegen der Sache. (Malik 2006, S. 73)

Vorbildwirkung hat mit Akzeptanz und Toleranz zu tun. Nur wer toleriert, kann Toleranz erwarten. Insbesondere in beruflichen Beziehungen ist Toleranz enorm wichtig. In den seltensten Fällen tritt man eine Stelle wegen eines Vorgesetzten an. Im Vordergrund steht meist das Unternehmen. Die persönliche Beziehung zum Vorgesetzten ist jedoch weitaus wichtiger als sämtliche Vergünstigungen, die von Unternehmen gewährt werden. Einer der Hauptgründe für Kündigung ist das schlechte Verhältnis zum Vorgesetzten oder einem anderen Menschen im Unternehmen.

„Menschen entscheiden sich für Unternehmen, sie verlassen einen Menschen." (Janssen und Grün 2017, S. 241)

Wenn ich als Mitarbeiter gerecht und ethisch ansprechend behandelt werde, besteht meist kein Grund dazu, das Unternehmen zu verlassen. Zu viel Arbeit zu haben, wird nur dann zum Problem, wenn man sich mit seiner Arbeit alleine gelassen fühlt; wenn man der Einzige ist, der zu viel Arbeit hat. Wenn ich als Führungskraft ständig vor meinen Mitarbeitern heim gehe und mich nicht um ihre Belange kümmere, darf ich mich nicht wundern, wenn sie Eigenverantwortung abgeben. Oft fühlen sich Menschen ausgebeutet und ungerecht behandelt: Ihre Leistung wird nicht ausreichend gewürdigt; sie werden ständig überfordert; sie sehen für sich keine Entwicklungsmöglichkeiten oder sie werden diskriminiert und denunziert. Der Ruf nach mehr Gehalt entspringt meist einer vorhergehenden ungerechten Behandlung.

Ich betrachte gerne Menschen in ihrem beruflichen Umfeld, und muss leider sehr oft feststellen, dass Diskriminierung eine häufige Form der Behandlung darstellt. Ob im Supermarkt oder in anderen Geschäften, wenn man genau hinsieht, werden ständig Menschen erniedrigt und unethisch behandelt. Es fällt uns nicht mehr auf, weil derartiger Umgang scheinbar zur Gewohnheit wurde. Die fehlende Wertschätzung am Arbeitsplatz breitet sich aus wie ein Geschwür. Ich bin immer wieder erstaunt, wie manche Unternehmen so weiter bestehen können. Gibt es wirklich so viele arme Menschen, die sich derartige Fehlbehandlungen gefallen lassen müssen? Können wir nicht endlich einen Schritt weitergehen und dies verbieten. Dann müsste sich der sogenannte „kleine" Angestellte nicht mehr gefallen lassen, von seinem Vorgesetzten schlecht behandelt zu werden.

Statt Gehorsam fordert die Führungskraft Toleranz ein, und lebt sie genauso vor. Im Unternehmen sind alle Menschen Teile des Gesamtbildes. Jeder hat Abhängigkeiten zu anderen. Daher ist die gegenseitige Toleranz so wichtig. Und eigentlich funktioniert Vorbildhaltung ebenso in gegengesetzter Richtung. Auch die Führungskraft kann und soll von seinen Mitarbeitern lernen.

14.2   Die Werte eines Unternehmens

Um diese Vorbildhaltung auf das ganze Unternehmen auszuweiten und sie quasi als Firmenphilosophie zu integrieren, definiert man die Werte des Unternehmens. Klar zu kommunizieren, wie man als Unternehmen denkt, offen gegen Korruption aufzutreten oder den Umgang mit seinen

Mitarbeitern zu zeigen, stärkt den öffentlichen Auftritt und vor allem das innerbetriebliche Vertrauen.

Viel zu oft liest man in Firmenphilosophien, welche herausragenden Leistungen der Firmengründer vollbrachte oder wie viele Projekte erfolgreich abgewickelt werden wollen und ähnliches.

Aber zu wessen Last passiert das?

Wo steht geschrieben „Wir vertrauen unseren Mitarbeitern und lassen unsere Geschäftspartner und Kunden nicht im Stich"?

Andererseits wäre es genauso unethisch, nicht die Wahrheit zu schreiben. Aus diesem Grund tun sich manche Unternehmen womöglich so schwer, die richtigen Worte zu finden.

Dies mag wie ein Angriff klingen, und ja, es ist auch so gemeint, denn sehr oft behandeln Unternehmen ihre Mitarbeiter wie austauschbare Verschleißteile oder legen es schon zu Beginn eines Projektes darauf an, später gegen ihren Geschäftspartner vor Gericht zu ziehen. Und dies in der Gewissheit, der Stärkere zu sein, weil man sich von Beginn an darauf vorbereitet hat, Beweise zu sammeln. In der Bauwirtschaft gibt es ein Sprichwort, das die Sache wunderbar beschreibt: „Wer schreibt, der bleibt." Wer schon zu Beginn genug Beweise für seine Unschuld sammelt, hat es vor Gericht einfacher, ohne großen Schaden davonzukommen. Man geht also davon aus, streiten zu müssen. In größeren Unternehmen gibt es eigene Abteilungen, die nur damit beschäftigt sind, Fehler anderer zu suchen, um zusätzliches Geld zu erwirtschaften.

Wie können solche Unternehmen davon ausgehen, selbst gerecht behandelt zu werden?

Wo liegen deren Werte?

Worauf kommt es nun wirklich an? Welche Werte beschreiben ein gesundes und leistungsfähiges Unternehmen?
Doch nur jene, die verbinden, die wertschätzen und Vertrauen fördern.

Gerald Hüther formuliert es in anderem Zusammenhang folgendermaßen:

„Ein Bild, das zum Ausdruck bringt, worauf es im Leben, im Zusammenleben und bei der Gestaltung der Beziehungen zur äußeren Welt wirklich ankommt: auf Vertrauen, auf wechselseitige Anerkennung und Wertschätzung, auf das Gefühl und das Wissen, aufeinander angewiesen, voneinander abhängig und füreinander verantwortlich zu sein." (Hüther 2014, S. 104)

Obwohl nicht für dieses Thema geschrieben, finde ich doch, dass seine Wortwahl zu 100 Prozent passend ist. Berücksichtigt und lebt man dies als Unternehmen, steht dem langfristigen Erfolg nichts im Weg.

14.3   Verantwortung für Mensch und Umwelt

Jedes Unternehmen hat eine Verantwortung gegenüber seiner Umwelt. Die einen wesentlicher, die anderen geringer, aber die Verantwortung bleibt. Denn jeder beeinflusst in unterschiedlicher Weise, ob es die Energie, den Müll oder Menschen in näherer Umgebung betrifft. Welches Unternehmen denkt darüber nach, wie viel Energie es eventuell verschwendet, wie viel Müll es unnötig erzeugt und welche Menschen durch seine Tätigkeiten beeinflusst werden?

In manch großen Konzernen scheint es, wird die Frage der Verantwortung geflissentlich übergangen. Menschen werden zum Wohl der Unternehmensgesundheit entlassen, ohne dass jemals darüber nachgedacht wurde, ob nicht auch eine andere Möglichkeit bestanden hätte. Verantwortung zu übernehmen, bedeutet auch, Menschen erfolgreich werden zu lassen; ihnen die Möglichkeit dazu zu bieten.

Wie sieht es mit einer ganz anderen Frage aus? Soll sich die Führungskraft auf die Charakterbildung eines Menschen einlassen?

Fragen

- Ist das, was ich produziere, gegenüber der Menschheit und der Umwelt vertretbar?
- Wie sehe ich die Verantwortung gegenüber meinen Mitarbeitern?
- Sehe ich sie als eigenständige Menschen, die sich selbst um ihr Wohl kümmern müssen?
- Oder übernehme ich auch Verantwortung für das Wohl meiner Mitarbeiter?
- Entlasse ich sie mit gutem Gewissen in die Arbeitslosigkeit im Fall einer Krise, oder kämpfe ich mit allen zur Verfügung stehenden Mitteln um ihre Anstellung?
- Ermögliche ich ihnen die notwendigen Randbedingungen, um sie erfolgreich werden zu lassen?

Eigentlich ist die Charakterbildung soweit möglich Aufgabe der Familie. Als junger Mensch genießt man die Erziehung seiner Eltern, in welcher Art und Weise auch immer. Doch allzu oft erlebt man, dass junge Mitarbeiter – manchmal auch ältere – scheinbar Teile einer allgemein üblichen Erziehung versäumt haben. Und ich spreche nicht nur von schlechtem Benehmen. Es fehlt sehr oft an Selbstbewusstsein, Sinn und Orientierung. In vielen Fällen arbeiten diese Mitarbeiter nur des Geldes wegen. Sie sind wenig bis gar nicht daran interessiert, etwas erfolgreich abzuschließen. Daher werden sie immer auf die gleiche Art geführt: Sie werden dirigiert und kontrolliert. Oft hört man die Worte: „Übernehmen sie Verantwortung!", doch ohne Sinn und Orientierung ist es gar nicht möglich, das zu tun.

Daher noch einmal die Frage: Soll sich die Führungskraft auf die Charakterbildung eines Menschen einlassen?

Ich denke: Ja. Denn wenn sie es nicht tut, nimmt sie dem Mitarbeiter und sich selbst die Chance, erfolgreich zu arbeiten. Ich glaube, dass erfolgreiche Führungskräfte immer auch Mentoren des Lebens sind. Menschen, die für sie arbeiten, werden nicht nur beruflich erfolgreich, sondern auch im Umgang mit anderen und sich selbst.

Leider geschieht auch das Gegenteil. Führungskräfte entziehen sich dieser Verantwortung, in dem sie Regeln definieren, wie in einzelnen Fällen zu entscheiden ist. Sie schieben die Verantwortung in Richtung der Organisation.

> Ein trügerisches Zeichen: Wenn die Organisation überhandnimmt, deutet dies auf das Abschieben von Verantwortung hin!

Fredmund Malik greift in seinem Buch die Frage auf, ob man es nicht der Gesellschaft schuldet, für sie sein Bestes zu geben. Immerhin wird man bis zum Teenageralter und weiter von der Gesellschaft getragen. Ist es dann nicht die Pflicht und Verantwortung eines jeden Menschen das zurückzuzahlen? (Malik 2006, S. 86)

Oder umgekehrt formuliert: Handle ich der Umwelt, der Gesellschaft gegenüber unrecht, wenn ich es nicht zurückzahle? Immerhin wird man in diese Welt geboren, ohne es gewollt zu haben. Woher stammt also die Pflicht oder besser gesagt Schuld an der Gesellschaft?

Ich würde nicht sagen, dass Leistungsschuld besteht. Nur weil andere Menschen etwas leisten wollen, heißt das noch lange nicht, dass dies auf alle zutrifft. Was jedoch schon zutrifft, ist eine gewisse Verantwortung seinen Mitmenschen gegenüber. Wäre dies nicht so, würden wir aussterben. Zumindest die Grundbedürfnisse der Menschen müssen befriedigt werden. Und das verlangt eine gewisse Leistungsbereitschaft, die wahrscheinlich sogar in unseren Genen verankert ist. Sich dieser Leistungsbereitschaft zu entziehen, wäre tatsächlich unethisch. Von daher steckt zumindest ein Funken Wahrheit in Fredmund Maliks Ansatz.

14.4   Wo beginnt Korruption?

In Österreich gibt es das Korruptionsstrafrechtsänderungsgesetz von 2012.

> **Korruption**
>
> Als Korruption wird der Missbrauch anvertrauter Macht zu privatem Vorteil verstanden.

Die dem Gesetz zugrunde liegenden Paragrafen beinhalten sämtliche Varianten, die unter Korruption gezählt werden können. Bis zu einer Geringfügigkeitsgrenze von 100 EUR, die allerdings nicht gewerbsmäßig gilt, ist dort alles geregelt.

Wenn man sich die Gesetzestexte durchliest, erkennt man, dass teils übliche Geschäftstätigkeiten bereits unter den Begriff Korruption fallen. Wenn also eine Führungskraft zum eigenen oder zum betrieblichen Vorteil handelt und somit korrupt ist, kann sie nicht von ihren Mitarbeitern verlangen, dies nicht zu tun. Selbst in großen Organisationen, die sehr strenge Compliance Regeln für ihre Mitarbeiter aufgestellt haben, beobachtet man leider, dass diese Regeln ausgerechnet von der Führungsebene gebrochen werden. Der „kleine" Mitarbeiter darf die zu Weihnachten geschenkte Flasche Wein nicht annehmen, doch der Geschäftsführer fährt zu einer viertägigen Einladung nach Kitzbühel, die durch ein einstündiges pro forma-Referat verschleiert wird.

Wer also korruptes Verhalten bei anderen verurteilt, sollte zuerst bei sich selbst suchen. Man glaubt gar nicht, was da alles zu finden ist.

14.5 Gleichberechtigung

Selbstverständlich spricht dieses Buch sowohl Frau als auch Mann an. Jegliche Schlechterstellung eines Geschlechtes ist grundsätzlich zu verurteilen. Weder die geringere Entlohnung von Frauen noch die Bevorzugung derer in der Jobauswahl, um eine Quote zu erreichen. Es sollte diese Quoten gar nicht geben. Denn selbst das Daraufhinweisen, dass Frauen in einigen Berufen oder Hierarchieebenen nicht oder nur manchmal zu finden sind, ist diskriminierend. Leider hat sich der Gedanke in unserer Geschichte erst sehr spät entwickelt, was die Gleichberechtigung von Frauen betrifft. Daher findet man immer noch Überbleibsel früherer Zeiten. Selbst in unserer sogenannten zivilisierten Gesellschaft gibt es noch immer Unterschiede in der Geschlechterbehandlung. Als Führungskraft, sei sie weiblich oder männlich, sollte man daher stets darauf achten, jeder oder jedem dieselben Möglichkeiten zu geben.

Was jedoch nicht unter Gleichberechtigung fällt, ist das gleiche behandeln unterschiedlicher Menschen. Gerne wird auf Gleichberechtigung hingewiesen, wenn alle über einen Kamm geschoren werden. Menschen haben unterschiedliche Bedürfnisse, unterschiedliche Stärken und Schwächen. Darauf soll die Führungskraft eingehen. Alle gleich zu behandeln, wäre ungerecht oder wie Blanchard es formuliert: „Ungleiche Wesen gleich zu behandeln, ist nicht Gerechtigkeit, sondern Gleichmacherei." (Blanchard et al. 2015, S. 35)

Es macht definitiv einen Unterschied, ob Sympathie besteht oder nicht. Dies zu verleumden, wäre schlichtweg falsch. Menschen, die durch Sympathie verbunden sind, gehen anders miteinander um. Sie kommen sich entgegen, weil sie sich in den anderen hineinversetzen. Da Sympathie durch eine Vielzahl von Einzelheiten entsteht, kann man sie nicht erzwingen; man kann sie jedoch begünstigen. Ein freundlicher Umgang und ehrliches Interesse an den Menschen sind die Grundlage für Sympathie. Diese Basis sollte eine Führungskraft schaffen, egal mit welchen Menschentypen sie verkehrt.

> Jedem freundlich zu begegnen ist Gleichberechtigung.

14.6   Interkulturelle Kompetenz

Da unsere Welt immer stärker zusammenwächst, was zum großen Teil dem Internet zu verdanken ist, gibt es nahezu keine Unternehmen mehr, wo nicht unterschiedliche Nationalitäten und Kulturen zusammenarbeiten. Je nachdem in welchem Umfeld man geboren ist, lernt man andere Gebräuche und Sitten. Menschen vom Land gehen oft anders an die Sache heran als Stadtmenschen. Sehr oft ist man durch die Religion in Meinung und Tun unterschiedlich.

Je globaler Unternehmen aufgebaut sind, desto schwieriger ist es, eine für alle gerechte Umgangsweise zu schaffen. Darüber ließe sich ein eigenes Buch füllen.

> Der wichtigste Faktor der interkulturellen Kompetenz ist die Toleranz.

Eine Zusammenarbeit ist nur dann möglich, wenn man Fremdartiges toleriert und wenn man im Gegenzug selbst in seinen Eigenheiten toleriert wird. Insbesondere als Führungskraft ist die Toleranz enorm wichtig, denn sie hilft den gemeinsamen Weg des Erfolgs zu finden. Jede Kultur hat ihre Stärken. Mit Toleranz und Respekt kann man sie finden und nützen. Jede Kultur hat ihre speziellen Eigenarten: Manche Kulturen sind impulsiver, manche gründlicher, manche charmanter und manche geradliniger. Genau diese Mischung macht die Arbeit mit interkulturellen Gruppen so spannend. Man erlebt unterschiedlichste Lösungsfindungen und Herangehensweisen; ein Pool von vielen neuen Möglichkeiten, aus dem die Führungskraft, die interessantesten und bestgeeignetsten auswählen kann. Das, was eventuell langsamer und umständlicher beginnt, entwickelt sich mit Fortdauer zu etwas Gutem, das nur durch Unterschiede möglich wurde.

Während meiner langjährigen Tätigkeit in einer internationalen Organisation habe ich gelernt, wie einfach Kooperation ist, wenn sich die Mitglieder eines interkulturellen Teams tolerant begegnen. Die besondere Aufmerksamkeit auf Belange und Probleme anderer veranlassen dazu, Hilfreiches beizusteuern. Durch die fremde Wesensart agiert man vorsichtiger und behutsamer. Man verzeiht sich Fehler schneller, da man selbst leichter in die Situation kommt, welche zu machen. Im Grunde ist es mit einem neuen Jobantritt vergleichbar: Man ist engagierter, zuvorkommender und toleranter.

Scheinbar zeigen sich diese Wesenszüge immer dann besonders, wenn sich Menschen in ungewohntem Terrain befinden.

14.7 Die gute Seele des Unternehmens

Die Führungskraft hat viele wesentliche Aufgaben. Die gute Seele eines Unternehmens zu sein, gehört nicht dazu, denn das erfordert Zeit, Aufmerksamkeit und Freiheit in den Gedanken. Und das kann man einem Menschen nicht zumuten, der sich um so viele Geschicke zu kümmern hat. Daher übernimmt diese Aufgabe jemand anders.

In vielen Unternehmen gibt es so eine Person. Meist sind sie von den schwierigen, langwierigen Arbeiten freigespielt, um genau ihre wesentliche Aufgabe erfüllen zu können: Sie sind es, die jedem ein Lächeln schenken, die sich Probleme anhören und Mut zusprechen, die einen manchmal bewusst aus der Schusslinie bringen, wenn sie erkennen, dass man am Zahnfleisch nagt. Sie schaffen es Führungskräfte, insbesondere ihren Vorgesetzten um den Finger zu wickeln, um ihn seine Menschlichkeit nicht vergessen zu lassen; kurz gesagt sie verkörpern die gute Seele.

Als Führungskraft tut man gut daran, so eine gute Seele zu haben. Denn sie ist es, die Topmanager wie jeden anderen behandeln, die erkennt, dass zu viel Verantwortung manchmal zu Inhumanität führt, und die mit Menschlichkeit darauf reagiert. Hat man so eine gute Seele in seinem Unternehmen, braucht man ihr nur die Möglichkeit geben, zu wirken.

Aus eigener Erfahrung kann ich sagen, dass ein gutes Betriebsklima sehr oft von solchen Menschen abhängt; oder zumindest zu einem großen Teil abhängt.

Achten Sie als Führungskraft darauf, so einen Menschen im Betrieb zu haben. Und wenn Sie ihn nicht haben, suchen Sie nach ihm.

14.8 Das Herz des Unternehmens

Das gemeinsame Verständnis von Richtig und Falsch
Die meisten CEO's würden jetzt meinen, sie wären das Herz des Unternehmens. Doch dies ist ein Irrglaube. Ohne den Rest der Mannschaft kann die genialste Führungskraft nichts umsetzen. Doch was oder wer ist dann das Herz eines Unternehmens?

Betrachtet man das Herz im menschlichen Körper, erkennt man den Motor, der die lebenswichtige Substanz – das Blut – zu den entlegensten Stellen im Körper führt. Das Blut kann als die sozialen Interaktionen gesehen werden, die notwendig sind, um alle Bereiche eines Unternehmens zu steuern; die vielen Bitten, Fragen, Erklärungen, Order und Anweisungen. Sie alle bedürfen einer bestimmten Kommunikation, sei es persönlich, über Dritte oder auf dem Postweg, analog oder digital.

Das Herz eines Unternehmens verursacht quasi diese sozialen Interaktionen – es lässt sie entstehen. Man kann also von einem Willen oder Drang ausgehen; der Wille, gemeinsam ein Ziel zu erreichen. Wie zu Beginn erörtert, reicht es nicht, wenn nur der CEO diesen Willen hat. Er muss sich durch das ganze Unternehmen ziehen, um höchst wirksam zu werden.

Das Herz ist also der gemeinsame, integrale Wille einer Gemeinschaft, ein gemeinsames Ziel zu erreichen. Den CEO könnte man als Reizleiter sehen, der die notwendigen Impulse an das Herz sendet; der quasi den Takt oder die Richtung vorgibt.

> Die Kunst eines Unternehmens liegt darin, alle zur Gemeinschaft gehörenden Menschen davon zu überzeugen, in dieselbe Richtung zu gehen, einem Ziel entgegenzusteuern. Und dafür braucht es alle Führungskräfte, jeden, der in irgendeiner Weise Befehlsgewalt gegenüber anderen ausübt. Je mehr Führungskräfte denselben Willen verspüren, desto geradliniger verläuft der Weg zum Ziel.

Daher ist es ungemein wichtig, den grundlegenden Führungsgedanken, die Art und Weise, mit welcher sozialen Kompetenz geführt wird, auf alle Ebenen zu verbreiten. Je stärker der rote Faden zu erkennen ist, desto inniger wird der gemeinsame Wille, und desto schneller und erfolgreicher werden Ziele erreicht. Aus diesem Grund ist es wichtig, vom CEO begonnen bis zum Vorarbeiter oder leitenden Angestellten, dieselbe soziale Herangehensweise zu leben. Sobald in einer Ebene anders gedacht und gehandelt wird, stoppt der Fluss und dringt nicht mehr bis zum letzten Mitarbeiter.

Ich habe in Unternehmen oft festgestellt, dass unterschiedliche Richtungen eingeschlagen wurden. Dass die Firmenleitung ihre Impulse nur bis in die nächste Ebene brachte. Dort wurde völlig anders gehandelt und somit verpufften die Signale von oben im luftleeren Raum.

Würde man dieses Verpuffen als mangelhafte Durchsetzungskraft der Firmenleitung abtun, läge man falsch. Die Ethik sucht sich immer ihren Weg. Das Empfinden eines Menschen, was richtig oder falsch ist, kann durch Befehle nicht geändert werden. Selbst wenn er dem Befehl entsprechend handelt, bleibt ein innerer Widerstand bestehen. Und dieser Widerstand macht es unmöglich, den Willen des Befehlenden anzunehmen.

> Der rote Faden bezeichnet den gemeinsamen ethischen Zugang, dasselbe Verständnis von Richtig und Falsch.

Mit dieser Meinung bewege ich mich weg von der Ansicht Fredmund Maliks, der den Erfolg von Managern nur im richtigen Handeln derer sieht. Seiner Meinung nach tun sie die richtigen Dinge, um das Richtige zu erreichen.

Ich gehe einen Schritt weiter: Sie tun das Richtige, weil ihr Verständnis von Ethik, von sozialem Umgang, sich mit dem Großteil ihrer Belegschaft deckt. Ihre bloße Vorbildwirkung setzt sie in die Lage, ihre Impulse breit gefächert weiterzugeben. Es ist viel mehr die Art, wie sie von Menschen gesehen werden, als die Handlungen, die sie ausführen.

Ich denke: Ja, eine Führungskraft sollte ein Held sein. Sie braucht keine Superkräfte, aber ihre Art – und ihr Handeln – soll nachahmenswert und bewundernswert sein.

So sachlich und fachlich man Themen auch behandeln kann, die menschliche Komponente spielt immer mit. Jegliche Sachlichkeit geht verloren, wenn man sich angegriffen und beleidigt fühlt. Wird man auf Dauer beleidigt, nährt dies den Rachegedanken. Man wird Menschen, die einen ständig schlecht behandeln, nicht mehr dasselbe Entgegenkommen angedeihen lassen als anderen; und dieser kleine Unterschied kann große Auswirkung auf den Willen haben, ein gemeinsames Ziel zu erreichen.

Ein starkes Herz zu bekommen, ist also eine sehr feinfühlige und verletzliche Sache, die der größten Sorgfalt bedarf.

Ich hoffe, die notwendige Dringlichkeit mit diesem Buch zu vermitteln. Denn in Zukunft wird das Herz eines Unternehmens wichtiger denn je zuvor. Durch die starke Dezentralisierung unserer Menschheit, wird es zunehmend schwieriger werden, funktionierende Gruppen zu schaffen und sie zu erhalten.

Literatur

Blanchard, K., Zigarmi, P., & Zigarmi, D. (2015). *Führungsstile: Wirkungsvolleres Management durch situationsbezogene Menschenführung* (2. Aufl.). Reinbeck bei Hamburg: Rowohlt.

Hüther, G. (2014). *Die Macht der inneren Bilder. Wie Visionen das Gehirn, den Menschen und die Welt verändern.* Göttingen: Vandenhoeck & Ruprecht.

Janssen, B., & Grün, A. (2017). *Stark in stürmischen Zeiten: Die Kunst, sich selbst und andere zu führen.* München: Ariston.

Malik, F. (2006). *Führen, Leisten, Leben.* Frankfurt a. M.: Campus.

15

Betriebsklima – die variable Konstante

Zusammenfassung Dieses Kapitel beschreibt den wesentlichsten Faktor eines funktionierenden Betriebsklimas – den Mitarbeiter. Wie ticken unterschiedliche Menschentypen und worauf muss die Führungskraft besonders achtgeben? Ob Motivation, Lob, Kritik oder Anerkennung, es werden praxisnahe Anwendungsbeispiele angeführt, an die sich die Führungskraft je nach Situation halten kann.

Welche Faktoren beeinflussen das Betriebsklima? Darauf könnte man antworten: „Alle", denn das Betriebsklima ist etwas Lebendiges. In gewisser Weise ist es mit dem menschlichen Organismus vergleichbar. Es besteht aus so vielen Einzelteilen, die nur funktionieren, wenn sie sich zu einem Ganzen zusammenfügen, quasi in einen Gesamtplan eingliedern. Wie in unserem Körper bestehen gegenseitige Abhängigkeiten. Daher ist es auch so schwierig einen erkrankten oder störenden Teil zu extrahieren.

© Springer Fachmedien Wiesbaden GmbH, ein Teil von Springer Nature 2020
P. Hennerfeind et al., *Soziale Aspekte der Führung*,
https://doi.org/10.1007/978-3-658-29510-3_15

Ob das Betriebsklima im Gesamten gut oder schlecht ist, erkennt man schnell. Doch, warum es das ist meist nicht. Die Führungskraft nimmt eine wesentliche Rolle im Gestalten des Betriebsklimas ein. Zum einen durch ihre Vorbildwirkung, zum anderen durch die Gestaltung der innerbetrieblichen Umstände sowie der Organisation. Es macht einen großen Unterschied, ob man als Führungskraft militärisch herrscht und dirigiert oder ob man Eigenständigkeit und Selbstverantwortung zulässt und fördert. Man könnte jetzt gewillt sein zu behaupten, dass das Betriebsklima bei militärischer Vorgangsweise schlechter sei, doch dafür gibt es keinen Beweis.

Dies scheint mir ein wichtiger Faktor zu sein: Die Führungskraft gibt Stabilität. Sie bleibt ihrem Führungsstil treu und behandelt Probleme und Veränderung in bekannter Art und Weise.

Beispiel

Ich hatte mit einem Unternehmen beruflichen Kontakt, wo ein strenger Umgangston herrschte. Auf den ersten Blick war ich entsetzt, doch mit der Zeit erkannte ich, dass niemand unglücklich war. Im Gegenteil: Die Mitarbeiter waren sogar zufrieden. Sie wurden zwar streng behandelt, aber stets gerecht. Die klare Linie, die sich durch das Unternehmen zog, gab den Menschen Sicherheit. Zudem wurden innerbetriebliche Themen offen und transparent behandelt.

Hat man ein gutes Betriebsklima in seinem Unternehmen, ist man auch für eine Krise gut geschützt; ganz so, wie ein gesunder Körper, der widrigen klimatischen Umständen trotzt, weil seine Abwehrkräfte gestärkt sind.

Daher kann das Betriebsklima als Konstante des Unternehmens gesehen werden. Variabel ist es deswegen, weil sich die Faktoren ständig ändern, die es beeinflussen. Ein gesundes Betriebsklima braucht also, wie das menschliche Immunsystem, einen richtigen und guten Umgang. Gewisse Einflussfaktoren sollten sich mit gegensätzlichen Konstanten die Waage halten.

Im Folgenden befassen wir uns mit den wesentlichsten Einflussfaktoren und mit den Möglichkeiten, hilfreiche Konstanten zu manifestieren.

15.1 Mitarbeiter

„Die Mitarbeiter und ihr Wissen sind das Herz der Möglichkeiten eines Unternehmens, sowohl in der Gegenwart als auch in der Zukunft ...“ (Haas Edersheim 2007, S. 230)

> Grundsätzlich gilt: Nicht der Mensch ist das Problem, sondern die Organisation rund um ihn.

Akzeptiert man diesen Blickwinkel, eröffnen sich ganz neue Sichtweisen: Wenn ich es als Führungskraft nicht schaffe, jedem einzelnen Charakter die gebührende Arbeitsumgebung zu bieten, bin ich schlecht organisiert. Die Organisation eines Unternehmens soll so funktionieren, dass jeder Mensch, der sich in ihr befindet, die bestmöglichen Arbeitsbedingungen vorfindet. Es ist nicht die menschliche Natur, die den Willen zu leisten einschränkt, sondern die schlechte Organisation, die keine geeigneten Rahmenbedingungen ermöglicht.

„Ein Unternehmen, das auf das Potenzial eines jeden einzelnen Mitarbeiters baut, wird wesentlich wahrscheinlicher Erfolg haben als ein anderes Unternehmen, das seine Belegschaft nur langsam mit stumpfsinnigen Aufgaben vorwärts bringt.“ (Haas Edersheim 2007, S. 61)

Sobald der Mitarbeiter Hürden überwinden muss, um seine beste Leistung zu erbringen, ist nicht er, sondern sein Umfeld daran schuld. Ich kann nicht verlangen, dass sich Mitarbeiter um die Organisation kümmern, außer sie sind dafür verantwortlich. Im Üblichen ist es die Aufgabe der Führungskräfte, die richtige Organisation zu etablieren. Ich gehe soweit zu behaupten, dass dies ihre einzige wesentliche Aufgabe ist. Denn, um dies zu gewährleisten, müssen sie sich um die Mitarbeiter, die Kunden (als Kunde bezeichne ich jeden, der in geschäftlicher Beziehung zur Führungskraft steht) und um sich selbst kümmern. Denn nur wenn alle Bedürfnisse befriedigt sind, existiert die richtige Organisation; das richtige Management.

Hier zeigt sich der Schnittpunkt zwischen Führung und Management. Richtige Führung gelingt nur mit adäquatem Management. Und hier teilt sich die Zuständigkeit, denn nicht jede Führungskraft ist zugleich Manager.

Management und Führung

Der Manager oder das Management kümmert sich um die Organisation als Ganzes: um Strategien, Zahlen, Budgets, Unternehmensziele, Akquisition und vieles mehr.
Die Hauptaufgabe der Führungskraft ist es, andere Menschen zu führen; sie zu unterstützen, zu fördern, sie auszubilden …

Freilich finden sich beide Aufgabenbereiche meist in einer Position vereint, doch es macht durchaus Sinn, sie getrennt zu betrachten. Denn das richtige Management behandelt Mitarbeiter nicht wie Maschinen. Management funktioniert erst, wenn die sozialen Aspekte aller am Unternehmen beteiligten Menschen berücksichtigt werden; wenn die Führungsaufgabe richtig verstanden wurde.

Kann man einen Mitarbeiter nach einem allgemeinen Raster einstufen und ihn so behandeln?
Nein! Kann man nicht, denn das würde bedeuten, dass man sich nicht um die Bedürfnisse der Mitarbeiter schert. Bevor sich der Mitarbeiter bewegen muss, soll das Management angepasst werden und nicht umgekehrt!

Wer sich um Zahlen statt um Mitarbeiter kümmert, wird irgendwann feststellen, dass Zahlen nichts verändern. Doch Mitarbeiter verändern Zahlen.

Entgegen dem veränderlichen Einflussfaktor Mitarbeiter steht also zum einen eine sinnvolle Art des Umganges mit dem Menschen und zum anderen die Etablierung der adäquaten Organisation rund um ihn.

Welche Arten von Mitarbeitern gibt es?
Einer der Gründerväter des zeitgenössischen Managementgedanken Douglas McGregor befasste sich bereits 1960 mit dem Thema „Der Mensch im Unternehmen". Dazu entwickelte er die X-Y Theorie, welche sich mit den unterschiedlichen Menschentypen in Unternehmen und der Behandlung derer durch Führungskräfte, befasst. Er sah es jedoch nicht vorrangig als Handlungswerkzeug, sondern als Theorie, die ein Umdenken fördern sollte.

Theorie X

1) Mitarbeiter sind faul, arbeitsscheu, unselbstständig und versuchen so wenig als möglich zu tun.
2) Führungskraft braucht strenge Vorschriften und Kontrolle.
3) Dies bewirkt wiederum passives Arbeitsverhalten.
4) Daraus folgt: Mitarbeiter übernehmen keine Verantwortung und keine Initiative.

Dies bestätigt Punkt 1).

Theorie Y

1) Mitarbeiter, welche die Chance dazu bekommen, arbeiten und handeln für das Unternehmen.
2) Führungskraft lässt ihnen Handlungsspielraum und motiviert zur Selbstkontrolle.
3) Dies ermöglicht Engagement für die Tätigkeit im Unternehmen.
4) Daraus folgt: Initiative und Verantwortungsbereitschaft

Dies bestätigt Punkt 1). (McGregor 2005)
So einfach die Theorie klingt, so einfach lässt sie sich umsetzen. Was jedoch einen wesentlichen Faktor darstellt, ist die Möglichkeit der Führungskraft nach Theorie Y zu handeln. Um anderen Menschen Handlungsspielraum zu geben, muss man sich selbst Handlungsspielraum

geben. Wenn ich mich als Führungskraft selbst ständig kontrolliere und mir strenge Vorschriften auferlege, fällt es mir schwer, dies bei anderen Menschen nicht zu tun. Daher kommt zuerst die Selbstführung und danach die Fremdführung.

Wenn man Teams und deren Führungskräfte beobachtet, so erkennt man schnell Parallelen zwischen der Vorgangsweise der Führungskraft und der seiner Mitarbeiter. Ist die Führungskraft unorganisiert und diktatorisch, handelt meist das ganze Team so. Daher fällt es vielen Führungskräften so schwer, ihre Mitarbeiter zu überzeugen. Insbesondere soziale Umgangsformen lassen sich nicht befehlen. Wenn ich selbst dazu neige, unfreundlich und abschätzig zu werden, kann ich meinem Mitarbeiter nicht befehlen, immer freundlich zu sein. Man kann soziale Werte nicht abverlangen. Man kann sie nur vorleben und aktiv fördern. Ich erlebe oft, dass Kunden von Mitarbeitern unfreundlich behandelt werden. Zum einen, weil die Mitarbeiter überfordert sind und zum anderen, weil sie eben genauso handeln wie ihr Vorgesetzter. Wie wird von den Führungskräften darauf reagiert? Sie befehlen den Mitarbeitern freundlich zu sein, natürlich in unfreundlichem Ton.

Achten Sie auf sich selbst, wenn Sie mit Ihren Mitarbeitern derartige Themen besprechen.

> **Beispiel**
>
> Ich habe eine Frau beobachtet, die ihr Kind angeschrien hat, nicht so laut zu schreien. Daraufhin hat das Kind zurückgeschrien, dass es gar nicht schreie.

15.1.1 Was tun mit schwierigen Typen?

Wenn Mitarbeiter lange in Unternehmen sind, verlieren sie manchmal die Begeisterung für ihre Aufgabe und entwickeln Strategien, um sich vor unangenehmen Arbeiten und Herausforderungen zu schützen. Sie zählen im Sekundenbruchteil eine Hand voll Gründe auf, warum sie eine Sache nicht lösen können. Über Lösungsvarianten denken sie selten nach; meist tun sie dann gar nichts mehr.

Als Führungskraft hat man nun zwei Möglichkeiten: Entweder man prüft das Einsatzgebiet des Mitarbeiters – möglicherweise fühlt sich derjenige am falschen Ort und ist über- oder unterfordert – oder man führt ihn zu einer lösungsorientierten Denkweise. Mit Kritik und sturen Befehlen richtet man nichts aus. Es gilt Aufbruchstimmung zu erzeugen, um die Gewohnheit in Interesse zu wandeln. Wahrscheinlich bringt der Mitarbeiter auch dagegen eine Vielzahl von Argumenten, doch zum Wohle der Führungskraft und dem Rest der Belegschaft – und vor allem dem Wohle des schwierigen Mitarbeiters –, darf man solche Menschen nicht wie bisher weiterarbeiten lassen.

Es hat einen Grund, warum der Mitarbeiter als schwierig eingestuft wird. Die Aufgabe der Führungskraft besteht darin, diesen Grund zu finden und dementsprechend zu handeln. Es bringt nichts, solche Menschen zu ignorieren oder sie ihre restliche Zeit absitzen oder aussitzen zu lassen. Sie vergiften nicht nur sich selbst, sondern alle anderen Menschen in ihrem Umkreis. Lassen Sie keine Vergiftung ihres Betriebsklimas zu – es kostet Sie den doppelten Aufwand, es wieder zu stabilisieren.

15.1.2 Wie verhält man sich gegenüber intriganten Menschen?

Wenn Menschen zur Intrige greifen, sind sie meist unfähig, ihre Ziele auf normale Weise zu erreichen. Das kann an mangelnden Fähigkeiten liegen, an versteckten Aggressionen, an verletzten Gefühlen oder vielem mehr. Fakt ist, dass diese Menschen ihre Umwelt vergiften. Sie fügen den Menschen und dem Unternehmen Schaden zu. Hat man als Führungskraft die Möglichkeit, den Grund der Intrige zu erkennen, kann man eventuell gegensteuern, doch in vielen Fällen erkennt man Intrigen erst, wenn die Auswirkungen auftreten.

Fredmund Malik hat für Intriganten nur eine Lösung:

„Man kann mit Intriganten nicht und niemals zusammenarbeiten." (Malik 2006, S. 151)

Er empfiehlt, sich sofort von solchen Menschen zu trennen oder wenn dies nicht möglich ist, selbst das Unternehmen zu verlassen. Ich denke, diese Entscheidung obliegt jeder Führungskraft selbst. Wahrscheinlich gibt es aber mehrere Abstufungen, wenn es um die Schwere der Intrige geht; und dementsprechend wird man entscheiden, ob man die Chance auf eine Lösung sieht oder nicht.

Ich bin für einen transparenten und ehrlichen Umgang mit Menschen und gehe davon aus, Tendenzen zu Aggressionen oder Verletzungen frühzeitig zu erkennen. Daher glaube ich an eine gewisse Teilschuld der Führungskraft, wenn Intrige auftritt.

Wenn mein Vorgesetzter ein Intrigant ist und ich keine Möglichkeit habe, dies aufzuzeigen, wird die Sache schwieriger. Dann bin ich eher bei Fredmund Maliks Lösungsansatz. Dann empfiehlt es sich tatsächlich, das Unternehmen zu verlassen.

15.1.3 Wieviel Individualität lässt man zu?

Wenn mehrere Menschen in einer Gruppe zusammenarbeiten, gibt es unweigerlich Umgangsregeln. Die jeweilige Individualität arbeitet gegen diese Umgangsregeln. Nun hat man als Führungskraft entweder die Möglichkeit, den Rahmen der Regeln so weit auszudehnen, um jegliche Individualität zuzulassen, oder man schränkt die jeweilige Individualität ein. Was wiederum zur Einschränkung der Leistungsmöglichkeit führen kann.

Fragen

- Benötige ich Gruppenspirit oder Einzelleistungen?
- Gelingt die Aufgabe nur miteinander, weil jeder von der Leistung des anderen abhängig ist, oder erreiche ich das Ziel auch ohne Kooperation?

Sie sehen, wohin die Frage nach Individualität führt. Es hängt stets von der Aufgabe ab, wie stark man sie einschränkt oder zulässt. Wenn Kooperation gefragt ist, braucht es einen geregelten Umgang. Nehmen Sie als Beispiel ein Ruderboot, in dem zehn Personen rudern. Wenn nicht alle nach dem gleichen Schema arbeiten, bewegt sich das Boot entweder langsam, im Kreis oder gar nicht. Würde man auf individuelle Stärken oder Bedürfnisse Rücksicht nehmen, käme man nicht vom Fleck. Würden dieselben zehn Personen auf einer einsamen Insel stranden, sind die individuellen Eigenschaften jedes einzelnen gefragt, um das Überleben aller zu sichern.

Fazit

Das Aufstellen von Regeln erfolgt immer in Abhängigkeit des erforderlichen Ergebnisses, um die individuelle Leistungsfähigkeit einzelner nicht einzuschränken.

15.1.4 Mitarbeiter und Vorschriften

„Denn wenn du ihn mit zuviel Vorschriften überhäufst, so muß allemal eins von beiden geschehen: entweder er muß oft gestraft werden, und er wird gegen die Strafen gleichgültig; oder man muß die Übertretungen einiger Regeln ungestraft hingehen lassen …" (Locke 1920, E-Book Pos. 836)

In großen Unternehmen gibt es viele Vorschriften. Manche sind aus Notsituationen heraus geboren, andere entstammen klugen Köpfen, die nur das Beste damit erreichen wollten. Jede Vorschrift für sich mag auch durchaus Sinn ergeben, doch ein zu großes Konvolut verursacht mehr Fehler als gar keine Vorschriften.

Als Führungskraft tut man gut, weitgehend auf Vorschriften zu verzichten, wenn es um individuelle Leistungen einzelner Mitarbeiter geht. Vielmehr sollte man danach trachten, Eigeninitiative zu fördern. Je öfter Menschen Aufgaben und gewünschte Ergebnisse so sehen, als wären sie selbst davon abhängig, desto intensiver werden sie darüber nachdenken. Sie werden sich ihre eigenen Vorschriften machen und stets vernünftig und zielorientiert denken.

Führungskräfte neigen gern dazu, komplexe Herausforderungen oder Probleme von Mitarbeitern weg zu organisieren. Statt zuzuhören und sich in die Lage des Mitarbeiters zu versetzen, bombardieren sie ihn mit

Vorschriften und organisatorischen Abläufen. „Haben sie dies getan, haben sie das getan …"

Beispiel

Ein Mitarbeiter steht vor einem komplexen Problem. Eine Anordnung kann von ihm nicht im geforderten Ausmaß ausgeführt werden. Sei es aus Zeitgründen, Kapazitätsgründen, aus mangelhafter Erfahrung, Kenntnis oder Wissen. Er erzählt von einem Abstimmungsgespräch, das kein sinnvolles Ergebnis gebracht hat. Die erste Frage der Führungskraft lautet: „Wurde das Gespräch protokolliert?" Der Mitarbeiter antwortet mit Nein. Dann folgt eine Erklärungstirade der Führungskraft, wie wichtig das Protokollieren ist und wie man am besten vorgeht. Der Mitarbeiter weiß natürlich über die Wichtigkeit der Protokollierung, hat jedoch in diesem speziellen Fall zum einen dafür keine Zeit gefunden und war zum anderen völlig überfordert.

Wie hätte die Führungskraft besser vorgehen können?
Sie hätte sich die Entstehungsgeschichte des Problems erzählen lassen können. Wahrscheinlich liegt die Ursache für das Problem in der Vergangenheit. In den meisten Fällen ist das so. In den wenigsten Fällen kann der Mitarbeiter etwas dafür. Denn wer bringt sich schon gern freiwillig in eine Situation, die er nicht beherrschen kann?

Wenn die Ursache bekannt ist, lässt sich eine Strategie anwenden, die sinnvollerweise gemeinsam mit dem Mitarbeiter erstellt wird. Die unnötige Erklärung der Protokollierung und gleichzeitige Demotivation des Mitarbeiters ist von Beginn an nicht notwendig.

Der Aufwand für die Führungskraft bleibt derselbe, denn irgendwann muss sie sich eine Strategie überlegen. Dann doch am besten zu Beginn. Das spart Zeit und erspart dem Mitarbeiter eine unnötige Lektion, die ohnehin nur demotiviert.

Wer sich als Führungskraft nicht die Zeit nimmt, nach der Ursache zu suchen, wird von demselben Problem zu einem späteren Zeitpunkt mit doppelter Wucht getroffen.

15.1.5 Berufsanfänger

Junge Menschen, die erst kurz im Berufsalltag stehen, sind mit Reisenden zu vergleichen, die fremde Länder besuchen. Sie verstehen meist die

Sprache und Gebräuche nicht und finden sich nur schwer zurecht. Ihre Fragen sind manchmal unbedeutend und einfach, und allzu oft verurteilt man sie deswegen. Man traut ihnen nichts zu und stellt sie bewusst ins Abseits; mit der Absicht, sie lernen zu lassen. Doch das funktioniert in den wenigsten Fällen. Meist überfordern sie die Führungskraft, weil sie ständig ihren Arbeitsfluss durchbrechen.

Junge Menschen stellen die Führungskraft vor schwierige Aufgaben. Sie können sich in Bezug auf ihre Stärken nicht einschätzen, da es ihnen dazu an notwendiger Erfahrung fehlt. Sie haben keine konkreten Ziele, weil sie den Umfang der Aufgaben noch nicht abschätzen können. Sie lassen sich leicht von ihrer Arbeit ablenken, und sie haben keine Intention, Verantwortung zu übernehmen.

Trotzdem sind sie die Zukunft des Unternehmens. Auf ihren Schultern verteilen sich die zukünftigen Herausforderungen.

Daher wäre es fahrlässig, sich nicht über das normale Maß hinaus, um sie zu kümmern. Je früher man damit beginnt, ihnen bei der Suche nach Sinn zu helfen, desto früher werden sie ein wertvoller und wichtiger Teil des Unternehmens. Man achte darauf, sie nicht zu überfordern. Zuviel Information und zu viele Aufgaben zur selben Zeit frustrieren sie. Gerade zu Beginn sollte man darauf achten, ihnen immer nur eine Aufgabe zu geben. Die Aufgaben können schwer sein und Überwindung erfordern, aber sie sollten die Möglichkeit haben, sich voll darauf konzentrieren zu können. Denn jede positiv erledigte Aufgabe fördert das Selbstbewusstsein. Anerkennen Sie Vorschläge, auch wenn sie zu Beginn noch nicht hilfreich sind. Irgendwann werden sie es sein.

Ein probates Mittel erlangtes Wissen zu festigen, ist die Weitergabe dessen an andere. Man kann also nicht früh genug damit beginnen, jungen Menschen Lehraufträge zu erteilen.

15.1.6 Der Führungsrahmen erstreckt sich immer nach den Möglichkeiten der Mitarbeiter

Wie der Kunde, auf den wir später zu sprechen kommen, gibt auch der Mitarbeiter eine gewisse Richtung vor. Durch seine individuellen Stärken, Interessen, durch seinen Willensdrang ermöglicht er es dem Unternehmen, erfolgreich zu sein. Als Führungskraft hat man zwar die Möglichkeit, den Mitarbeiter zu beeinflussen, jedoch nur so weit es seine charakteristischen Fähigkeiten zulassen. Es gibt also eine natürliche Grenze, die man nicht überschreiten kann. Wenn man sich dieser Grenzen seiner Mitarbeiter bewusst ist, kann man das Tätigkeitsfeld darauf abstimmen, um den größtmöglichen Ertrag zu erhalten. Wenn man das gewissenhaft tut, steht dem Erfolg des Mitarbeiters, der Führungskraft und des ganzen Unternehmens nichts mehr im Weg. Der Mitarbeiter gibt also durch seine Möglichkeiten eine bestimmte Richtung vor.

> Auch hier gilt: Wenn ich als Führungskraft diese natürlichen Grenzen akzeptiere und mich mit meinen Entscheidungen innerhalb dieser Grenzen bewege, ermögliche ich das Erreichen eines erfolgreichen Ergebnisses.

15.1.7 Der interne Markt

Stellen Sie sich vor, die Aufgaben ihrer Mitarbeiter würden wie auf einem Markt gehandelt werden.

Was würden ihre Mitarbeiter gerne tun? Wofür würden sie sich entscheiden, wenn sie die freie Aufgabenwahl hätten?

Aufgrund der Antworten zu solchen Fragen kann man die internen Abläufe und Organisationssysteme prüfen und gegebenenfalls anpassen oder verbessern. Würden Mitarbeiter zum Beispiel mit einer Führungskraft nicht mehr zusammenarbeiten oder an gewissen Aufgabengebieten nicht mehr arbeiten wollen, ließen sich Zusammenhänge analysieren.

> **Beispiel**
>
> Wir führten eine Befragung unter acht Mitarbeitern durch, für welches Projekt sie sich entscheiden würden. Projekt A wurde von Führungskraft A geleitet ohne Projektprämie. Projekt B wurde von Führungskraft B geleitet mit Projektprämie. Beide Projekte hatten ähnliche Anforderungen (Komplexität und Dauer).

> Für Projekt A entschieden sich sieben Personen, für Projekt B nur eine. Natürlich waren wir über den Ausgang erstaunt und befragten die acht Mitarbeiter anonym nach deren Entscheidungskriterien. Dachten wir doch, durch die Projektprämie eine höhere Attraktivität für Projekt B zu erreichen.
>
> Die Auswertung der Befragung ergab folgendes:
> Führungskraft A wird zugetraut, das Projekt so zu organisieren, dass die sieben Mitarbeiter daran glauben, die Aufgabe zu schaffen.
>
> Führungskraft B hingegen wird als Einzelkämpfer beschrieben, der durch seine Art zu führen, Unsicherheit im Team erzeugt. Nur ein Mitarbeiter wollte mit ihm arbeiten, und dass nur wegen der Projektprämie.
>
> Es zeigte sich also, dass Geld alleine nicht reicht, um den Großteil der Menschen für etwas zu begeistern. Im vorliegenden Fall waren die ausschlaggebenden Größen der Führungsstil der Führungskraft und das mögliche Ergebnis.

Betrachtet man die Realität, so erkennt man, dass die Mitarbeiter von Führungskraft B ständig in Unsicherheit arbeiten. Dies zeigt sich auch an der Statistik an Fehlern, die von der Gruppe von Führungskraft B begangen wurden. Bisher dachte man, in dieser Gruppe schlechteres Personal zu haben, denn Führungskraft B gilt als sehr kompetent. Nach diesem Ergebnis wurde jedoch schnell klar, dass die durchschnittliche Leistung der Gruppe, der Führungskraft anzulasten ist.

Durch solche einfachen Beispiele lässt sich schnell herausfinden, welche Blockaden sich hinter den Fassaden der Mitarbeiter befinden.

Der Interne Markt beinhaltet noch weitere Möglichkeiten zum Erkenntnisgewinn:

Mitarbeiter handeln, insbesondere, wenn sie noch wenig Berufserfahrung haben, nach unterschiedlichen Intentionen. Oft steht Erfolgsdruck hinter ihren Handlungen. Daher kommt es vor, dass sich Menschen selbst überfordern. Sie erledigen Arbeiten, für die ihnen Wissen und Erfahrung fehlt; die sie zum Teil in gehörige Schwierigkeiten bringen. Die Auswirkungen sieht man erst später oder sie minimieren den Gesamterfolg. Haben nun diese Mitarbeiter die freie Wahl ihrer Aufgaben, wählen sie jene, die sie auch erfolgreich abschließen können.

Daraus kann man gut erkennen, ob sie mit vergangenen Arbeiten überfordert waren, sich zu viel aufgebürdet haben oder ob ihnen von der Führungskraft zu viel aufgebürdet wurde. Natürlich lassen sich auch Stärken ableiten. Denn wenn ich mir eine Aufgabe aussuche, nehme ich bestimmt nicht die, die mir schwerfällt.

Der interne Aufgabenmarkt dient also dem Mitarbeiter, der sich damit seiner Stärken bewusst werden kann, der Führungskraft, die ihre Aufgabenverteilung und Einschätzung der Leistungsfähigkeit ihrer Mitarbeiter überdenken kann und dem Unternehmen, da sich eventuell zeigt, ob Führungskräfte richtig oder falsch eingesetzt wurden.

15.2 Motivation oder die Freude am Tun

„Gib Menschen die Möglichkeit, eine Leistung zu erbringen, und viele – nicht alle – werden ein bemerkenswertes Maß an Zufriedenheit erlangen." (Malik 2006, S. 46)

Diese Feststellung sagt viel über das Thema „Freude an der Arbeit" aus. Ich möchte gleich mit zwei Beispielen aus der Praxis beginnen.

Beispiel A

Ich sprach kürzlich mit einer Tierpflegerin, die mir versicherte, große Freude an ihrer Arbeit zu empfinden. Auf meine Frage, ob das Ausmisten der Ställe auch dazu gehöre, antwortete sie: „Man kann sich seine Arbeit nicht immer aussuchen. Aber gesamt gesehen, bin ich in meinem Job glücklich."

Beispiel B

Ein anderes Beispiel ist der Geschäftsführer eines großen Unternehmens, der ebenfalls behauptet, Freude an seiner Arbeit zu empfinden. Auch ihn fragte ich nach unangenehmen Tätigkeiten, wie etwa anstrengenden Besprechungen oder schwierigen Entscheidungen. Seine Antwort war ähnlich der der Tierpflegerin: Diese manchmal mühsamen Tätigkeiten gehören zu seiner Arbeit, aber wenn etwas gut funktioniert, entschädigt das für alles Mühsame. Im Großen und Ganzen ist er zufrieden.

Anhand dieser beiden Beispiele kann man erkennen, dass es scheinbar nicht so wichtig ist, stets Tätigkeiten durchzuführen, die Freude verursachen. Es geht um mehr: Dazu gehört das Gelingen einer Aufgabe, das frühzeitige Erkennen des Ergebnisses und im Falle der Tierpflegerin der bloße Umgang mit Tieren. Der Begriff „Freude" beinhaltet also eine Vielzahl von Geschehnissen, die in ihrer Gesamtheit ein positives Ergebnis widerspiegeln. Die abhängigen Faktoren zum Erleben der Freude sind daher die Sinnhaftigkeit der Aufgaben und die Erreichbarkeit der gewünschten Ergebnisse.

Wenn ich es als Führungskraft schaffe, diese beiden Faktoren an den Mitarbeiter zu vermitteln, steht dem Empfinden von Freude nichts mehr im Wege. Überfordere ich einen Menschen mit einer Aufgabe, der er nicht gewachsen ist oder lasse ich ihn ständig Dinge tun, die ihn unterfordern, fördere ich damit seine Unzufriedenheit. Um das zu erkennen, bedarf es einer transparenten und ehrlichen Kommunikation. Viele Menschen scheuen sich davor, ihre Schwächen und Mängel zuzugeben. Stattdessen versuchen sie alles, um sie zu verstecken, und befinden sich dadurch in ständiger Überforderung, die wiederum zu geringer Leistungsfähigkeit und zu gesundheitlichen Problemen führen kann. Wer sich seiner Mitarbeiter und Mitmenschen nicht annimmt, wird mit den Konsequenzen leben müssen.

Beispiel

Ich kenne zwei vergleichbare Architekturbüros, die annähernd dieselbe Unternehmensgröße haben und in derselben Branche tätig sind. Mit dem Unterschied, dass das eine Büro mehr als doppelt so hohe Gewinne erzielt und zu 90 % Mitarbeiter beschäftigt, die seit mehr als zehn Jahren im Unternehmen sind. Das andere Unternehmen hingegen kämpft ständig mit hoher Fluktuation und läuft den Terminen hinterher. Wenn man sich die beiden Geschäftsführer ansieht, erkennt man schnell den Unterschied im Führungsstil. Der eine betrachtet seine Mitarbeiter als große Familie, für den anderen sind es bloß Angestellte, deren Namen er nicht einmal gänzlich weiß. Der eine kennt die Stärken und Schwächen seiner Mitarbeiter, der andere versucht alle auf denselben Level zu bekommen. Der eine will die Qualität seiner Arbeit erhöhen, der andere will Marktführer werden. Der eine arbeitet eng mit seinen Mitarbeitern zusammen und gibt seine Erfahrung weiter, der andere schickt seine Mitarbeiter zu Seminaren. Würde man eine Mitarbeiterbefragung zur Freude an der Arbeit durchführen, wäre das Ergebnis wahrscheinlich eindeutig.

Ein Irrglaube ist, dass Freude an der Arbeit immer mit Selbstständigkeit, Selbstverwirklichung und Sinn zu tun hat. Sehr oft erfordert Arbeit Pflichterfüllung und Verantwortungsbewusstsein, damit Dinge getan werden, die weder kreativ oder strategisch wertvoll sind. Ich erinnere an das Ausmisten der Ställe. Und trotzdem sind sie ein Teil des Freudeempfindens. Zum einen, weil sie dem Gesamtergebnis dienen und zum anderen, weil nicht jeder Mitarbeiter nach Selbstverwirklichung strebt, sondern damit zufrieden ist, seine ihm aufgetragene Beschäftigung zu erledigen.

Es liegt an der Führungskraft, die Intentionen ihrer Mitarbeiter zu erkennen, um ihnen die Möglichkeit zu geben, Freude zu erleben. Meist reicht es, sie mit Würde und Respekt zu behandeln, sie nicht zu demotivieren, ihnen lösbare Aufgaben zu stellen, die Grenze des Unzumutbaren nicht zu überschreiten und Leistungen wertzuschätzen. Sobald eine Aufgabe effektiv und wirkungsvoll gelöst werden kann, trägt sie zur Freude bei. Im Gegensatz dazu führt eine unlösbare, überfordernde Aufgabe zur Resignation.

Betrachtet man nun im Gegensatz dazu die Motivation, die so oft in aller Munde ist, erkennt man eigentlich keinen Unterschied zur Freude. Was mich motiviert, bereitet mir Freude. Wir alle kennen die Motivationsreden in diversen Blockbustern, wo nach wenigen Sätzen hunderte Menschen von einem Ziel überzeugt sind. Im Prinzip geht es immer um dasselbe: Die Menschen werden respektvoll angesprochen und es wird ihnen die Möglichkeit der positiven Zielerfüllung vor Augen geführt. Sie werden daran erinnert, dass sie das vor ihnen Liegende schaffen können. Das ist meiner Meinung nach auch die einzige Möglichkeit, einen anderen Menschen zu motivieren: Ihn an seine Handlungsfähigkeit zu erinnern. Wenn er selbst nicht daran glaubt, seine Aufgabe positiv erledigen zu können, helfen keine Motivationsversuche.

Als Führungskraft hat man also mit dem Stellen einer lösbaren Aufgabe und der richtigen Unterstützung durchaus die Möglichkeit, Mitarbeiter zu motivieren. Die Kunst liegt vielmehr darin, eine Aufgabe zu stellen, die zwar lösbar ist, jedoch Überwindung erfordert. Sie scheint zwar im ersten Moment zu groß zu sein, wird aber mit Fortlauf der Zeit beherrschbar. Wenn man sich an seine eigenen Erfolge erinnert, bleiben stets die schwierigen, zu Beginn übermächtigen Aufgaben im Gedächtnis. Sie sind es, die uns nachträglich Selbstvertrauen und Mut gaben. Sie sind es, die uns motiviert haben, uns weiteren Aufgaben zu stellen; in der Gewissheit, diese auch zu schaffen.

Genauso schnell demotiviert man Menschen mit zu schweren, unlösbaren Aufgaben und nachfolgender Kritik. Denn eigentlich sollte die Kritik an die Führungskraft selbst gehen, denn sie muss das Scheitern des Mitarbeiters auch erst einmal zulassen. Wenn man eine zu schwere Aufgabe stellt, nicht helfend einschreitet, zusieht und zulässt, wie der Mitarbeiter daran scheitert, hat man als Führungskraft drei Fehler begangen, die definitiv den Gesamterfolg schmälern. Da man als Führungskraft für den Erfolg seiner Mitarbeiter und des ganzen Unternehmens verantwortlich ist, sollte man selbst dafür bestraft werden, wenn Strafe notwendig ist. Ich behaupte, eine Führungskraft sollte nach ihrer Motivationsleistung beurteilt und auch entlohnt werden und nicht nach dem wirtschaftlichen Gesamterfolg. Denn würde das so geschehen, wäre der wirtschaftliche Gesamterfolg wesentlich höher.

Ein weiterer möglicher Aspekt zur Motivation, den Fredmund Malik anspricht, ist das Beitragen zu etwas Größerem: Sich mit anderen verbunden zu fühlen, während man einem gemeinsamen Ziel entgegensteuert.

„Auf dieser Basis [dem Beitragen zu etwas Größeren] entsteht eine viel stabilere und größere Motivation, als sie von den meisten anderen so genannten Motivatoren herbeigeführt werden kann." (Malik 2006, S. 104)

Im Prinzip steht wiederum das Lösen der Aufgabe dahinter. Durch das Verteilen der Herausforderungen auf eine größere Gruppe, wird der eigene Anteil geringer und somit erreichbarer. Man verteilt auch das mögliche Scheitern auf mehrere Schultern; die eventuelle Gefahr wird ebenso verringert.

Wie Schein 2002 in seinem Artikel „Blut, Schweiß und Tränen – von der Angst lernen" beschrieb, gibt es noch eine andere Art der Motivation: die Angst. (Schein 2002)

Leider erlebt man das im Berufsalltag öfter als es sich vermuten lässt. Erst kürzlich erlebte ich eine Situation, wo ein 40jähriger Techniker in Tränen ausbrach, als er von einem Vorgesetzten öffentlich niedergeschrien wurde. Seit diesem Tag arbeitet er schneller, gewissenhafter und eigenartigerweise zufriedener. Die Angst, die er in Gegenwart seines Vorgesetzten empfindet, gibt ihm eine Richtung vor. Sie reguliert seine Unfähigkeit, sich selbst zu organisieren. Durch die Angst ist er gezwungen, schnelle Entscheidungen zu treffen. Wie man auch dazu stehen mag, dieser Mitarbeiter wird durch die Angst motiviert. Welche psychologischen Gründe dahinterstecken, warum Menschen durch Angst motiviert werden, wollen wir nicht näher betrachten. Da wir der Meinung sind, dass Angst im Berufsleben keinen Stellenwert haben soll, wenden wir uns positiven Maßnahmen zur Motivationssteigerung zu.

Wie steht es mit Geld als Motivationsmittel?
Ein der Leistung angemessenes Entgelt halte ich für richtig und auch notwendig. Wogegen ich Geld als Motivationsmittel für gefährlich halte. Die Gewöhnungsdauer ist von sehr kurzer Zeit. Die Halbwertszeit von Geld – wenn man es so nennen darf -, überschreitet selten die Dauer einer Aufgabe. Wenn man sich einer Herausforderung nicht gewachsen fühlt, hilft auch Geld nicht weiter. Im Gegenteil: Man verliert den objektiven Blick auf sein eigenes Leistungsvermögen und überfordert sich bis man zusammenbricht. Geld als Anerkennung für eine gute Leistung: Ja, aber nicht als Motivation.

„Der höchste Lohn für unsere Bemühungen ist nicht das, was wir dafür bekommen, sondern das, was wir dadurch werden." (John Ruskin)

Reduziert man die Motivation auf Geld, raubt man sich die Möglichkeit, durch besondere Leistungen motiviert zu sein. Zudem wird man nach einer Leistung nicht mehr explizit dafür belohnt, da man quasi bereits mit einem Vorschuss für alle zukünftigen Leistungen belohnt wurde. Bringt man eine schlechte Leistung, wiegt das Motivationsgeld doppelt so schwer. Denn für die nächste Aufgabe muss man umso besser performen, nur um das Gleichgewicht wiederherzustellen.

Fazit

Die wesentlichen Schritte zur Motivation:

- Stelle lösbare Aufgaben, die Überwindung erfordern.
- Beobachte und unterstütze im richtigen Moment, um ein Scheitern zu vermeiden.
- Erinnere an die eigene Handlungsfähigkeit.
- Übe keine Kritik am Scheitern anderer, wenn du es selbst zugelassen hast.

15.2.1 Motivation versus Motivierung – der Korrumpierungseffekt

Die Motivation bezeichnet die eigene Steuerung eines Individuums, die Motivierung ist das Aktivieren einer Verhaltensbereitschaft durch Anreizsysteme – also Fremdsteuerung. Während sich die Frage nach der Motivation eher darum dreht, warum jemand bei einer Arbeit mehr und bei der anderen weniger motiviert ist, ist die Frage bei der Motivierung nach dem wie: Wie erreiche ich eine Leistungssteigerung meiner Mitarbeiter? Wie gelingt es, andere zu Überstunden zu bewegen? Wie kann ich mein Team zur Zielerreichung anregen? (Sprenger 2014, S. 25 ff.)

> Motivation verhält sich zur Motivierung wie das WARUM zum WIE. (Sprenger 2014, S. 27)

Die Idee der Motivierung könnte also bedeuten, dass der Mensch eine natürliche Abneigung gegen Arbeit hat und nur von außen dazu gebracht werden kann, eben jene Arbeit zu leisten. Unser natürlichster, innerster Antrieb ist – und das eigentlich seit Geburt an – zu wachsen und sich stetig zu entwickeln. Unser Motor dafür heißt Neugier und Begeisterung. Wir sind also von Natur aus erfinderisch und kreativ. Eine durch die Idee der Motivierung vermutete Scheu vor Verantwortung ist uns nicht angeboren, sondern lediglich die Folge negativer Erfahrung. (Sprenger 2014, S. 44 f.)

Das Interessante an dem Versuch der Motivierung ist, dass sie sich sogar negativ auswirken kann – vor allem dann, wenn ein Mensch vor der Motivierung selbst motiviert war. Dies zeigt ein sehr anschauliches Beispiel des Autors und Erziehungsforschers Alfie Kohn:

Beispiel

Ein älterer Herr wird täglich durch eine Schar von Kindern aus der Nachbarschaft verspottet. Um diese Belästigung zu beenden, entwickelt der ältere Herr eine Strategie.

Am nächsten Tag ruft er die Schar von Kindern zu sich und verspricht jedem Kind einen Dollar, wenn sie ihn am darauffolgenden Tag wieder verspotten. Die Kinder wollen sich diesen Dollar nicht entgehen lassen, wiederholen natürlich am nächsten Tag den Angriff und erhalten das Geld. Doch dann sagt der ältere Herr, dass er am darauffolgenden Tag jedem Kind nur noch 25 Cent geben könne. Auch am nächsten Tag kommen die Kinder und erhalten die versprochenen 25 Cent. Dann jedoch teilt ihnen der Herr mit, dass er am nächsten Tag jedem Kind nur noch einen Penny geben werde. Die Kinder entgegnen enttäuscht: Ein Penny, das ist ja nichts! Vergiss es! Und damit verloren die Kinder gänzlich ihr Interesse am Spott. (Kohn 2018, S. 71 f.)

Die Idee der Korrumpierung von intrinsischer Motivation durch extrinsische Belohnung geht auf die Psychologen Edward L. Deci und Richard M. Ryan zurück. Diese These besagt, je stärker durch Anreizsysteme versucht wird, den eigenen Antrieb (Motivation oder intrinsische Motivation) durch einen äußeren Anreiz (Motivierung oder extrinsische Motivation) zu verstärken, desto geringer kann der eigene Antrieb sein. Laut Motivationsforscher R. Sprenger: Je mehr Anreize von außen und damit je geringer der eigene Antrieb, desto höher muss der äußere Anreiz werden, damit die Motivierung erneut greift. Die Mittel sabotieren hier also ihre Zwecke. (Sprenger 2014, S. 44, 75 f.)

Eine Meta-Analyse von Edward Deci kommt zu einem ähnlichen Ergebnis, dass finanzielle Belohnung die Eigenmotivation verringern kann. (Deci et al. 1999)

Es gibt jedoch auch Studien, die dagegensprechen: Insbesondere, wenn Belohnungen unerwartet kommen oder in Form verbaler Bekräftigung (Lob) verabreicht werden und wenn die zu erledigenden Arbeiten nicht schon per se hoch attraktiv sind, wurden statt negativer Belohnungseffekte eher positive Motivationsauswirkungen von Belohnungen registriert. Ein Korrumpierungseffekt von Belohnungen zeigt sich also nur unter ganz besonderen Bedingungen und es ist unklar, wie oft diese Bedingungen im Alltag auftreten. Wenn ein Mensch also intrinsisch motiviert ist, mit materiellen Gütern belohnt wird und die Belohnung auch schon im Voraus erwartet wird, dann ist die Chance hoch, dass es zu einem Korrumpierungseffekt kommt. (Rheinberg 2010, S. 272 f.).

Das bedeutet: Besteht von Anfang an gar keine intrinsische Motivation, dann wirkt sich Belohnung in der Regel positiv aus. Menschen für Tätigkeiten zu belohnen, obwohl sie intrinsisch motiviert sind, ist grundsätzlich auch legitim und nicht zwingend von Nachteil.

Fazit

Die Erkenntnis ist also, dass Fremdsteuerung durch äußere Anreize den inneren Antrieb mindern kann. Viel hilfreicher wäre es, die richtigen Bedingungen zu schaffen, um die bereits vorhandene Selbstmotivation von Mitarbeitern entfalten zu lassen.

15.3 Anerkennung und Lob

„Wir wollen gern für vernünftige Geschöpfe gehalten werden, die sich selbst bestimmen, ertragen ungern Verweise, Schelte und Tadel von anderen, können es nicht wohl leiden, wenn andere, mit denen wir umgehen, ein zu ernsthaftes Wesen beobachten und sich in zu großer Entfernung halten." (Locke 1920, E-Book Pos. 615)

An dieser Erkenntnis hat sich seit derer Entstehen im Jahre 1693 nichts geändert. Und doch erlebt man täglich das Gegenteil: Menschen in Betrieben werden ständig kritisiert, erhalten Verweise und werden von ihren Vorgesetzten ignoriert. Statt sie ausreichend zu informieren, bestraft man sie, wenn sie aus Unwissenheit Fehler machen. Man lehrt sie damit, sich zu rechtfertigen oder gar Fehler zu vertuschen. Man demotiviert und fördert Verhaltensweisen, wie die innere Kündigung oder Intrigen. Und dann wundert man sich als Führungskraft, wenn die Leistungsbereitschaft sinkt und miserable Qualität geliefert wird, von einem schlechten Betriebsklima ganz zu schweigen.

Nur die Anerkennung der Leistung hat die Kraft, Menschen positiv zu beeinflussen. Wie zu Beginn dieses Kapitels steht: „Wir wollen gern für vernünftige Geschöpfe gehalten werden …". Wir wollen, dass man uns zutraut, Aufgaben erledigen zu können, dazulernen zu können, Fehler ausmerzen zu können. Mit Kritik zerstört man dieses Zutrauen.

> „Es ist so etwas Sklavisches bei Strenge und Gewalt, und ich halte dafür, daß das, was nicht durch Vernunft, Klugheit und Geschicklichkeit erhalten wird, niemals durch Zwang geschieht." (Locke 1920, E-Book Pos. 676)

Ich weiß aus eigener Erfahrung, dass es oft schwer ist, nicht zu kritisieren. Insbesondere wenn man nach mehrmaligen Versuchen des Anerkennens und des Lobens noch immer enttäuscht wird. Doch langfristig gesehen gibt es keine bessere Alternative. Manche Menschen brauchen eben länger, sich ihrer Möglichkeiten bewusst zu werden und damit zu beginnen, Verantwortung zu übernehmen. Mit Kritik kommt man dort niemals hin. Auch Kraus kam zum selben Ergebnis:

> „Aus den bisherigen Ausführungen dürfte klar geworden sein, dass man in der Motivation mit häufigem Loben viel mehr erreichen kann als mit dauernder Kritik!" (Kraus 2010, S. 187)

Ich möchte jedoch Anerkennung und Lob klar unterscheiden. Unter Anerkennung verstehe ich das Erkennen einer Leistung. Lob hingegen weist auf eine besondere Leistung hin. Wenn ich mich also bei meinem Team für die Zusammenarbeit bedanke, kenne ich deren Leistung an. Wenn ich jedoch die ausgezeichnete Arbeit oder Leistung eines Mitarbeiters in den Vordergrund stelle, dann tue ich das nur, weil er wirklich eine herausragende Leistung vollbracht hat. Ich anerkenne also seine ständige Arbeit, lobe ihn jedoch für seine herausragende Leistung. Erfolgreiche Unternehmen sind meist wegen herausragender Leistungen ihrer Mitarbeiter erfolgreich. Gezieltes Lob fördert das Entstehen solch herausragender Leistungen.

Doch wann zählt Lob wirklich?

Um jemand gebührend zu loben, bedarf es auch dem Verständnis der Sache. Wenn ich mich nicht für die Arbeit meines Mitarbeiters interessiere und ihn dafür lobe, wird er das Lob nicht anerkennen. Und wie Peter Drucker sagt, wird es ihn in seinem Beitrag hindern:

> „Es ist in vielerlei Hinsicht erschreckend, wie isoliert und ineffektiv Wissensarbeiter sein können, wenn niemand ihre Ergebnisse versteht." (Haas Edersheim 2007, S. 207)

Daher ist es enorm wichtig, sich für die Leistungen seiner Mitarbeiter ehrlich zu interessieren. Stellen Sie ein paar Detailfragen, um Ihr ehrliches Interesse zu bekunden. Hören Sie sich die Antworten an, auch wenn sie länger als gewollt ausfallen. Geben Sie Ihrem Mitarbeiter das Gefühl, sich mit seiner Leistung zu identifizieren. Weisen Sie nur auf positive Merkmale seiner Leistung hin. Viel zu oft wird solch ein Gespräch damit beendet, dem Mitarbeiter nützliche Tipps zu geben, um ihm damit zu zeigen, dass er seine Leistung noch besser machen könnte. Dies ist nicht hilfreich: Es demotiviert und schmälert die Leistung.

Unterscheiden Sie konkret zwischen Lob und Kritik. Bringen Sie niemals beides gleichzeitig an. Wenn Sie loben, dann loben Sie. Belassen Sie es dabei, auch wenn ihnen Möglichkeiten zur Verbesserung einfallen. Bringen Sie diese in einem anderen Gespräch auf das Tablett. In den meisten Fällen weiß der Mitarbeiter ohnehin, was er hätte besser machen können. Wenn schon, dann fragen Sie, ob diese oder jene Option auch Sinn machen würde. Geben Sie dem Mitarbeiter das Gefühl, er könne selbst entscheiden.

15.4   Feedback und Kritik

Manchen Menschen fällt es schwer, Komplimente zu verteilen und noch schwerer Kritik auszuüben. Als Führungskraft sollten Sie jedoch beides können.

In einer Studie der Universität Nürnberg aus dem Jahr 2015 kam man zu dem Ergebnis, dass sich über 50 Prozent der Befragten mehr Feedback von ihren Vorgesetzten wünschen. Und noch mehr: Häufiges Feedback durch die Führungskraft kann sogar die Zufriedenheit der Mitarbeiter erhöhen – konstruktives Feedback wird also als eine Art Wertschätzung empfunden. (Galais 2015)

Feedback zu geben ist demzufolge wichtig und ein notwendiges Führungsinstrument. Aber wie sieht es mit Kritik aus? Wenn wir das Wort Kritik näher betrachten, bedeutet es, eine beurteilende Äußerung über jemanden zu treffen – dies muss also nicht zwangsläufig negativ sein. Interessanterweise denken die meisten von uns bei Kritik an die zweite Bedeutung dieses Wortes: bemängeln, beanstanden. Und welcher Mitarbeiter möchte schon gerne eine Beanstandung bekommen? Damit ist klar, warum wir mit Kritik per se ein Thema haben, und deshalb gerne das Wort „konstruktiv" voransetzen.

Doch wann ist ein Feedback, eine Kritik konstruktiv? Damit Feedback für einen Mitarbeiter wertvoll ist und er etwas damit anfangen kann, sind folgende Regeln sinnvoll:

Zeitnah
Wenn Sie einem Mitarbeiter Feedback geben wollen, dann warten Sie nicht unbedingt auf ein vielleicht nur jährlich geplantes Mitarbeitergespräch, sondern suchen Sie das Gespräch so bald wie möglich. Wochen später fällt es Ihnen und auch dem Mitarbeiter ungleich schwerer, sich an Konkretes zu erinnern. Und dies ist unabhängig von der Färbung: Auch positive Rückmeldungen wirken spontan am besten. Zeitnah bedeutet jedoch nicht, die nächste Gelegenheit zwischen Tür und Angel zu nützen. Vergewissern Sie sich, dass die Rahmenbedingungen passen. Ihr Mitarbeiter sollte damit einverstanden sein, in diesem Moment Feedback zu erhalten.

Beschreibend
Zunächst sollten Sie damit beginnen, die Situation zu beschreiben; und zwar so, wie Sie diese wahrgenommen haben – ohne eine eigene Interpretation hinzuzufügen. „Ich habe das Gefühl, Ihnen ist alles andere wichtiger als Ihr Job" ist eine Interpretation, denn das können Sie eigent-

lich nicht wissen. Durch die Interpretation nehmen Sie dem Mitarbeiter die Chance, auf der wertschätzenden Ebene zu bleiben. Bleiben Sie während der Beschreibung ganz klar bei Ihrer Wahrnehmung: „Ich habe heute beobachtet, dass Sie später in die Arbeit gekommen sind und ein paar Mal das Büro verlassen haben, um privat zu telefonieren."

Konkret

Verweilen Sie wenn möglich bei der aktuellen Situation. Geben Sie Beispiele und Bilder von anderen jüngsten, konkreten Situationen. Vermeiden Sie Verallgemeinerungen oder Vorwürfe wie „Mit Ihnen muss man immer diskutieren" oder „Nie zeigen Sie sich in Verhandlungen konstruktiv". Zum einen kann Ihr Mitarbeiter mit diesem Feedback nichts anfangen, weil hier die Fakten und damit auch das Potenzial für mögliche Veränderung fehlen. Zum anderen beinhalten Verallgemeinerungen die Gefahr, dass jegliches gegenteiliges Verhalten ausgeschlossen wird.

Hilfreich

Das Ziel ist, dass Ihr Mitarbeiter etwas über Ihre Wahrnehmung und Sichtweise über ihn erfährt und diese vorwiegend dazu dient, diese Sichtweise mit der eigenen abzugleichen. In jedem Fall sollte das Feedback dazu beitragen, Ihrem Mitarbeiter danach mehr Handlungsoptionen zu geben. Deshalb ist es hilfreich, dass Sie im Falle eines negativen Feedbacks auch eine Lösung anbieten (wie Sie sich die Situation gewünscht hätten), andernfalls lassen Sie den Mitarbeiter wahrscheinlich ratlos und frustriert zurück.

Im Sandwich

Ein Sandwich besteht aus zwei leckeren Scheiben Brot und dazwischen liegt manchmal eine saure Gurke. Wenn Sie Ihrem Mitarbeiter ein negatives Feedback überbringen wollen, dann verpacken Sie dieses am besten im Sandwich. Positiv zu starten, erhöht die Bereitschaft des Mitarbeiters weiter zuzuhören. Am Ende mit einer weiteren positiven Botschaft abgeschlossen vermittelt dem Mitarbeiter, dass Sie eine wertschätzende Wahrnehmung haben, bei der Sie sich nicht nur auf das vermeintlich

Negative fokussieren, sondern auch weiterhin die positiven Bereiche vor Augen haben. Jeder Mensch hat seine Stärken und positiven Seiten, und auch wenn mal etwas schief geht oder nicht zu Ihrer Zufriedenheit läuft, sollten Sie diese respektieren.

Beispiel

„Herr Meier, Sie haben ein Auge fürs Detail und das ist in vielen Situationen hilfreich. Das aktuelle Projekt befindet sich jedoch im Rückstand und ich habe festgestellt, dass die notwendigen Unterlagen von Ihnen noch nicht weitergeleitet wurden. Würden Sie diese bitte bis spätestens morgen Mittag nachreichen? Ich weiß, dass man sich auf Ihre Arbeit zu 100 % verlassen kann, im konkreten Fall spielt jedoch auch der Zeitfaktor eine wirklich wichtige Rolle."

Kritisches Feedback sollte immer nur im Vier-Augen-Gespräch gegeben werden. In der Gruppe geäußerte Kritik kommt einer Bloßstellung des Angesprochenen gleich.

Für positives Feedback gilt das Gegenteil: Es sollte reichlich und auch in der Gruppe gespendet werden. (Proksch 2014 S. 73)

15.4.1 Wie vermittelt man unangenehme Informationen

Als Führungskraft ist es notwendig, Entscheidungen zu treffen und diese dann auch an Ihre Mitarbeiter zu kommunizieren. Vor allem, wenn Sie etwas Unangenehmes weiterzugeben haben oder Ihre Mitarbeiter wegen strategischer Entscheidungen unzufrieden sind, kann eine unbeholfen geführte Kommunikation die Situation verschlimmern und eventuell zu Konflikten führen.

> Menschen verstehen einander prinzipiell nicht. Zwei Menschen können sich nicht direkt gegenseitig in ihre Gefühle oder Gedanken hineinsehen.

In der Kommunikation wird ‚nur‘ ihr eigenes psychisches System und das des anderen angeregt. (Schlippe und Schweitzer 2016, S. 119)

Jeder geht also in der Kommunikation von seiner Sicht der Dinge und seiner Interpretation aus. Was für Sie eindeutig zuzuordnen ist, kann für den anderen eine ganz andere Bedeutung haben.

Beispiel

Betrachten wir ein einfaches Wort: Feuer. Manch einer mag sofort an Waldbrände, verkohltes Essen oder sogar an das Fegefeuer denken. Ein anderer denkt an einen offenen Kamin und sieht sich in Gedanken schon am Schaffell davor liegen. Das Wort Feuer ist dasselbe, erzeugt jedoch unterschiedlichste Gefühle und Erwartungen.

Setzen Sie also vor allem in wichtigen Gesprächen nicht voraus, dass der andere genau dasselbe denkt und gleich interpretiert. Achten Sie bitte darauf, sich so verständlich wie möglich auszudrücken. Das bedeutet:

Einfach
Verzichten Sie auf ungeläufige Ausdrücke und Wörter.

Gegliedert
Springen Sie nicht von A nach D und dann zurück auf C.

Prägnant
In der Kürze liegt die Würze! Langen Erklärungen kann man schwer folgen.

Anregend
Erzeugen Sie Bilder bei ihrem Gegenüber und verwenden Sie Beispiele. (Langer et al. 2015, S. 35)

Unangenehme Veränderungen sind am leichtesten umzusetzen, wenn die Notwendigkeit von anderen verstanden und somit gut angenommen werden kann.

15.5   Der Arbeitsplatz

„Konzentration, Kommunikation und Regeneration – diese drei Bedürfnisse muss ein Arbeitsplatz befriedigen, wenn kreative Leistungen unterstützt werden sollen." (Sprenger 2018, S. 241)

Betrachtet man die drei Kriterien, die Reinhard Sprenger in seinem Zitat
anspricht, so erkennt man, dass es alles andere als leicht ist, so einen Ort
zu schaffen. Es soll nicht zu laut sein, nicht zu abgeschieden, nicht zu
warm, zu kalt, zu trocken, zu feucht, zu hell oder zu dunkel. Obwohl
man einerseits Ruhe haben möchte, soll der Ort doch zu einem Gespräch
einladen.

Sprechen wir von einem Wohnzimmer oder einem Labor? Manche
fühlen sich dort wohl, andere dort.

Soll man nur den Bedürfnissen des Einzelnen nachgeben oder eher ein
Gesamtkonzept verfolgen?

Da der Arbeitsinspektor auch ein Wörtchen mitspricht, ist man schon
ziemlich eingeengt, was die Gestaltungsmöglichkeit eines Arbeitsplatzes
betrifft.

Fakt ist, man kann es nicht jedem rechtmachen. In erster Linie sollen
freilich die gesundheitsstörenden Faktoren eliminiert werden. Das ist für
eine Führungskraft im Büro leichter als für jene in der Aluminiumhütte.
Aus Silicon Valley, und nicht nur von dort, kommen immer wieder neue
Zugänge, wie man Arbeit und Entspannung in Einklang bringen kann.
Man sollte jedoch nicht vergessen, dass der Großteil der arbeitenden Gesellschaft nicht unbedingt auf ständige Kommunikation und Kooperation angewiesen ist. Ein Maler braucht viel mehr Konzentration und ein
Verkäufer trachtet am Ehesten nach Entspannung, wenn er zuvor stun-
denlangen Kontakt mit Kunden hatte.

Gerade im Handel achtet man besonders auf Kundenbedürfnisse. Die
Bedürfnisse der Mitarbeiter werden dort oft vernachlässigt. Würde man
in Bekleidungsgeschäften regelmäßige Giftstoffmessungen durchführen,
gäbe es bald keine Bekleidungsgeschäfte mehr. Menschen, die lange Zeit
an solchen Arbeitsplätzen arbeiten, leiden oft an gesundheitlichen Schä-
den. Atemwegs- oder Hauterkrankungen sind dort keine Seltenheit. Sogar in modernen Büroräumen ist die Belastung durch Giftstoffe gegeben.

Man beachte die meist hochgiftigen Oberflächen, die Gefahrenstoffe langsam über Jahre an die Umgebung abgeben. Dort, wo sich Menschen über längere Zeit aufhalten, soll es sicher sein – zum Wohle der Mitarbeiter und der Führungskraft.

Wenn Menschen die Möglichkeit zur Entspannung bekommen, werden sie belastbarer und können effektiver arbeiten. Und wenn es sich noch einrichten lässt, auf ihre persönlichen Bedürfnisse einzugehen, werden sie gute Arbeit leisten.

Der Arbeitsplatz kann also durchaus als sinnvolle Konstante für das Aufrechterhalten eines gesunden Betriebsklimas gesehen werden.

15.6 Bedürfniskultur

Jeder Mensch hat Bedürfnisse, manche weniger andere mehr. Als Führungskraft entscheide ich nicht darüber, wann Menschen ihre Bedürfnisse befriedigen oder welche Dringlichkeiten sie verspüren. Was ich jedoch beeinflussen kann, ist die Kultur, wie mit Bedürfnissen umgegangen wird. Wenn ich von einer gewollten Eigenständigkeit meiner Mitarbeiter ausgehe, muss ich ihnen auch ihre Zeitabläufe für das Befriedigen ihrer Bedürfnisse zugestehen. Um dabei nicht in eine Miscre zu geraten, zum Beispiel keine gemeinsame Zeit für ein Meeting organisieren zu können, weil immer einer der Teilnehmer abwesend ist, bedarf es einer bestimmten Kultur, wie mit Bedürfnissen umgegangen wird. Es soll sich dabei niemand benachteiligt fühlen. Der Grund der Anwesenheit in einem Unternehmen bleibt die Leistungserbringung. Daher gilt es, einen Kompromiss zwischen Bedürfnisbefriedigung und Leistungserbringung zu finden. In den meisten Unternehmen arbeiten Menschen gemeinsam an Zielen, daher gibt es Verbindlichkeiten, die in Relation zur Bedürfnisbefriedigung einzelner stehen.

Es wäre genauso unsozial, jemand seine Leistung nicht erbringen zu lassen, wie ihm das Befriedigen eines Bedürfnisses zu verwehren.

Dieses Thema scheint nicht der Rede wert zu sein, wird jedoch im Firmenalltag ständig besprochen. Wer macht wann Pause? Wieso legen manche jede Stunde eine Rauchpause ein? Wieso kommt Herr A immer zu spät zum Meeting? Wieso ist es so schwierig, alle an einen Tisch zu bekommen? Immer wieder hört man diese Fragen.

Versuche, derartige Zeiten zu organisieren, scheitern schon im Ansatz. Die einzige Möglichkeit ist der offene Austausch, das ehrliche Erklären des eigenen Gefühls. Verbindlichkeit bedeutet, dass man miteinander verbunden ist; dass mein Handeln, den mit mir Verbundenen beeinflusst. Sobald ein gemeinsames Ziel zu erreichen ist und persönliche Bedürfnisse, welcher Art auch immer, den gemeinsamen Erfolg beeinträchtigen, hilft nur Ehrlichkeit und Transparenz. Die Führungskraft hat die Möglichkeit, diese Transparenz vorzuleben und sie zu etablieren.

> Etabliert man eine Kultur, wie mit eigenen Bedürfnissen umgegangen wird, die offen und ehrlich gelebt wird, dient sie einem besseren gegenseitigen Verständnis. Wenn jeder darüber nachdenkt, ob und wie seine Handlung (Bedürfnisbefriedigung) andere beeinflusst, fühlt sich niemand mehr benachteiligt.

Literatur

Deci, E., Koestner, R., & Ryan, R. (1999). A meta-analytic review of experiments examining the effects of extrinsic rewards on intrinsic motivation. *Psychological Bulletin, 125*(6), 627–668.

Galais, N. (2015). *Feedbackkultur im Unternehmen und Zufriedenheit von Mitarbeitern*. Studie von Amadeus Fire Personaldienstleistungen in Kooperation mit der Friedrich-Alexander-Universität Erlangen-Nürnberg.

Haas Edersheim, E. (2007). *Peter F. Drucker: Alles über Management*. Heidelberg: Redline.

Kohn, A. (2018). *Punished by Rewards: Twenty-fifth Anniversary Edition: The Trouble with Gold Stars, Incentive Plans, A's, Praise, and Other Bribes*. Boston: Houghton Mifflin Company.

Kraus, O. (Hrsg.). (2010). *Managementwissen für Naturwissenschaftler und Ingenieure: Leitfaden für die Berufspraxis* (2. Aufl.). Heidelberg: Springer.

Langer, I., Schulz von Thun, F., & Tausch, R. (2015). *Sich verständlich ausdrücken*. München: Ernst Reinhardt.

Locke, J. (1920). *Gedanken über Erziehung*. Leipzig: Reclam.

Malik, F. (2006). *Führen, Leisten, Leben*. Frankfurt a. M.: Campus.

McGregor, D. (2005). *The human side of enterprise*. New York: McGraw-Hill.

Proksch, S. (2014). *Konfliktmanagement im Unternehmen: Mediation und andere Methoden für Konflikt- und Kooperationsmanagement am Arbeitsplatz.* Berlin Heidelberg: Springer.

Rheinberg, F. (2010). Intrinsische Motivation und Flow-Erleben. In H. Heckhausen & J. Heckhausen (Hrsg.), *Motivation und Handeln* (4. Aufl., S. 365–387). Berlin: Springer.

Schein, E. (2002). Blut, Schweiß und Tränen – von der Angst zu lernen. *HBM, 5,* 72–79.

Sprenger, R. (2014). *Mythos Motivation: Wege aus einer Sackgasse.* Frankfurt a. M.: Campus.

Sprenger, R. (2018). *Radikal Digital: Weil der Mensch den Unterschied macht – 111 Führungsrezepte.* München: Deutsche Verlagsanstalt.

Von Schlippe, A., & Schweitzer, J. (2016). *Lehrbuch der systemischen Therapie und Beratung I.* Göttingen: Vandenhoeck & Ruprecht.

16

Der Umgang mit Konflikten

„Ziel eines Konfliktes oder einer Auseinandersetzung soll nicht der Sieg, sondern der Fortschritt sein."

(Joseph Joubert)

Zusammenfassung Die Überschrift in diesem Kapitel könnte auch heißen „Keine Angst vor Gefühlen". Entgegen einer weit verbreiteten Meinung kann es im Berufsalltag nicht immer nur sachlich zugehen. Was also tun, wenn es zu Konflikten kommt und die Emotionen hochkochen? Aber mindestens genauso wichtig sind die Fragen: Wie kann man Konflikte vermeiden? Und: Wie kann man seine Gefühle ausdrücken und trotzdem sachlich und respektvoll kommunizieren? Anhand von vielen Anwendungsbeispielen werden sinnvolle Lösungen präsentiert.

© Springer Fachmedien Wiesbaden GmbH, ein Teil von Springer Nature 2020
P. Hennerfeind et al., *Soziale Aspekte der Führung*,
https://doi.org/10.1007/978-3-658-29510-3_16

16.1 Was ist ein Konflikt?

Konflikt ist vom lateinischen conflictus abgeleitet und bedeutet: zusammenprallen. Eine bekannte Definition sozialer Konflikte stammt vom österreichischen Ökonomen und Konfliktforscher Friedrich Glasl. Er beschreibt soziale Konflikte als „Interaktion zwischen Aktoren (Individuen, Gruppen, Organisationen usw.)", bei denen zumindest auf einer Seite „Unvereinbarkeiten im Wahrnehmen und im Denken bzw. Vorstellen und im Fühlen und im Wollen" mit dem anderen Aktor bestehen. Dadurch ergibt sich auch der Eindruck vom anderen Aktor beeinträchtigt zu werden. (Glasl 2004, S. 17)

Prinzipiell kann man zwischen heißen und kalten Konflikten unterscheiden.

Heiße Konflikte sind unübersehbar, mit vielen Emotionen und Konfrontationen begleitet: Die Aktoren wollen einander überzeugen.

Kalte Konflikte sind von außen nicht gleich ersichtlich: Es wirkt oberflächlich friedlich, jedoch gibt es kaum Interaktionen und wenig Kommunikation. Die Sprache bleibt sachlich, es herrscht jedoch Frustration. In Meetings fehlt oft die Beteiligung.

Beide Arten von Konflikten sind in einem Unternehmen wenig förderlich, vor allem, wenn sie über einen längeren Zeitraum bestehen bleiben und sich immer mehr verhärten.

Konflikte werden in einem Unternehmen zunächst gerne ignoriert. Sie werden als unangenehm und in der Arbeitswelt unangebracht empfunden – dennoch verschlingen sie wertvolle Zeit und Ressourcen.

„Wenn man Studien Glauben schenkt, dann wenden Führungskräfte einen beträchtlichen Teil ihrer Zeit für Konfliktmanagement auf: In Deutschland sind es 14 % der Zeit, in Österreich 16 %, in den USA gar bis zu 30 %." (Proksch 2014, S. 30)

16.2 Wie entstehen Konflikte in einem Unternehmen?

Konflikte können auf unterschiedliche Art und Weise entstehen. Zunächst sollte festgehalten werden, dass das Unternehmen an sich keine Konfliktursache sein kann, sondern – wie jede andere Organisation – Konfliktpotenziale beinhaltet. Wie von Glasl definiert, geht es um Differenzen oder Unvereinbarkeiten in der individuellen Wahrnehmung, in der Vorstellung, im Denken, Fühlen oder Wollen.

Wir können daher zwischen folgenden Konfliktarten unterscheiden:

- **Der Interessenskonflikt** entsteht, wenn Konfliktpartner sich für ein Ziel interessieren, das aber nicht alle erreichen können, oder wenn die Interessen derart auseinandergehen, dass eine weitere Entwicklung nur in konträren Richtungen für möglich gehalten wird. Als Beispiel werden die unterschiedlichen Positionen von Gewerkschaft und Kammer angeführt, die jährlich bei zähen Verhandlungen der Kollektivverträge zu Konflikten führen.
- **Beim Wertekonflikt** geraten Konfliktpartner aufgrund von unterschiedlichen Grundsätzen aneinander. Hier geht es um grundlegende Werte, wie zum Beispiel Ehrgeiz und Leistungsorientierung versus ausgewogener Work-Life-Balance und genügend Zeit für Privatleben und Kinder.
- **Ein Beziehungskonflikt** findet seine Ursache meist in Kommunikationsproblemen und Missverständnissen. Beziehungskonflikte sind von emotionaler Natur und können auf Gefühle wie Neid, Angst oder Frustration zurück gehen.
- **Ein Informations- oder Sachverhaltskonflikt** basiert auf falscher, ungenügender oder ungleich verteilter Information bzw. unterschiedlicher Interpretation der Informationen.
- **Ein Strukturkonflikt** entsteht durch Probleme in der Struktur des Teams, wie zum Beispiel in der Hierarchie: Ein Kollege wird zum Vorgesetzten ernannt, andere Teammitglieder sind mit dieser Entscheidung nicht einverstanden. Es kann sich dabei aber auch um

Konflikte innerhalb der Firmenstruktur handeln, wie zum Beispiel zwischen Produktion und Vertrieb.

• **Beim Rollenkonflikt** haben die Konfliktpartner unterschiedliche Auffassungen über Zuständigkeiten, Erwartungen, Pflichten und Rechte. Ein Rollenkonflikt kann entstehen, wenn zum Beispiel einer der Geschäftspartner vorwiegend mit schwierigen und uninteressanten Tätigkeiten betraut ist, während der andere für die abwechslungsreichen und einfacheren Fälle zuständig ist.

Der Konfliktforscher und Mediator Stephan Proksch charakterisiert den Begriff Konflikt in seinem Buch über Konfliktmanagement im Unternehmen als „zwischenmenschliches Phänomen [...], das durch die Verbindung eines Sachproblems mit einem Beziehungsproblem charakterisiert ist." (Proksch 2014, S. 2)

16.3   Wie können Konflikte gelöst werden?

Es gibt unterschiedliche Theorien und Konzepte zur Konfliktbearbeitung. Die Wichtigsten wollen wir hier kurz vorstellen. Bei allen Ansätzen zur Konfliktlösung geht es zunächst einmal darum, die Kommunikation zu verbessern bzw. neu aufzubauen. Es geht darum, Erwartungen abzugleichen, Missverständnisse auszuräumen und einen gemeinsamen Konsens zu finden.

Viele Manager denken, sie müssen sich Respekt verschaffen und bei Konflikten hart durchgreifen. Vergessen Sie dabei jedoch nicht das Gesetz der Resonanz: Konflikt mit Konfliktbereitschaft zu beantworten, erzeugt wiederum neues Konfliktpotenzial. Bei einem Konflikt als Vorgesetzter hart durchzugreifen, hat zwar zunächst den Vorteil, dass dieser meist rasch verschwindet, aber oft an anderer Stelle wiederauftaucht. Es kann zu Folgewirkungen kommen, die ein noch größeres Problem darstellen, wie zum Beispiel bei Kündigungen. Die eigentliche Ursache, der Konflikt wurde jedoch nicht gelöst und man kann auch nicht daraus lernen.

Das Gegenteil anzustreben ist auch nicht empfehlenswert: Den Konflikt zu ignorieren, in der Hoffnung er möge sich von selbst auflösen, ist selten von Erfolg gekrönt.

„Das Problem soll weg! Die andere Seite, etwa die Frage, wofür es sinnvoll sein mag, dass das Problem genauso da ist, wie es sich in diesem Kontext entwickelt hat, wird oft nicht ausgesprochen […]". (Schlippe und Schweitzer 2016, S. 317)

Nicht selten wird vor allem in Unternehmen die Austragung von Konflikten gescheut. Konflikte erzeugen unangenehme Gefühle, die so stark werden können, dass sie körperliche Symptome wie Magenschmerzen, Zittern und Schwitzen hervorrufen können. Evolutionsbedingt sind Konflikte etwas Lebensbedrohendes – zumindest waren sie das in Urzeiten. Konfliktvermeidung entsteht jedoch auch aus Angst vor Macht- und Kontrollverlust.

Der erste Schritt, die Scheu vor Konflikten zu verlieren, ist der, positive Aspekte und Chancen darin zu erkennen. (Proksch 2014, S. 45)

Das Problem oder der Konflikt sollte nicht vermieden, sondern wie ein Symptom betrachtet werden, das eine Lösung bzw. die Heilung anstrebt. Proksch nennt es das „kreative Potenzial von Konflikten". (Proksch 2014, S. 2)

Die herkömmliche Herangehensweise in Unternehmen besteht meist darin, eine Analyse durchzuführen, nach Ursachen des Problems zu suchen und schließlich durch deren Beseitigung zur Lösung zu kommen. Bei der Suche nach Ursachen wird jedoch zumeist nach Schuld gesucht. Dann müssen sich Betroffene rechtfertigen und um Gegendarstellung bemühen. Solche Diskussionen verhärten die Fronten und der Konflikt nimmt seinen Lauf. Proksch meint dazu:

„Insbesondere bei Konflikten ist die Suche nach Ursachen fatal, weil sie in der Regel zu Schuldzuweisungen und damit zur Eskalation führt." (Proksch 2014, S. 137)

Es gehe daher darum, nicht die Probleme zu analysieren, sondern sich auf zukünftige und mögliche Lösungen zu fokussieren. Für ihn ist die Mediation eine Möglichkeit dazu. (Proksch 2014, S. 137)

16.3.1 Mediation

Mediation leitet sich vom lateinischen „mediare" ab und bedeutet so viel wie „vermitteln". In der Mediation wird also meistens ein unparteiischer Dritter zum Vermitteln herangezogen. Das Schema eines Mediationsgesprächs soll hier vereinfacht dargestellt werden.

- **Einstieg:** Anlass und Ziel das Gesprächs werden definiert, die Vorgehensweise abgestimmt und gemeinsame Regeln festgelegt.
- **Klärung:** Informationen werden gesammelt, der Konflikt konstruktiv angesprochen. Darstellung aus der Sicht der jeweiligen Partei: Es wird auf jeden Konfliktpartner eingegangen. Verlangsamung des Dialogs.
- **Lösungen:** Es folgt die Klärung der Interessen und Bedürfnisse, ein Suchen nach neuen Wegen und Optionen. Anschließend werden die Lösungsideen objektiv bewertet und Vereinbarungen getroffen.
- **Abschluss:** Die Ergebnisse werden dokumentiert und von allen Parteien unterschrieben, Abschluss(-ritual).

Die gemeinsame Bewertung der Lösungsoptionen ist dabei besonders wichtig, da sie sicherstellt, dass eine Ausgewogenheit herrscht und sich keine der beiden Seiten übergangen fühlt. Um es mit den Worten des amerikanischen Politikers und Friedensnobelpreisträger Henry Kissinger (*1923) auszudrücken: „Ein Kompromiss ist nur dann gerecht, brauchbar und dauerhaft, wenn beide Parteien damit gleich unzufrieden sind."

16.3.2 Gewaltfreie Kommunikation nach Rosenberg

Die gewaltfreie Kommunikation (kurz: GfK) wurde vom amerikanischen Psychologen Marshall Rosenberg entwickelt. Er war als Mediator international tätig und engagierte sich weltweit in politischen und sozialen Krisenherden.

Laut Rosenberg ist es vor allem bei Konflikten besonders üblich, dass Aktoren nur mehr in Vorwürfen kommunizieren. Da fallen Sätze wie „Du hast aber das und das gemacht", „Du verstehst mich nicht", die als Angriff verstanden werden und meist mit einem Gegenangriff beantwortet werden. Es stehe jedoch in Wirklichkeit hinter jedem Vorwurf ein Bedürfnis und im weiteren Sinne auch eine Bitte. Diese gilt es zu formulieren, damit das Gegenüber verstehen kann, um was es denn eigentlich geht. (Rosenberg 2010)

Die ideale Kommunikation erfolgt in vier Schritten:

1. Wahrnehmung (seine Sichtweise schildern)
2. Gefühl (seine eigenen Gefühle benennen)
3. Bedürfnis (die Auswirkung beschreiben)
4. Bitte (eine Bitte formulieren)

Beispiel

Ein Vorwurf „Sie machen nie, was man Ihnen anschafft" oder – noch schlimmer – eine moralische Verurteilung wie „Sie sind faul und unzuverlässig" wird vermutlich von Mitarbeitern weder motivierend noch sachlich entgegengenommen werden. Im Sinne der GfK könnte man den Mitarbeiter wie folgt ansprechen: „Ich habe festgestellt, dass Sie die Akte von letzter Woche noch nicht bearbeitet haben" (Beobachtung). „Das frustriert mich und macht mir Sorgen" (Gefühl) „da der Fall bereits für die Geschäftsleitung abgeschlossen sein sollte" (Bedürfnis). „Ich würde Sie bitten, die Akte noch heute zu bearbeiten" (Bitte).

Als vereinfachte Darstellung der gewaltfreien Kommunikation kann man auch die sogenannte WWW-Formulierung heranziehen: Hier geht es um die Beschreibung von Wahrnehmung, Wirkung und Wunsch.

Im Arbeitsleben ist es unüblich, über Gefühle zu sprechen. Daher wird es der Führungskraft zunächst sicher nicht leichtfallen, sich vor ihre Mitarbeiter zu stellen und zuzugeben, dass sie sich verunsichert, gekränkt oder ähnliches fühlt.

Rosenberg bringt in seinem Buch ein Beispiel aus einem Krankenhausbetrieb:

Beispiel

Die Krankenhausverwaltung braucht die Unterstützung der Ärzteschaft für ein neues Projekt. Diese hat aber bereits mit einem Verhältnis von 17:1 dagegen gestimmt. Das nächste Meeting stand an und die Verwaltungsleute waren sehr verunsichert. Rosenberg empfahl zunächst einmal zuzugeben, wie viel Angst ihnen die Diskussion dieses Themas mache. Unvorstellbar für rationale, logisch denkende und auf Sachlichkeit erpichte Verwalter! Sie waren der Meinung, sich mit so einem Geständnis angreifbar zu machen und von den Ärzten „in Stücke gerissen zu werden". Nichts desto trotz, versuchte einer der Verwalter den Vorschlag tapfer umzusetzen und seine Verletzlichkeit auszudrücken. Das Ergebnis: Er wurde nicht in Stücke gerissen, sondern das Projekt wurde mit einer Abstimmung von 17:1 angenommen. (Rosenberg 2010, E-Book Pos. 887)

Fazit

Vor allem wenn es um Beziehungskonflikte geht, ist die gewaltfreie Kommunikation ein gutes Hilfsmittel. Da ein Beziehungskonflikt nicht allein auf sachlicher Ebene gelöst werden kann, wird zunächst den Emotionen Raum gegeben. Beide Parteien erhalten die Gelegenheit, ihre Gefühle auszudrücken. Erst danach kehrt man zu den Sachthemen zurück.

16.3.3   Das Nachrichtenquadrat

Der deutsche Psychologe und Philosoph Friedemann Schulz von Thun entwarf die Theorie des Nachrichtenquadrates. Hier stellt er vier Ebenen der Kommunikation vor, die seiner Meinung nach in jeder Aussage enthalten sind:

1. **Der Sachinhalt:** beschreibt die Daten, Fakten und Sachverhalte.
2. **Die Selbstkundgabe:** Mit Kommunikation gibt man – freiwillig oder unfreiwillig – immer etwas von sich selbst bekannt, wie z. B. seine Werte, Gefühle oder Bedürfnisse.
3. **Der Appell:** Dieser Inhalt ist explizit an den Empfänger der Botschaft gerichtet; das, was man vom anderen erreichen möchte.
4. **Der Beziehungshinweis:** Auf dieser Ebene gibt man zu erkennen, was man vom Empfänger der Botschaft hält. Die Beziehungshinweise werden durch Formulierung, Tonfall, Mimik und Gestik vermittelt. (Schulz von Thun 2013, E-Book Pos. 163)

Beispiel

Nehmen wir als Beispiel die Aussage des Vorgesetzten an seine Sekretärin: „Ich kann diese Akte nicht finden."
Die Sachebene ist einfach: Der Vorgesetzte findet die Akte nicht.
In der Selbstkundgabe gibt er bekannt, dass er nicht weiß, wo die Akte zu finden ist. Möglicherweise weiß er nicht einmal, wo die Akten im Allgemeinen aufbewahrt werden.
Im Appell zeigt sich: Der Vorgesetzte hätte gerne, dass die Sekretärin ihre momentane Beschäftigung unterbricht und ihm sogleich die gewünschte Akte bringt.
Auf der Beziehungsebene wird bekannt, dass der Vorgesetzte davon ausgeht, dass seine Sekretärin weiß, wo sich die Akte im Moment befindet. Ein genervter Tonfall kann z. B. die unterschwellige Unterstellung sein, sie hätte die Akte nicht dahin gelegt wo sie hingehört.

Es zeigt sich: In jedem noch so einfachen Satz verstecken sich mehrere Botschaften. Insbesondere wenn es um Konflikte geht, ist es wichtig, in der Kommunikation alle Ebenen zu hören und zu berücksichtigen.

16.3.4 Das Harvard-Konzept

Das Harvard-Konzept ist ein beliebtes Modell zur Steuerung von Konflikten. Ähnlich wie beim Schulz von Thun – Modell unterscheidet man hier zunächst zwischen Sach- und Beziehungsaspekt.

Zuerst werden die Regeln festgelegt – wie zum Beispiel keine Unterbrechungen, keine Beleidigungen, etc. – mit denen alle Aktoren einverstanden sein müssen. Dann trennen die Konfliktparteien zwischen Sach- und Beziehungsaspekten. Das bedeutet: Bevor man mit der Verhandlung und dem Besprechen der Sachprobleme beginnt, sollten die Beziehungsprobleme gelöst werden.

Beispiel

Herr Würzig! Bevor wir in die Verhandlung starten, möchte ich noch einmal kurz zurückblicken: Ich habe mich in der Abwicklung unseres letzten Projektes schon ein wenig unfair behandelt gefühlt, da von den mündlichen Absprachen keine Rede mehr war und Sie sich rein auf die Protokolle und den Vertragstext berufen haben.

Erst wenn die Beziehungsebene geklärt ist, kann man mit dem Entwickeln gemeinsamer Lösungsmöglichkeiten und Handlungsoptionen beginnen. Anschließend werden diese nach möglichst objektiven Kriterien beurteilt. Zu guter Letzt erstellen die Konfliktparteien einen Plan, wie die Lösungen konkret umgesetzt werden können.

Haben Emotionen einen berechtigten Platz in der Arbeitswelt?
Man kann oft von der Empfehlung lesen, Konflikte im Unternehmensbereich sachlich zu lösen. Das wird gerne falsch verstanden, nämlich im Sinne von: rein beim Sachinhalt zu bleiben. Konflikte entstehen jedoch meist auf der Gefühlsebene, weil man sich gekränkt oder übergangen fühlt oder vor etwas Angst hat. Werden die Gefühle also ignoriert und der Konflikt rein auf der Inhaltsebene gelöst, wird dieser in den meisten Fällen weiterschwelen oder an anderer Stelle wiederauftauchen.

Es ist wichtig, auch in der Arbeitswelt Emotionen ausdrücken zu dürfen, Dieses Ausdrücken sollte jedoch so sachlich wie möglich passieren: Geschrei, Wutausbrüche, oder Beleidigungen sind kontraproduktiv!

16.3.5   Hilfreiche Kommunikation

- Bleiben Sie sachlich und respektvoll, vermeiden Sie persönliche Angriffe („Du bist immer so unzuverlässig"), aber stehen Sie auch zu Ihren Emotionen („das hat mich irritiert/enttäuscht/betroffen gemacht"). Das wirkt ehrlicher, denn übertriebene Sachlichkeit kann Aggressionen wecken.
- Hören Sie gut zu und versuchen Sie ehrlich die Argumente des Gegenübers zu verstehen bzw. die Bedürfnisse dahinter zu eruieren.
- Fragen Sie nach und stellen Sie dadurch sicher, dass Sie mit Ihren Mitarbeitern oder Gesprächspartnern in Kontakt sind und diese sich verstanden fühlen.

> Generell empfiehlt sich ein respektvoller Umgang mit Mitarbeitern für eine erfolgreiche Unternehmenskultur. Für Führungskräfte bedeutet das jedoch nicht den völligen Verzicht auf Entscheidungen oder Ausübung von Macht. „Ohne den Einsatz von Macht ist es in Unternehmen nicht möglich, rasch zu reagieren, zeitgerecht zu entscheiden und die Ausrichtung auf ein gemeinsames Ziel sicherzustellen." (Proksch 2014, S. 25)

16.3.6   Hilfreiche systemische Fragen in Konfliktsituationen

Aus Sicht der systemischen Beratung gibt es hilfreiche Fragen, mit denen zum einen die Informationen verbessert werden können, zum anderen die eigenen Sichtweisen erweitert und somit auch Perspektivenwechsel und Verständnis für die Konfliktpartei ermöglicht werden.

> **Fragen**
> - Hilfreich sind **offene Fragen** (auf die man nicht nur mit Ja oder Nein antworten kann): Was ist passiert? Wie sehen Sie den Sachverhalt? Wo sehen Sie das Problem?
>   Vermeiden Sie jedoch die Frage nach dem Warum! Diese impliziert, dass man mit dem Sachverhalt nicht einverstanden ist und das Gegenüber

zu einer Rechtfertigung auffordert: Warum haben Sie das nicht gleich gesagt?
- **Zirkuläre Fragen** ermöglichen einen Perspektivenwechsel: Wie fühlt sich, Ihrer Meinung nach, Ihr Kollege dabei? Wie, denken Sie, sieht das die Entwicklungsabteilung?
- **Skalierungsfragen** zum Verdeutlichen von Unterschieden: Wie unzufrieden fühlen Sie sich auf einer Skala von 1–10? Wenn die Antwort zum Beispiel 7 lautet, folgt die Frage nach der Verbesserung: Was brauchen Sie, um eine 5 zu erreichen?
- Sogenannte **Möglichkeitskonstruktionen** sind oft schon Teil der Lösung oder zeigen auf, dass das Problem in Wirklichkeit woanders liegt: Wie würde Ihr Arbeitsalltag ohne dieses Problem aussehen? Was wäre anders, wenn dieser Kollege kündigen würde?

In der systemischen (ganzheitlichen) Sichtweise versucht man sich von „Schwarz-Weiß-Denken" und von „Richtig" oder „Falsch" zu lösen. Wenn sich zwei Personen streiten, haben beide meist einen berechtigten Anspruch. Es geht um den Vergleich von Sichtweisen und dem Herausfinden von legitimen Bedürfnissen. Die unterschiedlichen Positionen sollten zusammengeführt und integriert werden, anstatt sie durch eine Entscheidung zu trennen. (Proksch 2014, S. 31)

16.3.7 Vorbeugendes Verhalten zur Konfliktvermeidung

Mit den folgenden Verhaltensregeln können Sie als Führungskraft dazu beitragen, Konfliktpotenzial zu vermeiden:

Mitarbeiter einbeziehen
Halten Sie Ihre Mitarbeiter in regelmäßigen Meetings über Entwicklungen am Laufenden und beziehen Sie sie so weit wie möglich in Entscheidungen mit ein.

Sicherheit durch Transparenz fördern

Ein Informationsrückstand sorgt für Verunsicherung und das Gefühl des „Ausgeliefert sein" und birgt somit Konfliktpotenzial und schürt Gerüchte. Geben Sie Sicherheit durch Transparenz und erstellen Sie klare Zielvereinbarungen und Vorgaben.

Allen eine Stimme geben

Wer sich gehört fühlt, fühlt sich verstanden. Auch wenn es an der eigentlichen Situation nichts ändert, hilft es oft schon, seinem Unmut Ausdruck verleihen zu dürfen, um sich danach besser zu fühlen. Haben Sie keine Angst, Ihre Mitarbeiter auch nach ihrer Meinung zu fragen! Jeder Austausch kann Quelle neuer Inspiration und Ideen sein.

Weiterbildung und Trainings

Achten Sie bei Mitarbeiterweiterbildungen darauf, dass nicht nur Fachsondern auch Sozialkompetenz gefördert wird.

Selbstverwirklichung

Schaffen Sie Aufstiegs- und Karrierechancen und geben Sie Ihren Mitarbeitern die Möglichkeit zu persönlicher und fachlicher Weiterentwicklung.

„Je mehr man darüber nachdenkt, desto mehr wird einem bewusst, dass Konflikt und Kooperation nicht separate Dinge, sondern Phasen eines Prozesses sind, der immer etwas von beidem beinhaltet." (Proksch 2014, S. 136)

Literatur

Glasl, F. (2004). *Konfliktmanagement: Ein Handbuch für Führungskräfte, Beraterinnen und Berater.* Stuttgart: Freies Geistesleben.

Proksch, S. (2014). *Konfliktmanagement im Unternehmen: Mediation und andere Methoden für Konflikt- und Kooperationsmanagement am Arbeitsplatz.* Berlin/ Heidelberg: Springer.

Rosenberg, M. (2010). *Gewaltfreie Kommunikation: Eine Sprache des Lebens.* Paderborn: Junfermann.

Schulz von Thun, F. (2013). *Miteinander reden 2: Stile, Werte und Persönlichkeitsentwicklung. Differenzielle Psychologie der Kommunikation.* Hamburg: Rowohlt e-book.

Von Schlippe, A., & Schweitzer, J. (2016). *Lehrbuch der systemischen Therapie und Beratung I.* Göttingen: Vandenhoeck & Ruprecht.

17

Der Umgang mit Krisen

„Krise ist ein produktiver Zustand. Man muss ihm nur den Beigeschmack der Katastrophe nehmen."

(Max Frisch)

Zusammenfassung Die Kernfrage dieses Kapitels lautet: Wie äußern sich Krisen im Unternehmen und wie geht die Führungskraft am besten damit um? Auf was ist zu achten? Zuerst werden die Arten von Krisen erklärt, danach werden die Merkmale, der Umgang und die Bewältigung einer Krise anhand von Fragen und Ansätzen beschrieben.

17.1 Welche Arten von Krisen gibt es?

Wir unterscheiden prinzipiell zwischen zwei Arten von Krisen: Zum einen die Unternehmenskrise, wenn der Markt sich verändert, die Budgetplanung nicht erreicht werden konnte und / oder das Unternehmen tief in den roten Zahlen steht. Zum anderen gibt es die den Menschen betreffende, die psychosoziale Krise. Laut Sonneck wird diese durch den

© Springer Fachmedien Wiesbaden GmbH, ein Teil von Springer Nature 2020
P. Hennerfeind et al., *Soziale Aspekte der Führung*,
https://doi.org/10.1007/978-3-658-29510-3_17

Verlust des seelischen Gleichgewichts aufgrund von Ereignissen und Lebensumständen definiert. (Sonneck et al. 2016, S. 15)

Unternehmensbezogen kann es sich dabei um traumatische Ereignisse wie Kündigung, folgenschwere Arbeitsfehler, Degradierung, Versetzung oder auch den Verlust eines geschätzten Kollegen handeln.

Die Mitarbeiterin hat etwas erlebt, das ihr ‚einen Schlag versetzt', das Vertrauen in sich selbst und/oder in den Betrieb radikal erschüttert und oft auch das Arbeitsverhältnis infrage stellt. (Schlippe und Schweitzer 2016, S. 410)

17.2   Merkmale von Krisen

Krisen stellen oft einen Wendepunkt dar, sind aber grundsätzlich im Verlauf nicht vorhersehbar (und genau diese Unvorhersehbarkeit erzeugt Unsicherheit). Sie weisen jedoch ähnliche Merkmale auf:

- Sie bilden meist eine Situation, in der die Dringlichkeit des Handelns für alle Beteiligten hoch ist.
- Sie bedrohen die Werte und Ziele der Beteiligten sowie das Betriebsklima.
- Ihre Folgen können schwerwiegende Konsequenzen für die Beteiligten haben.
- Sie produzieren Ungewissheit, wie es weiter gehen soll und kann. Die Beteiligten fühlen sich der Situation ausgeliefert.
- Sie erschaffen Leidensdruck, Stress und Angst unter den Beteiligten.
- Sie beschäftigen die Beteiligten meist ununterbrochen.

- Die den Beteiligten zur Verfügung stehenden Informationen sind meist ungenügend, Lösungen nicht greifbar. (Welter-Enderlin und Hildenbrand 2012, S. 207)

Krisen, die in Unternehmen auftreten, sind oft Veränderungskrisen. Zu Veränderungen kommt es in Unternehmen immer wieder: Firmenfusionen, Änderung der Unternehmensführung, Auflösung oder Zusammenlegung von Abteilungen, Personalreduzierung, etc.

Zur Krise kommt es aber erst, wenn der Versuch der Anpassung an die Veränderung misslungen ist. Sonneck unterscheidet zwischen sechs Phasen:

1. Konfrontation mit dem problematischen Ereignis.
2. Lösung misslingt (Erleben des Versagens, Spannung steigt).
3. Mobilisierung von Bewältigungsmechanismen führen entweder zur Bewältigung, indem ungewohnte und neue Lösungen ausprobiert werden oder zu Rückzug und Resignation. Ziele werden aufgegeben.
4. Vollbild der Krise (unerträgliche Spannung, ständiges Denken an das Problem).
5. Bearbeitung der Krise (des Krisenanlasses, der Veränderung und ihrer Konsequenzen). Die Hoffnung steigt.
   Neuanpassung (Entwicklung neuer Strategien) (Sonneck et al. 2016, S. 36).

17.3 Umgang mit der Krise (Selbstführung)

Eines der Merkmale von Krisen ist, dass man sich der Situation ausgeliefert fühlt. Meist ist jedoch durchaus ein Handlungsspielraum gegeben, der nicht sofort erkannt wird. Die folgenden Fragen können bewusst machen, dass die Situation sehr wohl durch eigenes Verhalten beeinflusst werden kann:

Fragen
- Was kann ich tun, um die Krise zu verstärken?
- Was kann ich tun, um die Krise zu verringern?
- Wie würde sich dieses Verhalten auf andere Mitarbeiter auswirken?
- Welche Gründe könnte es innerhalb des Unternehmens geben, dass die Krise gerade jetzt in Erscheinung tritt?

> Manchmal liegt die Lösung nicht in der Erreichung des Ziels, sondern in einer neuen Zieldefinition!

Vergessen Sie nicht, sich schon während, aber spätestens nach der Krisenbewältigung nach den Lernerfahrungen zu fragen! „Wie verändert diese Erfahrung Ihre Haltung zu …? Was würden Sie in einer ähnlichen Situation künftig ähnlich oder anders machen?" Und schließlich die Frage: Wie können Sie mit dem Erlebten zukünftig umgehen, so dass „Sie langfristig gestärkt daraus hervorgehen"? (Schlippe und Schweitzer 2016, S. 411)

17.4 Krisenbewältigung: Umgang mit Mitarbeitern (Fremdführung)

Auch wenn der Auslöser und der Verlauf einer Krise oft nicht beeinflussbar sind, gibt es eine Reihe von Verhaltensweisen, die Ihnen und Ihren Mitarbeitern bei der Bewältigung helfen können:

- Hören Sie Ihren Mitarbeitern aufmerksam und einfühlsam zu und vermitteln Sie ihnen, dass Ihnen deren Schwierigkeiten sehr wohl bewusst sind.
- Krisen werden immer durch einen Mangel an Informationen mitgetragen. Informieren Sie Ihre Mitarbeiter über Veränderungen so transparent wie möglich und suchen Sie das Gespräch in gemeinsamen Meetings.
- Lassen Sie in Gesprächen Platz für Emotionen und dem Ausdruck von Gefühlen. Dies dient dem Spannungsabbau der Beteiligten. Achten Sie jedoch darauf, dass das Gesprächsklima sachlich und respektvoll bleibt (wenn nötig: Regeln aufstellen!).
- Grundsätzlich ist der Verlauf einer Krise nicht vorhersehbar, und genau diese mögliche Bandbreite des Verlaufs erzeugt oft Unsicherheit. Erinnern Sie Ihre Mitarbeiter, dass Veränderungen auch immer eine

Chance zu Verbesserung sind. Bringen Sie positive Beispiele aus der Unternehmensgeschichte.

- Achten Sie auf die Lebens-Balance und genügend Entspannung für Ihre Mitarbeiter: Mittagspausen und Urlaubstage sind auch, bzw. vor allem, in einer Krisensituation unerlässlich.
- Motivieren Sie Ihre Mitarbeiter, neue Ansätze und ungewohnte Strategien auszuprobieren. Sammeln Sie z. B. Lösungsideen in einem gemeinsamen Brainstorming.
- Passen Sie die Unternehmens-Glaubenssätze an (siehe nächster Absatz).

17.5 Unternehmens-Glaubenssätze in der Krise

Glaubenssysteme sind aus Erfahrung gewonnene Überzeugungen, die – in Sätzen abgespeichert – gegen Veränderungserfahrungen immun sind. Jedes Mitglied einer Organisation kennt solche „zu komplexen Glaubenssystemen zusammengestellte Überzeugungen". Sie werden teils kommuniziert, teils stehen sie als „unsichtbare Devise hinter dem (ansonsten oft schwer verständlichen) Handeln der Akteure." Diese Unternehmens-Glaubenssätze können entweder „stärken und inspirieren" oder sie können „lähmen und schwächen". (Schlippe und Schweitzer 2010, S. 118)

Beispiel

Ein 50 Mitarbeiter umfassendes Unternehmen in der Holzindustrie kommt durch einen starken Konkurrenzkampf einerseits und gesättigte Absatzmärkte andererseits in die Krise.

Stellen Sie sich vor, Sie arbeiten in dieser Firma. Wie würden die folgenden Unternehmens-Glaubenssätze auf Ihr Denken, Handeln und Fühlen wirken?

- Wir waren schon immer führend, daran wird sich nichts ändern.
- Wir haben gute Chancen, die Führenden zu bleiben.
- Wenn wir nicht die Führenden bleiben, stürzen wir in den Abgrund.
- Wir waren noch nie die Führenden und haben auch keine Chance dies zu werden.

Die unterschiedlichen Glaubenssysteme beeinflussen die Mitarbeiter sowohl auf der Interaktions- als auch auf der Handlungsebene.

Wie könnten die Glaubenssätze in Ihrem Unternehmen lauten? Machen Sie sich diese bewusst, eventuell in Form eines Brainstormings gemeinsam mit Ihren Mitarbeitern. Welche dieser Glaubenssätze empfinden Sie als motivierend und welche sollten besser angepasst und umformuliert werden?

> Finden Sie gemeinsam mit Ihrem Team positive Unternehmens-Glaubenssätze oder formulieren Sie diese bei Bedarf um.

Literatur

Sonneck, G., Kapusta, N., Tomandl, G. & Voracek, M. (2016). *Krisenintervention und Suizidverhütung*. Wien: Facultas Universitätsverlag.

von Schlippe, A., & Schweitzer, J. (2010). *Systemische Interventionen*. Göttingen: Vandenhoeck & Ruprecht.

von Schlippe, A., & Schweitzer, J. (2016). *Lehrbuch der systemischen Therapie und Beratung I*. Göttingen: Vandenhoeck & Ruprecht.

Welter-Enderlin, R. & Hildenbrand, B. (2012). *Resilienz – Gedeihen trotz widriger Umstände*. Heidelberg: Carl-Auer.

18

Fehler und daraus entstehende Entwicklungsmöglichkeiten

„Laßt ihr euch etwas entwischen, was ihr ihnen als einen Fehler anrechnet, so werden sie zuverlässig sich durch euer Beispiel schützen und zwar dermaßen, daß es nicht leicht sein wird, sie auf eine gute Art davon abzubringen.“

(Locke 1920, E-Book Pos. 1101)

Zusammenfassung Einen Fehler nicht mehr als Fehler zu bezeichnen, ist eine der beschriebenen Möglichkeiten, wie mit Fehlern umgegangen werden kann. Anhand von weiteren, teils praktischen Beispielen und sinnvollen Lösungsvorschlägen wird auf die Entwicklungsmöglichkeiten hingewiesen.

Die Fehlerkultur ist wohl eines der am meisten diskutierten Themen im Bereich der Führung. Dass Fehler als Chance gesehen werden können, und dass jeder der keine Fehler begeht, sich nicht weiterentwickelt, ist bereits hinlänglich bekannt.

© Springer Fachmedien Wiesbaden GmbH, ein Teil von Springer Nature 2020
P. Hennerfeind et al., *Soziale Aspekte der Führung*,
https://doi.org/10.1007/978-3-658-29510-3_18

„Unsere größten Dummheiten können sehr weise sein." (Ludwig Wittgenstein)

Genauso heißt es, dass man keinen Fehler zweimal machen soll. Dieses Wissen hat sich mittlerweile in die letzten Kämmerchen großer Konzerne geschlichen. Und doch liegt zwischen dem Wissen und der Anwendung dessen ein ganzes Universum von fadenscheinigen Varianten. Die Praxis stellt Menschen vor Herausforderungen, die sich mit anderen Herausforderungen überschneiden. Wer hat schon die Zeit, einen Fehler als Chance zu sehen? In der meist hektischen Arbeitswelt, wo alles bis zur letzten Minute verplant ist, wirken sich Fehler oft fatal aus. Selbst kleine Fehler können Zielsetzungen völlig über den Haufen werfen.

Beispiel

Ich kann mich daran erinnern, als wir tagelang, bis in die Nachstunden an einer Ausschreibung gearbeitet haben, um einen großen Auftrag zu bekommen. Die Frist zur Abgabe war sehr zeitnah, daher mussten wir alle verfügbaren Ressourcen nützen. Als wir endlich abgabereif waren, wurden die Unterlagen einem Boten übergeben, um diese zuzustellen. Doch die Unterlagen sind nie an ihrem Bestimmungsort angekommen, weil einer unserer Mitarbeiter die falsche Adresse bekannt gab. Bis wir den Fehler bemerkt hatten, war die Abgabefrist vorbei und der Auftrag war Geschichte. Der im Verhältnis zur vorherigen Aufgabe kleine Fehler hatte große Auswirkung, denn das Unternehmen war damals auf den Auftrag angewiesen.

Freilich war der wirkliche Fehler ein ganz anderer: Das Unternehmen hätte nie so weit kommen dürfen, auf einen einzelnen Auftrag angewiesen zu sein. Die Auftragserteilung wäre wahrscheinlich nur eine Verzögerung des Unvermeidbaren gewesen. Insofern hätte die Chance in einer kompletten Neustrukturierung des Führungsapparates liegen können. Doch leider folgten danach Kündigungen, und schlussendlich einige Zeit später die Schließung des Unternehmens.

Wenn es also so schwer ist, aus Fehlern Chancen zu kreieren, wie soll man dann damit umgehen?

Ein interessanter Zugang ist der, Fehler nicht als Fehler zu bezeichnen. Wozu brauche ich eine Fehlerkultur, wenn es keine Fehler mehr gibt? Wenn Fehler zu Missverständnissen, Unachtsamkeiten, Risikobereitschaften oder Überlastungen werden, bieten sich Lösungen und Chancen direkt an.

Fehler sind Konstrukte, die in die Maschinenwelt gehören, und selbst dort können sie zu Chancen führen

Das mal etwas schief geht, ist nicht vermeidbar. Es wird immer ungünstige Zufälle geben, die haargenau zur falschen Zeit auftreten. Menschen werden sich nicht immer so verhalten, wie es von ihnen verlangt wird. Maschinen und Geräte werden nicht immer einwandfrei funktionieren. Wer sich zu lange mit solchen Geschehnissen aufhält, verliert den Blick nach vorne. Und das Ziel liegt immer vorne, selbst wenn es hinten scheint. Sobald man sich danach richtet, ist es wieder vorne.

Fehler passieren in der Vergangenheit. Sobald man sich eines Fehlers bewusst wird, kann man ihn nicht mehr abwenden. Man kann bloß entgegensteuern, von vorne beginnen oder den Kurs ändern. Und all das hat nichts mehr mit dem Geschehen zu tun. In diesem Moment ist genau die richtige Zeit dafür, das Ziel ein weiteres Mal zu hinterfragen.

Betrachtet man die möglichen Pseudonyme für das Wort Fehler, z. B. Missverständnis, dann lässt sich daraus ein neuer Zugang ableiten: z. B. die gewünschte Aufgabe anders zu formulieren, um Missverständnissen vorzubeugen. Spräche man nur von einem Fehler, würde man diese Vorgangsweise vielleicht gar nicht in Betracht ziehen.

Versucht man Fehler zu vermeiden, ufert dies meist in eine Tirade von Vorschriften, Vorlagen, Kontrollen und übermäßig geschwängerten Organisationssystemen. All dies erfordert Aufwand. Und wie man aus der Praxis weiß, verursacht es weitere Fehler. Je mehr Systeme man in einer Organisation verankert, desto größer wird das Fehlerpotenzial und desto mehr Fehler passieren. Je mehr ich vorgebe, desto weniger werden Menschen angehalten, sich etwas zu merken. Wenn für alles Vorschriften da sind, wozu dann den Inhalt verstehen?

Beispiel

In einem Unternehmen wurden Mitarbeiter mit Vorlagen zugeschüttet. Alles wurde genormt. Jede Kleinigkeit wurde vorgegeben. Was geschah? Es passierten wesentlich mehr Fehler als früher. Entweder wurden falsche Vorlagen verwendet oder der Zweck der Vorlagen war falsch. Situationen änderten sich und die Vorlagen waren veraltet. Irgendwann verwendete niemand mehr Vorlagen. Dann sah zwar alles ein wenig anders aus, aber die Anzahl der Fehler verringerte sich drastisch, weil die Mitarbeiter wieder zu denken begannen.

Ich habe damals über längere Zeit versucht, bei meinen Mitarbeitern eine durchgängige Beschriftungsform für Schriftstücke durchzusetzen. Firma, Name, Datum, Betreff, Seitenanzahl … Das Übliche also. Es ist mir nicht gelungen, alle davon zu überzeugen. Kaum hörte ich auf zu kontrollieren, beschriftete jeder wie er wollte. Anfänglich war ich wütend darüber und dachte nach, wie ich das ändern kann. Doch dann kam mir eine andere Idee: Ich suchte nach Problemen, die das unvollständige Beschriften eines Schriftstücks auslöste. Damit wollte ich dann meine Mitarbeiter konfrontieren.

Zu meinem Bedauern habe ich jedoch nahezu nichts gefunden. Es hat scheinbar weder Kunden noch Kollegen gestört, unvollständige Beschriftungen auf Schriftstücken zu tolerieren. Nachdem ich dies erkannt habe, dachte ich über meinen eigenen Aufwand nach; das Kontrollieren, Erinnern und Ärgern über die Sache. Ich musste mir eingestehen, dass ich einem Hirngespinst nachgelaufen bin. Ich habe etwas als Fehler bezeichnet, das eindeutig keiner war.

18.1   Fehlernutzung

Wie kann man Fehler als hilfreiches Wissen nutzen? Reinhard Sprenger beschreibt es folgendermaßen:

> „Misserfolg kann zum Erfolg werden, wenn sie im Unternehmen Institutionen bauen, die dieses Wissen allen zur Verfügung stellt." (Sprenger 2018, S. 249)

Warum nicht eine anonyme Fehlerplattform einrichten, die von allen Mitarbeitern eingesehen und genutzt werden kann? Auf dieser Plattform werden das Entstehen und die Auswirkung des Fehlers beschrieben. Freilich birgt so eine Plattform eine gewisse Gefahr in sich: Das Preisgeben eines Fehlers, das sich Outen, kann von weniger kooperationsbereiten Menschen zu dessen Vorteil genutzt werden.

Um mich diesem Risiko nicht zu stellen, kann ich eine persönliche Fehlerliste erstellen; quasi als Lernanleitung, die nur von mir eingesehen werden kann. Mit dem Nachteil, dass ich nicht aus den Fehlern anderer lernen kann.

Fuck-Up-Nights dienen Menschen dazu, in gemütlicher Atmosphäre regelmäßig von Fehlern zu erzählen, um so den Anwesenden hilfreiche Informationen zukommen zu lassen. Mit etwas Humor versehen, werden Fehler zu etwas gern Gehörtem. Indem man sich über seinen eigenen Fehler lustig macht, nimmt man ihm die Dramatik und behält ihn als lustige Anekdote im Gedächtnis – die wiederum dabei hilft, den Fehler nicht noch einmal zu begehen.

18.2 Fehlergedächtnis

Doch bei allem Nachdenken über mögliche Fehlernutzung, darf man nicht vergessen, dass Fehler trotz allem ein schlechtes Gefühl vermitteln können. Dieses schlechte Gefühl hat meist Auswirkungen: Wer zu viele Fehler macht, wird unsicher und unselbstständig. Fehler, und ganz besonders Fehlerwiederholungen bleiben im Gedächtnis. Sie kleben an uns wie Spinnfäden. Sie rauben Mut und reduzieren Visionen zu Aufgaben. Sie fühlen sich an, als würde man ständig ein Gewicht mit sich herumschleppen. Vor jeder neuen Herausforderung werden sie erneut hervorgeholt. Es wird mehr Zeit dafür verwendet, sie nicht mehr zu begehen, als über bessere Varianten oder Alternativen nachzudenken.

Dieses sogenannte Fehlergedächtnis kann Menschen zu unselbstständigen, übervorsichtigen Befehlsempfängern machen; in schlimmen Fällen sogar zu ängstlichen Menschen mit gesundheitlichen Problemen.

Daher ist es dringend notwendig, eine Fehlerkultur zu etablieren. Als Führungskraft hat man die Möglichkeit, Menschen von ihren Fehlern abzulenken; sie quasi auf einen neuen Kurs zu führen. Sobald man bemerkt, dass vor einer Entscheidung alte Fehler diskutiert werden, greift man ein und fokussiert neu. Nicht der Fehler selbst sollte im Gedächtnis bleiben, sondern die sinnvolle Art und Weise, wie damit umgegangen wurde.

Ich beobachte oft Führungskräfte, die ihren Mitarbeitern erklären, nicht wieder denselben Fehler zu machen. Damit erreichen sie genau das Gegenteil: Die Mitarbeiter erinnern sich wieder an den Fehler und das damit verknüpfte schlechte Gefühl. Wenn schon, dann an die Lösung erinnern und nicht an den Fehler.

Zudem sollte man als Führungskraft darüber nachdenken, ob man nicht selbst daran schuld ist, dass Mitarbeiter denselben Fehler mehrmals machen. Geben Sie ihren Mitarbeitern die Chance, über ihre Fehler zu sprechen. Ermutigen Sie sie dazu, eigene Lösungen zu finden. Betrachtet man Fehler als kleine Schicksalsschläge, so müssen auch sie aufgearbeitet werden, um aus dem Gedächtnis zu verschwinden. Nicht jeder Fehler kann in eine Chance umgewandelt werden. Manche müssen auch akzeptiert werden.

Literatur

Locke, J. (1920). *Gedanken über Erziehung*. Leipzig: Reclam.
Sprenger, R. (2018). *Radikal Digital: Weil der Mensch den Unterschied macht – 111 Führungsrezepte*. München: Deutsche Verlagsanstalt.

19

Kreativität und ihre Umsetzung in der Praxis

„Phantasie ist nicht Ausflucht. Denn sich etwas vorstellen, heißt, eine Welt bauen, eine Welt erschaffen."

(Eugène Ionesco)

Zusammenfassung In diesem Kapitel wird der Weg von der Idee bis zur Umsetzung praxisnah und anwenderfreundlich beschrieben. Anhand von Beispielen und Anwendungsmöglichkeiten lässt sich der Mehrwert kreativer Arbeit nutzen.

19.1 Die Idee

Die Grundlage der Kreativität ist die Idee. Doch wie entsteht eine Idee? In erster Linie dadurch, dass man sich einer gewissen Sache widmet oder an einem früheren Zeitpunkt gewidmet hat. Wenn man sich mit einer Sache befasst, greift man automatisch auf Erfahrungen und Wissen zurück. Zusätzlich denkt man metaphysisch, was so viel bedeutet wie, man blickt über den Rand hinaus. Man stellt sich etwas vor, dass es so noch

© Springer Fachmedien Wiesbaden GmbH, ein Teil von Springer Nature 2020
P. Hennerfeind et al., *Soziale Aspekte der Führung*,
https://doi.org/10.1007/978-3-658-29510-3_19

nicht gibt. Trifft sich diese Vorstellung nun mit einem bekannten Aspekt aus der Vergangenheit (Erfahrung oder Wissen), entsteht daraus eine Idee. Sie ist also vergleichbar mit einem umsetzbaren Wunsch. Wäre sie nicht in irgendeiner Art umsetzbar, bliebe sie ein Wunsch. Die Umsetzbarkeit der Idee bedeutet jedoch nicht, dass sie der ursprünglichen Sache entsprechend anwendbar ist. Ideen kommen auch unverhofft oder zeitversetzt.

Manche Menschen brauchen absolute Ruhe, um Ideen zu kreieren. Andere brauchen Druck, um ihr Gehirn auf Touren zu bringen. Eine Regel dafür gibt es nicht. Was jedoch des Öfteren beobachtet und bereits von Kleist 1805 beschrieben wurde, ist die hilfreiche Wirkung des Gesprächs. Kleist nannte es „Über die allmähliche Verfertigung der Gedanken beim Reden". Auch in Fernsehsendungen, wie Dr. House wurde dieses Phänomen dargestellt. Der exzellente Arzt findet die Lösung nur im Gespräch mit anderen. Und wie auch Kleist in seinem Text beschreibt, ist es nicht erforderlich einen Fachkundigen als Gesprächspartner zu haben. Es reicht, das Problem zu erklären und über mögliche Lösungen zu sprechen. Durch das Referieren fügen sich einzelne Punkte zusammen und führen zu einem neuen Ergebnis, einer Idee. Freilich hat man nicht immer die Zeit, jedes Problem zu besprechen, aber bei größeren Herausforderungen ist Reden ein guter Ansatz, um der helfenden Idee näherzukommen. Übrigens nutzen das moderne Unternehmen mittlerweile ständig. Für die Führungskraft ein guter Ansatz, um die Kommunikation zwischen den Mitarbeitern zu fördern.

19.2 Wie lassen sich Kreativität und Umsetzung vereinen?

Kreativität ist Ideenreichtum und nicht fertige Planung und Umsetzung. Das Wort wird leider für alles verwendet, das sich um Ideen und deren Umsetzung dreht. Im eigentlichen Sinn ist es nur das Erkennen eines geistigen Funkens. Ob daraus eine neue Erfindung oder die Lösung eines Problems wird, hat mit dem Akt des Kreativen nichts zu tun. Daher gibt es keine zuordenbare Kreativität. Wenn man sich von dieser romantischen Zugangsweise löst, erkennt man, dass Kreativität nicht gezielt nutzbar ist. Es ist mehr ein Zufallsprodukt, dass bei nachfolgender Beobachtung Sinn ergeben kann oder im besten Fall nützlich ist.

> „Sie können Kreativität nicht bestellen. Nur erlauben." (Sprenger 2018, S. 196)

Trotzdem wäre es fahrlässig, sich nicht der Kreativität zu widmen, da sie ohne langwierige Denkprozesse neue Möglichkeiten und neue Sichtweisen liefert. Sie ähnelt quasi einem Rohdiamanten, der erst zu einem wertvollen Brillanten geschliffen wird. Reinhard Sprenger sieht Kreativität folgendermaßen:

> „Kreativität ohne Produkt ist autistisch, Produkt ohne Kreativität ist langweilig." (Sprenger 2018, S. 184)

Ein grundlegender Fehler ist der Glaube, dass kreative Menschen auch zwingend dazu geeignet sind, ihre Ideen umzusetzen. Umsetzung erfordert andere Wesensmerkmale, und meist sind kreative Menschen restlos überfordert damit.

Eine Kreativwerkstatt sollte also den Ideenlieferanten und den Manager, der die Idee umsetzt, beinhalten; jemand, der die Idee in Zusammenhang mit einem Erfordernis bringt, und danach die richtigen Schritte setzt, um sie auch umzusetzen. Dieser jemand braucht Widerstandskraft und Durchsetzungsvermögen, aber keinesfalls Kreativität. Denn Kreativität liefert neue Ideen.

Der kreative Mensch ist es gewohnt, ständig neue Impulse zu bekommen, was ihn für sich wiederholende Aufgaben ungeeignet macht. Er sehnt sich nach Neuem und kann sich nur selten länger mit einem Thema beschäftigen. Was wiederum auffällig ist: Kreative Menschen haben meist ein geordnetes Umfeld, in dem sie sich bewegen. Nicht im Sinne von Ordnung oder Unordnung, sondern im Sinne der Veränderung. So sehr sie auch im Geiste dem Neuen nachspüren, so wenig mögen sie Veränderung in ihrem Umfeld. Sie bevorzugen einen geregelten Alltag. Es scheint, als dient das als Ausgleich für das rege geistige Treiben.

Dies hat auch Fredmund Malik beobachtet: „Gerade schöpferische Menschen – jedenfalls die erfolgreichen unter ihnen – zeichnen sich durch eine ausgeprägt systematische Methode des Arbeitens aus." (Malik 2006, S. 316)

Die Umsetzung einer Idee jedoch, bedarf ständiger Veränderung: Etwas Neues zu etablieren heißt, Existierendes zu beenden. Eine Tatsache mit der sich der kreative Mensch nicht wohl fühlt.

Wie kann man nun als Unternehmen, wo sich alles um Erfolge und Leistung dreht, der Kreativität Platz einräumen?

Auf den ersten Blick passt die Kreativität nicht in den wirtschaftlichen Rahmen. Wie ist es möglich, sie trotzdem erfolgreich zu nutzen?

Der erste Schritt ist der, kreative Menschen zu erkennen und deren Aufgabengebiet ihrer Stärke – der Ideenfindung – anzupassen. Freilich ist es nicht immer möglich, diese Menschen von allen wiederholenden Tätigkeiten zu befreien, aber es reicht schon, davon zu wissen. Zudem ist nicht jeder Mensch kreativ oder nicht. Einer ist es etwas mehr, der andere etwas weniger. Schon das Wissen darüber, erleichtert den Umgang wesentlich. Wenn man erkennt, was man von wem verlangen kann, wo wer seine Höchstleistungen abrufen kann, erspart man sich viele Ungereimtheiten, die man sonst mit Motivation oder Mediation ausgleichen müsste.

Es liegt also an der Führungskraft zu erkennen, wohin seine Mitarbeiter tendieren, und natürlich auch wohin man als Führungskraft selbst tendiert. Zum Beispiel könnte sich ein kreativer Mensch in der Lohnverrechnung auf Dauer zerreiben. Andererseits wird ein weniger kreativer Mensch in der Entwurfsabteilung eines Architekturbüros selten zu neuen Innovationen beitragen.

Das Ganze klingt einleuchtend, und man ist dazu geneigt zu meinen, dass sich Menschen ihre Berufe nach diesen Merkmalen aussuchen. Doch meist trifft genau das Gegenteil zu. Erklärend muss man anführen, dass die Berufswahl nur in sehr wenigen Fällen unbeeinflusst stattfindet. Ob vom Elternhaus, von der wirtschaftlichen Lage, von der Umgebung, von der geografischen Lage, man ist fast immer beeinflusst in seiner Berufswahl. Das ist auch der Grund dafür, warum man kreative oder wenig kreative Menschen in völlig ungeeigneten Betätigungsfeldern antrifft.

Man kann mit Höchstleistungen rechnen, wenn man als Führungskraft Menschen die Möglichkeit gibt, sich der Tätigkeit zu widmen, die ihrer Wesensart entspricht.

19.3   Die Ideenwerkstatt

„Eine nicht präsentierte Idee existiert gar nicht." (Sprenger 2018, S. 246)

Einen Rahmen zu schaffen, in dem Ideen gefördert werden, ist ein grundlegender Schritt für Innovationen. Organisationen, die dem Ideenreichtum der Mitarbeiter im Wege stehen, sind nicht für Innovationen geeignet oder wie Reinhard Sprenger es ausdrückt:

„Nichts ist teurer, als den menschlichen Einfallsreichtum durch formale Verfahren der Organisation zu behindern." (Sprenger 2018, S. 62)

Die Führungskraft, egal ob kreativ oder nicht, ist dafür verantwortlich, die Möglichkeiten dafür zu gewährleisten. Sich nicht neuen Ideen zu widmen, ist fatal für jedes Unternehmen. Es bedeutet Stillstand in einem sich bewegenden Markt.

„Bei Google ist jeder Ingenieur verpflichtet, 30 Prozent seiner Zeit für neue Produkte und neue Ideen zu verwenden (aufgeteilt zwischen ähnlichen Geschäften und völlig neuen Initiativen)." (Haas Edersheim 2007, S. 115)

Ich gehe soweit auch Kundenideen miteinzubeziehen. Denn heutzutage, wo die Bewertung durch den Kunden das Geschäft mehr beeinflusst als je zuvor, ist es umso notwendiger, auch deren Kreativität zu nutzen. Für kleine Unternehmen ist es meist die einzige Möglichkeit neue Ideen zu kreieren; und ich meine nicht die schlechteste. Wenn man Kundenrezensionen durchforstet, findet man sehr oft Vorschläge zur Verbesserung. Große Unternehmen veranstalten umfangreiche Kundenumfragen, um deren Meinung einzuholen. Freilich lässt sich dadurch ein Trend erkennen, doch selten werden daraus neues Wissen oder neue Ideen kreiert. Ich meine, dass man aus Rezensionen viel mehr Information herausholt.

Der Blick auf den Kunden gehört also unbedingt zur eigenen Kreativwerkstatt.

Die Kreativwerkstatt kann eine Plattform sein, wo jeder seine Ideen ablegt, wo sie geordnet sind (Ideenkatalog) und wo sie bearbeitet werden. Sinnvollerweise gibt man Themenbereiche vor, die sich auch mit der Kunden- oder Unternehmensstrategie decken, um so im günstigsten Fall zuordenbare Ideen zu bekommen.

Ein wesentlicher Faktor ist das Honorieren oder Belohnen einer Idee. Eine Idee muss etwas Wertvolles, Erstrebenswertes sein. Nur so ist gewährleistet, dass sich jeder Mitarbeiter darum bemüht, eine Idee zu liefern. Es soll nicht nur die Aufgabe einer Hierarchieebene oder einer Stabsstelle sein, sich um Ideen zu kümmern. Wenn das gesamte Unternehmen vom CEO bis zur Reinigungskraft darüber nachdenkt, wie man neue Innovationen schaffen kann, muss man niemand von den Werten des Unternehmens überzeugen.

Die Kreativität kann also auch dazu dienen, eine gemeinsame Sicht in die Zukunft zu haben und sich dem Unternehmen zugehörig zu fühlen.

Im Sinne der Innovation sollten alle Ideen beachtet werden, auch jene, die im ersten Moment nicht in Zusammenhang zu einer Herausforderung stehen. Durch die ständige Veränderung des Marktes, kann eine Idee, die im ersten Moment sinnlos erscheint, später größte Wichtigkeit erlangen. Man sollte diese Ideenwerkstatt so intelligent und global aufbauen, dass sie keinem Mitarbeiter Zeit raubt. Zudem sind klare Festlegungen erforderlich, wer für das Pflegen der Datenbank verantwortlich ist.

19.4   Der Wandel von der Idee zur Innovation

Sobald sich Ideen in der Ideenwerkstatt einfinden, gibt es ein Gremium, das sich um die geeignete Auswahl zur Umsetzung kümmert. Diesem Gremium unterliegt es auch, die jeweiligen Ideen zu bewerten und sie zu honorieren.

Passt eine Idee zur Kunden- oder Unternehmensstrategie, geht es in die Machbarkeitsprüfung, ähnlich einer Machbarkeitsstudie oder eines Businessplans. Hier wird wiederum eine klare Zuständigkeit einer Person oder einer Gruppe definiert. Wenn es um Ideen mit geringem Aufwand geht, kann die Machbarkeitsprüfung auch nur eine einfache Entscheidung sein, die eine Person trifft. Wenn es um umfangreiche Veränderungen geht, die das gesamte Unternehmen betreffen, macht es Sinn, die gesamte Belegschaft zu beteiligen, um so die Meinungen jeder Ebene zu berücksichtigen. Dies ist eine gute Möglichkeit, um nachherige Enttäuschung zu vermeiden. Ist die Idee sozusagen umsetzungsreif, wird sie zur Innovation.

„Innovation transformiert Kreativität in kundendefinierten Wert." (Sprenger 2018, S. 179)

Ab jetzt ist sie etwas Greifbares geworden. Nachdem die Innovation umgesetzt wurde, ist es erforderlich, die Auswirkungen zu betrachten und zu dokumentieren, um so den Erfolg sicherzustellen. Denn es reicht nicht, etwas umzusetzen, in der Hoffnung, dass sich der Erfolg einstellen wird. Man muss den Erfolg auch tatsächlich einfahren. Dieses Phänomen habe ich oft beobachtet. Es wird voller Hoffnung und Energie verändert und danach wird die Angelegenheit abgeschlossen. Was sich aus der erhofften Veränderung ergibt, wird nicht mehr untersucht. Stattdessen wirft man sich in die nächste Veränderung, ohne die vorhergehende erfolgreich abgeschlossen zu haben.

Beispiel

Ein Unternehmer entscheidet sich nach reiflicher Überlegung, einen Magazineur für sein Magazin einzustellen. Bisher wurde das Magazin von mehreren Personen so recht und schlecht verwaltet. Der Unternehmer stellte Fluktuation einzelner Waren fest und war stets damit beschäftigt, fehlendes Material nachzubestellen. Um das zu verbessern, holt er sich einen erfahrenen Lagerarbeiter. Der Mann kostet ihm jedoch mehr, als der Schwund der Materialien ausmachte. Zudem ist er nach einer entsprechenden Probezeit nicht ausreichend beschäftigt. Der Unternehmer, der sich die Auswirkung seiner vorhergehenden Entscheidung nie angesehen und sich nie vom Erfolg vergewissert hat, denkt über weitere Maßnahmen nach. Er beschließt das Magazin zu vergrößern. Zum einen kann er damit Engpässe noch besser abfedern, zum anderen hat der Magazineur mehr Arbeit und ist nicht unterbeschäftigt. Nach umfangreichen Umbauarbeiten und dem Tätigen von hohen Investitionskosten gerät der Unternehmer in eine finanzielle Notlage. Diese Auswirkung schiebt er dem stagnierenden Markt zu. Seine eigenen Entscheidungen stellt er weiterhin nicht in Frage. Nach weiteren mageren Jahren ist er gezwungen, seinen Betrieb zu schließen.

Hätte der Unternehmer seine erste Entscheidung geprüft, den Magazineur einzustellen, hätte er festgestellt, dass er dadurch mehr Kosten verursacht hat als Gewinn erwirtschaftet. Dies hätte auch dazu führen können, das Magazin zu verkleinern oder ganz aufzulassen und projektbezogene Bestellungen direkt an die erforderliche Stelle liefern zu lassen. Ein Magazin bedeutet immer totes Kapital. Je länger Material im Magazin lagert, desto mehr verliert es an Wert; in vielerlei Hinsicht. Die anfänglich gute Idee, ist also nur solange eine gute Idee, solange sie auch zum Erfolg führt.

Das Umsetzen einer Innovation braucht die besten Leute! Oder wie Fredmund Malik es sieht:

„Das Management von Innovation ist vergleichbar mit alpinistischen Erstbesteigungen." (Malik 2006, S. 266)

Mit Innovationen ist es wie mit den ersten Gehversuchen eines Menschen. Zu Beginn wird man einige Male auf den Allerwertesten fallen, doch mit der Zeit und mit ständigen Versuchen wird man die notwendige Balance finden. Das Ziel ist das Gleiche wie beim Neugeborenen: Man möchte auf sicheren Beinen stehen, um sich dann schneller fortbewegen zu können; um beweglicher zu werden.

Jede gute Innovation bereitet bereits die Etablierung der nächsten guten Innovation vor. Wer sich der romantischen Sichtweise hingibt, dass eine Innovation die Lösung für alles bringt, leitet damit seinen Untergang ein.

19.5 Die Gefahr der Veränderung

Bei aller Innovation und Veränderung sollte man jedoch die Gefahr dahinter nicht vergessen. Jede Veränderung erzeugt Unsicherheit. Das gewohnte Terrain wird verlassen und mögliche negative Auswirkungen entstehen manchmal erst, wenn es zu spät ist. Oft liegt das Problem an den von der Innovation betroffenen Menschen. Gerade wenn es um digitale Innovationen geht, eröffnen sich Probleme erst nach deren Etablierung. Der Businessplan war zwar lückenlos durchdacht, doch die sozialen Aspekte werfen alles über den Haufen. Menschen sind unberechenbar. Das zeigt sich immer wieder. Insbesondere wenn es um Veränderung geht. Meist sagen sie zu allem Ja, doch wenn die Situation eintritt, wehren sie sich dagegen.

Meiner Meinung nach werden die sozialen Aspekte bei Veränderungen in der Organisation zu selten oder gar nicht berücksichtigt. Beispiele dazu finden sich in großer Menge.

Daher macht es Sinn, sich in die Lage der jeweiligen Menschen zu versetzen, wenn es schon unmöglich ist, mit jedem einzelnen persönlich zu sprechen. Man fragt sich oft, was sich Führungskräfte dabei denken, wenn sie in Fernsehshows auftreten, als Mitarbeiter verkleidet einen Tag mitarbeiten und dann plötzlich erkennen, wie es den Menschen in ihren Positionen geht; meist werden dann noch organisatorische Dinge geändert, die teils große Auswirkungen haben. Wie haben diese Führungskräfte davor entschieden? Ist es nicht armselig, nicht über seine Mitarbeiter Bescheid zu wissen und an einem einzelnen Tag Missstände aufzudecken, die seit Jahren bestehen? Für mich sind das öffentliche Armutszeugnisse über gescheiterte Managemententscheidungen.

Doch auch wenn Gefahr in der Umsetzung besteht, sollte man Kreativität und Veränderung zulassen, denn der Kunde richtet sich immer nach der besten Lösung.

Literatur

Haas Edersheim, E. (2007). *Peter F. Drucker: Alles über Management.* Heidelberg: Redline.
Malik, F. (2006). *Führen, Leisten, Leben.* Frankfurt a. M.: Campus.
Sprenger, R. (2018). *Radikal Digital: Weil der Mensch den Unterschied macht – 111 Führungsrezepte.* München: Deutsche Verlagsanstalt.

20

Stärken und Fortbildung

„Man muß die natürliche Fähigkeit jedes Individuums soweit ausbilden als man kann; fremde Anlagen und Talente aber ihm einimpfen zu wollen, wäre nur vergebliche Arbeit; denn alles was man dergestalt aufkleisterte, würde ihm doch immer verkehrt anstehen, und jederzeit ein affektiertes gezwungenes Ansehen behalten.“

(Locke 1920, E-Book Pos. 866)

Zusammenfassung Dieses Kapitel ist eines der wichtigsten des Buches. Es behandelt das Erkennen und Nutzen von Stärken sowie eine darauf abgestimmte sinnvolle Ausbildung von Mitarbeitern. Die Führungskraft findet nützliche Anwendungen sowie neue Ideen, wie zukünftig mit Mitarbeitern in Bezug auf deren Stärken umgegangen werden kann.

20.1 Spezialisten oder Allrounder

Je nach Anwendungsbereich wird man Spezialisten oder Allrounder benötigen. Als Spezialisten bezeichne ich hier Menschen, die gerne ins Detail gehen und sich lieber einer Sache zuwenden als vielen. Wobei

© Springer Fachmedien Wiesbaden GmbH, ein Teil von Springer Nature 2020
P. Hennerfeind et al., *Soziale Aspekte der Führung*,
https://doi.org/10.1007/978-3-658-29510-3_20

langfristig gesehen jede Stelle mit einem Experten seines Faches belegt sein sollte; was sich keinesfalls nur auf fachliche Kompetenz beschränkt.

Fragen
- Legt man Wert auf Quantität oder Qualität?
- Will man alles abdecken oder der Beste in einem Bereich sein?

Die Eigenschaften eines Menschen auszublenden oder nicht zu beachten, widerspricht dem Zugang, die Stärken zu stärken und so Experten zu schaffen; Alles zu lernen fördert lediglich den Durchschnitt und führt zu durchschnittlichen Leistungen; und wie John Locke in seinem Zitat schon trefflich formuliert hat, schadet es der eigenen Authentizität.

Aber wie erkennt man Stärken?
In den meisten Fällen wissen Menschen eher über ihre Schwächen Bescheid. Und da bereits in der Schule eher kritisiert als gelobt wird, ist man Zeit seines jungen Lebens damit beschäftigt, Schwächen auszumerzen. Doch liegt genau in den Stärken die große Chance erfolgreich zu sein. Berühmte Menschen sind stets wegen ihrer Stärken berühmt, obwohl sie meist mehr Schwächen als Stärken haben; wie man an vielen tragischen Beispielen berühmter Musiker oder Schauspieler sehen kann. Wenn man sich seiner Stärken bewusst wird, eröffnet man sich den Weg zum Erfolg.

Für die Führungskraft bedeutet das, sich ihrer eigenen Stärken und der Stärken ihrer Mitarbeiter bewusst zu werden, um gemeinsam das beste Ergebnis zu erzielen. Richtig eingesetzte Menschen sind wesentlich effektiver, als fleißige, die am falschen Platz sitzen.

Wie Peter Drucker sagt, liegt die Kunst darin, gewöhnliche Menschen ungewöhnliche Leistungen vollbringen zu lassen. (Haas Edersheim 2007, S. 189)

Es macht einen Unterschied geradewegs loszulegen oder sich zu bemühen, keine Fehler zu machen. Zudem müssen Menschen, die auf ihre Stärken bauen, nicht motiviert werden; sie motivieren sich selbst durch ihre Erfolge. Dementgegen demotiviert es, wenn man nur auf seine Schwächen konzentriert ist.

Die Aufgabe von Management ist es, Menschen so zu nehmen, wie sie sind, ihre Stärken herauszufinden und ihnen durch entsprechende Gestaltung ihrer Aufgaben die Möglichkeit zu geben, dort tätig zu werden, wo sie mit ihren Stärken eine Leistung erbringen und Ergebnisse erzielen können. Alles andere lässt sich weder moralisch noch ökonomisch rechtfertigen. (Malik 2006, S. 130)

Betrachtet man die Herangehensweise vieler Unternehmen und deren Führungskräften, so erkennt man, dass sie Menschen dort einsetzen, wo sie die wenigsten Schwächen zeigen; was keinesfalls bedeutet, dass sie dort ihre Stärken zeigen. Sie haben lediglich gelernt, wenige Fehler zu machen; doch ihr volles Potenzial spielen sie nicht aus.

20.2 Stärkenermittlung

„Nihil invitâ Minervâ – Nichts gegen den Willen der Minerva, d. h. tue nichts, wozu du keine Anlage hast." (Locke 1920, E-Book Pos. 2741)

Um als Führungskraft die Stärken eines Menschen zu ermitteln, gibt es unterschiedliche Methoden. Von vorgefertigten Potenzialeinschätzungsmethoden bis hin zu intuitiven Einschätzungen. Sie alle haben eines gemeinsam: Man macht sich über den einzuschätzenden Menschen Gedanken. Man nimmt sich die Zeit, um über Leistungen, Erfahrungen und Wesensmerkmale nachzudenken. Daher sind alle Methoden bis zu einem gewissen Grad sinnvoll.

Um jedoch ein plausibles Ergebnis zu bekommen, reicht es nicht aus, wenn sich nur eine Person darüber Gedanken macht. Die Einschätzung sollte immer vom Betroffenen und von der Führungskraft vorgenommen werden. Somit können eventuelle Differenzen ausgemacht werden. Sie dienen dem gegenseitigen Verständnis. Der Mitarbeiter, sowie die Führungskraft haben damit die Möglichkeit zu erklären, woher die Differenzen kommen und warum man das eine oder andere anders sieht. Wichtig ist, bei den Stärken zu bleiben und nicht über Schwächen zu diskutieren.

Meist zeigen sich Stärken im privaten Umfeld. Fällt der Erwartungsdruck weg, sind Menschen zu herausragenden Leistungen fähig.

Beispiel

Ein ehemaliger Kollege war im Berufsalltag ständig überfordert. Er traf ungern Entscheidungen und fühlte sich keiner Aufgabe gewachsen. Wenn eine Herausforderung auf ihn zukam, versuchte er stets, sie an jemand anderen weiterzugeben. Gelang ihm das nicht, wurde er krank. Privat jedoch war er aus einem ganz anderen Holz geschnitzt: Er suchte die Gefahr. Neben Wildwasserrafting, Klettertouren und Abenteuerurlauben, ging er regelmäßig zum Bungee–Jumping. Keine Spur von Angst oder Überforderung. Warum war er im Berufsalltag so anders gepolt? Es lag an seinem Vorgesetzten. Der selbst unsichere Vorgesetzte kritisierte ihn ständig. Alles was er leistete war zu wenig und nicht gut genug. Er gab ihm ständig das Gefühl, minderwertig zu sein. Zudem betraute er ihn immer mit neuen Aufgaben in Bereichen, in denen er noch keine Erfahrung hatte. Er schürte also ständig seine Unsicherheit. Im jährlichen Mitarbeitergespräch ging es in derselben Tonart weiter. Dort wurden ihm seine Schwächen und Misserfolge noch einmal vor Augen geführt.

Dabei hätte es ganz anders laufen können: Der Vorgesetzte hätte seine Stärken erkennen und ihn unterstützen können. Wahrscheinlich wäre aus ihm ein selbstsicherer Experte geworden, der sich jeder Aufgabe gestellt und sie erfolgreich abgeschlossen hätte.

Fazit

- Nehmen Sie sich Zeit für Ihre Mitarbeiter.
- Beobachten Sie sie in heiklen Situationen.
- Interessieren Sie sich für ihr Privatleben und ihre Hobbys.
- Stellen Sie sie vor unterschiedliche Herausforderungen, um so ihre Stärken zu erkennen.
- Befassen Sie sich nicht mit Schwächen, sondern suchen Sie nach Stärken und bringen Sie sie in Zusammenhang mit dem übertragenen Aufgabengebiet.
- Helfen Sie ihren Mitarbeitern, sich nicht mit Schwächen, sondern mit Stärken zu befassen.
- Tun Sie das nicht nur einmal im Jahr beim Mitarbeitergespräch, sondern ständig.
- Motivieren Sie ihre Mitarbeiter, sich an ihre Jugendzeit zu erinnern. Was war damals wichtig? Welche Berufe oder Tätigkeiten wollten sie

später einmal ausführen? Welche Stärken verbergen sich dahinter? Wenn mein Traum als Kind z. B. der war, ein Astronaut zu werden, bin ich an Neuem interessiert, an Aufgaben, die zuvor noch niemandem gestellt wurden; aber auch an komplexer Technik. Ich möchte mich mit Details auseinandersetzen. Wenn es mein Traum war Bundeskanzler zu werden, achte ich auf andere Menschen, suche deren Kontakt, bin gern in Konversation und überblicke die Dinge eher als sie genau zu untersuchen. Ich strebe nach einer Machtposition und treffe Entscheidungen.

* Man sieht, dass jeder Traum eine Richtung aufweist. Lebt und arbeitet man nach dieser Richtung?

20.3 Gezielte Fortbildung im Sinne des Mitarbeiters und des Unternehmens

Um eine sinnvolle Fortbildung gewährleisten zu können, bedarf es einer Leistungsbeurteilung und einer Stärkenanalyse. Üblicherweise wird die Leistungsbeurteilung einmal im Jahr in Form eines Mitarbeitergesprächs erledigt. In vorgefertigten Formularen werden stets dieselben Fragen abgearbeitet. Wahrscheinlich um überforderte Führungskräfte zu entlasten und sie nicht ihrem Urteilsvermögen zu überlassen. Denn meist empfinden Führungskräfte, zumindest wie ich es erlebt habe, solche Mitarbeitergespräche als mühsam und unnötig. Sie stehlen ihnen ihre wertvolle Zeit, in der sie sich nicht um ihre Mitarbeiter kümmern müssen.

Sie finden, ich male zu schwarz?

Fragt man Seminarteilnehmer warum sie teilnehmen, hört man, weil sie von ihrer Firma entsandt wurden, weil es ihnen aufgetragen wurde. Die wenigen Interessierten, die aus freien Stücken teilnehmen, erkennt man schnell. Sie stellen Fragen und sind meist verantwortlich für verzögerte Pausen.

Fragen

- Wie oft haben Sie Fortbildungsmaßnahmen selbst entschieden und wie oft wurden sie Ihnen aufgetragen?
- Wie oft ging es dabei um Themen, über die Sie bereits gut Bescheid wussten?

Fortbildung im Sinne eines Unternehmens zielt meist auf die Minimierung von Schwächen ab. Das hängt wahrscheinlich an den vorgefertigten Formularen der Mitarbeitergespräche, wo in den seltensten Fällen gemeinsame Erfolge besprochen werden. Meist geht es um begangene Fehler und wie man gegensteuern kann. Ich nehme mich selbst manchmal an der Nase, wenn ich darüber nachdenke, wie ich fehlerhaftes Verhalten von Mitarbeitern korrigieren kann. Ich denke nicht an deren Stärken, sondern versuche ebenfalls ihre Schwächen auszumerzen. Es mag daran liegen, dass man öfter mit Schwächen und Fehlern konfrontiert wird, da die Arbeiten die gelingen nicht besprochen werden. Von einem Gelingen geht man aus, Scheitern gehört nicht in unser Erfolgsdenken.

Wie soll nun ein sinnhaftes Mitarbeitergespräch aussehen?
Es soll meiner Meinung nach nicht einmal im Jahr, sondern mindestens einmal im Monat stattfinden; und zwar ohne vorgefertigtes Formular. Ein leeres Blatt Papier reicht vollkommen aus. Beim gemeinsamen Revuepassieren-lassen, sollten die Erfolge besprochen werden, und warum die Aufgaben gut funktioniert haben. Daraus lassen sich Stärken oder Tendenzen zu Stärken ableiten, die wiederum für Fortbildungsmaßnahmen herangezogen werden. Meiner Meinung nach sollte der Mitarbeiter drei Fortbildungsmaßnahmen vorschlagen, von welchen sich die Führungskraft die geeignetste aussucht. Um Geld sollte es in solchen Gesprächen nie gehen. Dafür macht man einen eigenen Termin.

Die Führungskraft wird nicht immer die Möglichkeit haben, jeden Mitarbeiter nach seinen Stärken weiterzubilden. Der Wertschöpfungsprozess gibt die erforderlichen Tätigkeiten vor. Manchmal muss man eben mit durchschnittlicher Leistung leben, aber langfristig gesehen, setzt man einen Menschen nicht dort ein, wo er seine Schwächen hat. Langfristig gesehen stellt man sein Team so auf, dass alle erforderlichen Bereiche mit Experten abgedeckt sind, denen ihre Aufgaben leichtfallen.

Während eines Mitarbeitergespräches darf sich die Führungskraft auf ihre Menschenkenntnis verlassen. Darüber wird ständig diskutiert. Ist Menschenkenntnis etwas Esoterisches? Braucht man dazu höheres Wissen oder Verständnis? Keineswegs! Menschenkenntnis ist das Zusammenführen von genauer Beobachtung, Erfahrung im Umgang mit Menschen und dem Interesse an Menschen. Das Besondere liegt an der Analyse und Auswertung der empfangenen Wesensmerkmale, an der Erkenntnis daraus und wenn man es so bezeichnen will: am Ergebnis und an der Übereinstimmung mit der tatsächlichen Wesensart. Ohne einen Vergleich zu führen mit Erfahrungswerten im Umgang mit Menschen und der Beobachtung ist Menschenkenntnis reine Hypothese.

Was ich grundsätzlich verneine, sind psychologische Tricks, um diverse Regungen und geglaubte Verhaltensweisen zu erkennen. Wer nicht ehrlich und transparent mit seinen Mitarbeitern umgeht, wird deren Verhalten auch nicht mit psychologischen Taschenspielertricks hervorlocken.

Wie geht man mit Menschen um, die sich nicht bewerten lassen wollen?
Zum einen versucht man herauszufinden, was die Bewertung auslöst? Dahinter könnten mehrere Faktoren stecken: Scham, Unsicherheit, Angst, Zorn, Minderwertigkeit …

Ist der Faktor bekannt, zeigt sich auch der Grund dafür. Man darf von vornherein nicht davon ausgehen, dass es ein ausschließlich persönlicher Grund ist. Man kann auch bei näherer Betrachtung auf Machenschaften anderer Mitarbeiter, Mobbing oder ähnliche schädliche Faktoren kommen. Sich nicht bewerten lassen zu wollen, weist immer auf einen Missstand hin.

Literatur

Haas Edersheim, E. (2007). *Peter F. Drucker: Alles über Management.* Heidelberg: Redline.
Locke, J. (1920). *Gedanken über Erziehung.* Leipzig: Reclam.
Malik, F. (2006). *Führen, Leisten, Leben.* Frankfurt a. M.: Campus.

21

Stress und Burnout

„Wenn man beginnt, seinem Passfoto ähnlich zu sehen, solle man in den Urlaub fahren."

(Ephraim Kishon)

Zusammenfassung Die Themen Stress und Burnout sind in aller Munde. Aber was genau versteht man eigentlich unter diesen Begriffen? Und ab wann wird es ungesund? In diesem Kapitel gehen wir dem Stress auf den Grund. Wir stellen die sogenannten „Stressverstärker" vor, im Gegenzug jedoch auch die dazugehörigen „Erlauber", mit denen man dagegenwirken kann.

Wenn alles zu viel wird und man nur mehr hinterherläuft, bekommt man schnell das Gefühl, die Kontrolle zu verlieren – man fühlt sich ohnmächtig. Da man sich selbst als letztes anzweifelt, sucht man nach Gründen in der näheren Umgebung. Meist finden sich solche Gründe. „Weil der und der, dies und das nicht tut, kann ich dies und jenes nicht erledigen." Man fühlt sich machtlos und wird bewegt. Wenn man der Bewegung nicht mehr standhält, folgt die Resignation. Ab diesem Zeitpunkt macht man sich selbst für alles verantwortlich. Der nächste Schritt ist Stagnation.

© Springer Fachmedien Wiesbaden GmbH, ein Teil von Springer Nature 2020 **207**
P. Hennerfeind et al., *Soziale Aspekte der Führung*,
https://doi.org/10.1007/978-3-658-29510-3_21

Meist ein Zeichen für Burn-out. Hätte man bereits in der ersten Phase gegengesteuert, wäre es nie zum Burn-out gekommen.

Bodo Janssen beschreibt das als Opferrolle, aus der man raus muss. Weiter sagt er, dass Menschen an einer Krise zerbrechen, weil sie an der Vorstellung von sich selbst und ihrem Leben festhalten. (Janssen und Grün 2017 S. 67)

Eine Krise beschreibt ein außergewöhnliches Geschehnis, das mein Leben in seiner jetzigen Art und Weise bedroht. Egal ob das privat oder beruflich passiert. Die Art, wie ich mein Leben lebe, kommt jedoch auch nicht von irgendwo. Sie entstammt meinen Erfahrungen, meinem Wissen, meiner Art, meinen Eigenschaften. Sie hat sich als überlebensfähig etabliert. Umso grausamer ist die Erkenntnis, dass sie in der Krise nicht mehr funktionieren soll. Ist sie doch alles, was ich für gut empfinde.

Kein Wunder, dass sich Menschen schwertun, wenn von ihnen verlangt wird, sich zu ändern. Bei jedem Schritt greift man automatisch auf Gelerntes oder Erlebtes zurück. Alles zu ändern, bringt zudem neue Unsicherheit. Und dass, obwohl man bereits zutiefst verunsichert ist. Es spricht sich leicht, von Veränderung zu reden, wenn man nicht selbst dazu angehalten ist. Und doch ist es die einzige Möglichkeit, neue Sicherheit zu finden; sich zu stabilisieren.

Die Führungskraft sollte also wachsam werden, wenn Mitarbeiter aufhören, selbst zu entscheiden. Das ist meist der Beginn der Überforderung. Und ich spreche nicht nur von beruflichen Entscheidungen. Erkennt man schwindende Entscheidungskraft, sollte man sofort handeln. Im beruflichen Alltag kann das auch am Fehlen von Sinnhaftigkeit liegen. Tätigkeiten zu tun, deren Sinnhaftigkeit man nicht versteht, erzeugt Widerwille. Wenn aus welchen Gründen auch immer, dieser Widerwille gebrochen wird, kommt man in die Phase des Bewegtwerdens.

„Man erkrankt an ineffizienter, sinn- und ergebnisloser Arbeit." (Malik 2006, S. 316)

Sinn entspricht einer Vorstellung oder einem inneren Bild, vielleicht auch einer Vision, die man verfolgt.

Anselm Grün sieht Burn-out folgendermaßen:

„Die Ermüdung – Burn-Out – ist oft ein Zeichen, dass jemand gegen seine inneren Bilder lebt." (Janssen und Grün 2017, S. 30)

Ein durchaus interessanter Ansatz: In Gedanken sitze ich vor einer Almhütte mit Schafen, rauche Pfeife und genieße die Ruhe. Im wirklichen Leben sitze ich jeden Tag in einem Großraumbüro mit 50 anderen Menschen und ärgere mich über die Rücksichtslosigkeit und den Lärm. Wenn ich da nicht zumindest an den Wochenenden meinen inneren Bildern folge, staut sich Frust an. Viele Menschen, die unter Stress leiden, erlauben sich nicht das zu tun. Sie unterwerfen sich auch in ihrer Freizeit dem gesellschaftlichen Druck und leben auch dort gegen ihre inneren Bilder. Wahrscheinlich kennen die meisten ihre inneren Bilder nicht einmal. Menschen mit Depressionen klagen oft darüber, an nichts Interesse zu haben. Es scheint, als würden sie sich innerlich die Freude verbieten, etwas für sie Wünschenswertes zu tun.

Ein anderer Grund könnte mehr sachlicher Natur sein. Das Scheitern an hochkomplexen Systemen kann am Vermeiden einfacher Prinzipien liegen. Oder umgekehrt beschrieben von Fredmund Malik:

„… hochkomplexe Systeme können aus der Befolgung sehr einfacher Prinzipien resultieren." (Malik 2006, S. 79)

Es fehlt also die richtige Herangehensweise oder die geregelte Ordnung von Tätigkeiten; das Setzen von Prioritäten. Und dabei geht es nicht immer nur darum, eines nach dem anderen zu tun.

Vielmehr stellt sich die Frage: „Welche Tätigkeit birgt das höchste Risiko?"
Denn wenn man in eine Krise schlittert, erhöht sich das Risiko. Daher hilft es, die risikobehafteten Angelegenheiten als erstes zu erledigen, um sich so ein Gefühl der Sicherheit zu schaffen.

Ein weiteres Phänomen ist die Flucht aus der Verantwortung, weil man Angst vor dem Ergebnis hat; und das, obwohl man das Ergebnis nicht kennt. Durch die Flucht jedoch kommt es zu keinem Ergebnis. Somit gibt es keine Möglichkeit das Selbstbewusstsein zu stärken, und die Überwindung, Verantwortung zu übernehmen, wird noch größer.

Ein Teufelskreis, der die Selbstachtung untergräbt. Durch das zurückgebliebene Gefühl wird man immer wieder in seinen Befürchtungen bestärkt, bis die Angst sich in körperlichen Symptomen widerspiegelt. Man erkrankt ohne reale Gefahr, die sich nur aus Gedanken formt.

Doch wie entsteht diese Angst vor dem Ergebnis, die dann zur Flucht aus der Verantwortung führt? Wann habe ich Angst vor einem Ergebnis? Wenn ich mich unsicher fühle, weil ich mit der vor mir liegenden Aufgabe überfordert bin. Und diese Überforderung kommt meist aus mangelnder Transparenz zu mir und meinen Mitmenschen. Wenn ich mir selbst ehrlich eingestehe, die Aufgabe aus diesem und jenen Grund nicht zu schaffen und das ehrlich kommuniziere, findet sich immer eine Lösung. Meist steht uns unser Ego dabei im Weg. Wir vergessen gerne, dass wir nicht allmächtig sind und es nur menschlich ist, Schwächen zu haben und sie zuzugeben. Vielleicht erleidet man dadurch einen kleinen Rückfall, aber langfristig gesehen, schützt es vor größeren Problemen.

Fazit

Zusammengeführt sprechen wir über mangelnde Sinnhaftigkeit, dem zwanghaften Festhalten der eigenen Werte und des eigenen Lebens in einer Krise, dem Nichtbeachten der inneren Bilder, dem Vermeiden einfacher Prinzipien, dem Nichtsetzen von Prioritäten und der fehlenden Transparenz zu sich selbst und anderen. Freilich lösen auch Schicksalsschläge oder Krankheiten Depressionen aus. Betrachtet man jedoch die Herangehensweise solcher Menschen, erkennt man die oben beschriebenen Faktoren. Der Schicksalsschlag oder die Krankheit geben dann bloß noch den Ausschlag für die Depression. Bei Burnout handelt es sich also um ein komplexes Zusammenspiel vieler Faktoren, die sich meist über Jahre hinweg entwickeln. Der berufliche Anteil kann groß sein, aber auch gar keinen Einfluss haben. Daher ist es für die Führungskraft schwierig, das Problem lösen zu wollen. Eigentlich kann man als Führungskraft nur wachsam sein, um frühzeitige Auswirkungen von Burnout zu erkennen und mit dem Mitarbeiter darüber zu sprechen.

21.1   Was bedeutet Stress?

Nahezu alle Menschen kennen aus eigener Erfahrung berufliche oder private Situationen, in denen man sich überfordert oder überlastet fühlt und dabei gereizt, hektisch oder nervös reagiert. Man befindet sich im Stress und damit in einem Zustand, in dem das Gleichgewicht zwischen Anspannung und Entspannung, Aktivität und Ruhe, Belastung und Erholung gestört ist.

Der Stressbegriff ist seit mehr als 40 Jahren anhaltend populär, wie kaum ein anderer Begriff aus den Humanwissenschaften. Vom Stress am Arbeitsplatz, in der Schule und im Kindergarten über den Leistungs-, Beziehungs- und Freizeitstress, bis hin zum Stress im Krankenhaus, im Straßenverkehr und auch im Urlaub – es gibt kaum einen Bereich des alltäglichen Lebens, der nicht mit diesem Begriff assoziiert wird.

Der Begriff „Stress" wurde 1936 vom Mediziner Hans Selye geprägt. Er übertrug den Begriff aus der physikalischen Werkstofftechnik auf die Belastung von Organismen und Menschen. Mit Stress ist jener Zustand gemeint, in dem man sich hohen Belastungen und Störungen (z. B. hoher Lärmpegel, große Verkehrsdichte oder Arbeitsüberlastung) ausgesetzt sieht, und sich in einem angespannten Zustand befindet, der mit Gefühlen von Ärger, Angst, Aggressivität, Hilflosigkeit, usw. verbunden ist. Das führt zu einer Überforderung der psychischen und/oder physischen Anpassungskapazitäten.

Allerdings wird Stress oft zu einseitig als ein „äußeres Übel" (miss-) verstanden, dem der einzelne Mensch gewissermaßen wie ein hilfloses Opfer ausgesetzt ist. Auch kann der Hinweis „Ich bin im Stress!" dazu dienen, eigenes Fehlverhalten sich selbst und anderen gegenüber zu entschuldigen. Damit kann man einer kritischen Auseinandersetzung mit sich und anderen aus dem Wege gehen. Nicht selten mischt sich in die Klage über zu viel Stress auch ein Unterton von Stolz mit ein. Hier wird Stress zu einem Zeichen der Wichtigkeit und Bedeutsamkeit der eigenen Person, zu einem Statussymbol, das Anerkennung von anderen verspricht.

Die Stressbewertung im Gehirn

Das transaktionale Stressmodell von Lazarus beschreibt kognitive Bewertungsprozesse von Situationen, die eben erst durch diese Bewertung zu Stresssituationen werden. Transaktional steht in dem Fall für die Transaktion zwischen Person und Situation. Die Person bewertet die (Stress-) Situation selten bewusst und willentlich, sondern meist automatisiert und abhängig von den bisherigen Erfahrungen. Die meisten Menschen haben körperliche Stressreaktionen (Herzklopfen, Schwitzen, Muskelanspannungen, Angst, etc.) bereits selbst erlebt: Sie werden durch bestimmte Ereignisse und Situationen schnell, geradezu reflexhaft, ausgelöst. Da bleibt keine Zeit für kognitive Abwägungen, Einschätzungen und Entscheidungen. (Lazarus und Launier 1981)

Diese erfolgen dann erst in einem zweiten Schritt und klären gewissermaßen im Nachhinein, ob die Alarmreaktion überhaupt gerechtfertigt war.

Auch wenn emotionale und körperliche Stressreaktionen gewissermaßen den Kognitionen vorauseilen, so sind sie doch einer bewussten Reflexion zugänglich. Durch eine Umbewertung werden Stress situationen allmählich veränderbar. Dies gelingt quasi durch das Zuschalten des präfrontalen Cortex im Stirnlappen, in dem unsere bewussten Gedanken und Verknüpfungen stattfinden. (Obermaier und Täuber 2016)

Stressbewältigung durch Achtsamkeit (MBSR)

Ein weiterer Schritt auf diesem Wege besteht in der Entwicklung einer Haltung der inneren Achtsamkeit: MBSR – die Mindfulness-Based-Stress-Reduction – wurde von Professor Kabat-Zinn entwickelt. Gemeint ist eine Haltung, in der die automatisch ablaufenden emotionalen und körperlichen Reaktionen einfach nur beobachtet werden, ohne Wertung und ohne Veränderungsabsicht. Seine Methode wurde vielfach untersucht und die positive Wirkung auf Gesundheit und Stressbewältigung in einer Metaanalyse durch Grossmann wissenschaftlich nachgewiesen. (Grossmann et al. 2004)

Es geht darum, einen inneren Ort zu schaffen, der in das aktuelle Stressgeschehen nicht involviert ist, sondern von dem aus es mit Distanz betrachtet werden kann. Im Rahmen von Stressbewältigungsprogrammen werden die Teilnehmer mit Hilfe von verschiedenen Übungen angeleitet, Body Scans durchzuführen und sich systematisch selbst zu beobachten. Dabei wird die Entwicklung einer solchen Haltung der inneren Achtsamkeit angestrebt. (Lehrhaupt und Meibert 2010)

Möglichkeiten der kognitiven Stressbewältigung

• Überprüfen Sie perfektionistische Leistungsansprüche kritisch und lernen Sie eigene Leistungsgrenzen zu akzeptieren.
• Sehen Sie Schwierigkeiten nicht als Bedrohung, sondern als Herausforderung.
• Versuchen Sie sich mit alltäglichen Aufgaben weniger persönlich zu identifizieren, sondern mehr innere Distanz zu wahren.
• Verlieren Sie sich nicht im alltäglichen Kleinkrieg, sondern bewahren Sie den Blick für das Wesentliche, also für das, was Ihnen wirklich wichtig ist.
• Machen Sie sich Positives, Erfreuliches, Gelungenes bewusst und versuchen Sie dafür Dankbarkeit zu empfinden.
• Halten Sie nicht an unangenehmen Gefühlen von Verletzung oder Ärger fest, sondern lassen Sie los und lernen Sie zu vergeben.
• Versuchen Sie weniger feste Vorstellungen und Erwartungen an andere zu haben und die Realität zu akzeptieren. (Kaluza 2004, S. 216)

21.2 Stressverstärker und innere Antreiber

Das Modell der Stressverstärker – oder auch innere Antreiber genannt – kommt ursprünglich aus der Transaktionsanalyse, eine psychologische Theorie zur menschlichen Persönlichkeitsstruktur und wurde 1974 von Kahler weiterentwickelt. (Kahler und Capers 1974)

Unter Stressverstärker oder innere Antreiber versteht man Anforderungen an sich selbst, die zu erfüllen sind, um sich „ok" zu fühlen. Meist handelt es sich dabei um Eltern-Botschaften aus der Kindheit. Für Kinder haben diese Gebote einen Absolutheitscharakter, da eine Nichteinhaltung den Verlust an Liebe bedeuten würde. Deshalb erscheint es auch so wichtig, diese Forderungen zu erfüllen.

Erst im Erwachsenenalter haben wir die Möglichkeit zu erkennen, dass es Alternativen zu den elterlichen Geboten gibt. Zu diesem Zeitpunkt haben wir jedoch die Botschaften meist schon im Unterbewusstsein verankert. Ähnlich wie bei anderen gelernten Glaubenssätzen über uns selbst, versuchen wir daher auch als Erwachsene, wie aus einem inneren Zwang heraus, stets diese einst ausgesprochenen Gebote zu erfüllen, ohne deren Sinnhaftigkeit in Frage zu stellen.

Gibt es laut dem Psychologen Taibi Kahler (1974), fünf Stressverstärker, so hat der Gesundheitspsychologe Gert Kaluza 1991 noch zwei weitere Antreiber hinzugefügt („Sei vorsichtig" & „Ich kann nicht"). Wir wollen Ihnen hier diese Stressverstärker vorstellen. (Kahler und Capers 1974), (Kaluza 2004, S. 74 ff.)

Sei perfekt!

Personen, die von diesem Antreiber gesteuert werden, investieren viel Zeit in Details – Genauigkeit steht mit diesem Antreiber an erster Stelle. Es besteht ein überhöhter Wunsch nach Leistung, Erfolg und absoluter Qualität. Dieses hohe Maß an Qualität erwarten Menschen mit diesem Antreiber nicht nur von sich selbst, sondern auch von anderen – deshalb erledigen sie die Dinge oft lieber selbst und delegieren nicht. Da eine ausgeprägte Angst vor Fehlern und Versagen herrscht, wird die getane Arbeit häufig kontrolliert.

Der Antreiber „Sei perfekt" kann in folgenden Führungssituationen problematisch werden:

* Es ist kein klares Ziel vorhanden.
* Ein Termin wird vorverlegt, und dadurch bleibt keine Zeit mehr für Qualitätskontrolle.
* Heikle Aufgaben müssen aufgrund hoher Leistungsanforderungen an Mitarbeiter abgegeben werden.
* Es wurde ein Fehler bemerkt – unabhängig ob bei einem selbst oder bei einem Mitarbeiter.

Sei stark!

Personen, die diesem Stressverstärker folgen, zeigen keine Schwächen. Sie erledigen alles selbst und zeigen dabei kaum Emotionen, weder positive, noch negative. Bei Menschen mit diesem Antreiber steckt der überhöhte Wunsch nach Autonomie und Selbstbestimmtheit dahinter. Sie sind meist Einzelgänger und können auf andere unflexibel wirken. Sie sind oft hart zu sich selbst und anderen gegenüber, fordern keine Unterstützung, und selbst bei angebotener Hilfe danken sie höflich ab. Hingegen zeichnen sich eben jene Personen durch ein hohes Durchsetzungsvermögen und eine hohe Belastbarkeit aus.

Der Antreiber „Sei stark" kann in folgenden Führungssituationen problematisch werden:

* In einer Notlage, wenn es ohne fremde Hilfe nicht mehr machbar ist.
* Wenn Team Work gefragt ist.
* Wenn Empathie gegenüber Mitarbeitern gefragt ist.
* Bei konstruktivem Feedback von außen, wenn das eigene Reflexionspotenzial gefragt ist.

Sei gefällig!
Personen mit dem Sei gefällig Antreiber wollen gemocht werden. Daher sagen sie selten Nein und gehen Konflikten unbedingt aus dem Weg, auch wenn sie dafür zu viel versprechen müssen. Sie wollen es allen recht machen und bleiben in der Kommunikation stets freundlich. Mit diesem Antreiber besteht der überhöhte Wunsch nach Zugehörigkeit und Angenommen sein. Die Stärke dieses Antreibers ist das Fördern einer guten Stimmung im Team sowie ein entsprechendes Einfühlungsvermögen.

Der Antreiber „Sei gefällig" kann in folgenden Führungssituationen problematisch werden:

* Beschwerden und Kritik, diese können nur persönlich genommen werden.
* Bei Zurückweisung und Ausgrenzung durch das Team, die Führungsrolle kann hier schwer als „nicht zugehörig zum Team" akzeptiert werden.
* Streit und Unruhe im Team.
* Es muss eine Kündigung ausgesprochen werden.

Mach schnell!

Dieser Antreiber verleitet zu Schnellschüssen. Bevor man überhaupt noch das Ziel vor Augen hat, wird schon mal losgelegt. Nur keine Zeit verlieren! Eine Person mit diesem Antreiber ist stets unter Zeitdruck, lässt auch anderen wenig Zeit, plant keine Pufferzeiten ein und hat oft viele Bälle gleichzeitig in der Luft. Es geht also darum, möglichst viel und mehrere Aufgaben gleichzeitig zu erledigen – hier steht beim Leistungsstreben die Quantität im Vordergrund. Gespräche finden zwischen Tür und Angel statt, wichtige Informationen gehen eventuell verloren. Dieser Antreiber besticht durch eine hohe Flexibilität und schnelle Auffassungsgabe.

Der Antreiber „Mach schnell" kann in folgenden Führungssituationen problematisch werden:

• Die Arbeit des Teams verlangt Detailgenauigkeit und Qualität.
• Es herrscht eine intensive Meeting-Kultur im Unternehmen.
• Der enge Zeitplan kann aufgrund von Zwischenfällen im Team nicht eingehalten werden.
• Ein Mitarbeiter verlangt nach intensivem Austausch.

Streng dich an!

Personen, die diesem Antreiber folgen, investieren viel Zeit und Energie in Ihre Arbeit – das Motiv dahinter ist, zu den Besten zu gehören. Der Erfolg ist oft nebensächlich, er zählt lediglich dann, wenn er mit viel Anstrengung erreicht wurde. Oft wird das eigentliche Ziel aus dem Auge verloren. Diese Menschen zeichnen sich durch eine hohe Begeisterungsfähigkeit und Enthusiasmus aus, und haben immer wieder neue Ideen, ohne Altes beendet zu haben. Sie fordern sich selbst und andere, und sind selten mit dem Getanen von gestern zufrieden, sind also nie „fertig".

Der Antreiber „Streng dich an" kann in folgenden Führungssituationen problematisch werden:

• Ein Erfolg wird im Team schnell und leicht erreicht.
• Eine Aufgabe muss dringend zum Abschluss gebracht werden.
• Es herrscht hohes Arbeitspensum.
• Konkurrenzsituation mit anderen Abteilungen oder Bereichen.

Sei vorsichtig!

Dieser Stressverstärker besteht in einem überhöhten Wunsch nach Sicherheit und Kontrolle. Arbeiten werden nicht abgegeben, aus Angst etwas übersehen oder nicht alles bedacht zu haben. Es besteht Irritation bei Planänderungen und eine ausgeprägte Angst vor Risiken. In der Kommunikation scheuen sich diese Personen oft vor konkreten Aussagen und Entscheidungen, aus Angst, mögliche Risiken zu übersehen. Personen mit diesem Antreiber zeichnen sich durch eine vorausschauende Denkweise und eine strukturierte, geplante Herangehensweise aus.

Der Antreiber „Sei vorsichtig" kann in folgenden Führungssituationen problematisch werden:

- Trotz guter Planung passiert etwas Unvorhergesehenes.
- Chaotische Situationen im Team und jegliche damit verbundene ungeplante Veränderung.
- Prüfungssituationen
- Das Gefühl, etwas nicht „unter Kontrolle" zu haben.

Ich kann nicht!

Personen mit diesem Stressverstärker zeigen passives Verhalten und geben schnell auf. Sie haben den absolut überhöhten Wunsch nach einem bequemen Leben und lieben daher Routine und bleiben stets in ihrer Komfortzone. Es besteht eine ausgeprägte Angst vor Anstrengung und neuen, vor allem unangenehmen Aufgaben, gepaart mit einer geringen Frustrationstoleranz. Sie nehmen gerne Hilfe an und achten stets auf sich und andere.

Der Antreiber „Ich kann nicht" kann in folgenden Führungssituationen problematisch werden:

- Wenn gewisse Aufgaben nicht mehr aufgeschoben oder delegiert werden können.
- Bei Veränderung, die eine potenziellen Gefahr für das eigene Wohlbefinden oder das Wohlbefinden von Mitarbeitern bietet.
- Bei neuen unbekannten Aufgaben, aufgrund von Veränderung in der Struktur des Marktes oder des Unternehmens.

Eventuell haben Sie bereits einen oder mehrere der Stressverstärker bei sich oder anderen erkannt? Im Internet finden sich diverse Tests mit deren Hilfe Sie Ihre inneren Antreiber aufspüren können. Wenn man seine Stressverstärker kennt, hat man stets die Möglichkeit zu überprüfen, ob sie keine zu starke Ausprägung entwickeln und das eigene Verhalten kontrollieren. Denn in einem ausgewogenen Maß sind Stressverstärker durchaus sinnvoll und förderlich: Sie können auch als innere Motivationsfaktoren gesehen werden und uns helfen leistungsfähiger zu werden.

> Wenn wir lernen, mit unseren inneren Antreibern gut umzugehen, können wir sie als Helfer nutzen, anstatt uns zu ihren Sklaven zu machen.

Wie kann man Stressverstärkern entgegenwirken?

Hier kommen die sogenannten Erlauber ins Spiel. Diese haben die Macht das elterliche Gebot und den Absolutheitscharakter aufzuheben. Tab. 21.1 zeigt die möglichen Erlauber zu den jeweiligen Stressverstärkern auf.

Tab. 21.1 Stressverstärker und Erlauber

Stressverstärker	Erlauber
Sei perfekt!	Ich bin so gut, wie ich bin.
	Ein gutes Pferd springt nur so hoch, wie es muss.
Sei stark!	Ich bin offen und drücke meine Wünsche aus.
	Ich darf mir Hilfe holen.
Sei gefällig!	Ich darf Nein sagen.
	Die einen kennen mich, die anderen können mich.
Mach schnell!	Ich nehme mir Zeit.
	Ich darf Pausen machen.
Streng dich an!	Ich tu's und habe Erfolg.
	Ich darf Spaß haben bei der Arbeit.
Sei vorsichtig!	Ich muss nicht alles kontrollieren.
	Um neue Küsten zu entdecken, muss man das Ufer verlassen.
Ich kann nicht!	Ich vertraue auf mich.
	Ich nehme es als Herausforderung an.

21.3 Das Burnout-Syndrom

Wenn Stress zur Krankheit wird, spricht man vom Burnout-Syndrom. Dieses wird in der 2019 überarbeiteten internationalen Klassifikation ICD-11 erstmals als Krankheit angeführt. Bis dahin war Burnout im ICD-10-Katalog nur als Begriff unter „Probleme mit Bezug auf Schwierigkeiten bei der Lebensbewältigung" zu finden.

Das Burnout-Syndrom hat laut ICD-11 drei Dimensionen:

1. Ein Gefühl von Erschöpfung.
2. Eine zunehmende geistige Distanz oder negative Haltung zum eigenen Job.
3. Ein verringertes berufliches Leistungsvermögen.

Sonneck beschreibt Burnout wie folgt:

Es handelt sich um ein **Reaktionssyndrom,** das sich oft über viele Jahre aus spezifischen Arbeitsbedingungen, Aufgaben- und Tätigkeits- sowie Persönlichkeitsmerkmalen als Sonderform einer Problemlösung entwickelt: Das Burnout-Syndrom. (Sonneck et al. 2016, S. 40)

Sonneck beschreibt weiter eine charakteristische Erschöpfung, die von Ohnmacht und Müdigkeit mit einem gleichzeitigen Spannungszustand begleitet wird. Die Stimmung ist zu Beginn für gewöhnlich nicht als depressiv einzuordnen, sondern eher fade, lustlos und leer. Alles ist zu viel und stellt eine zu große Anforderung dar. Auch er sieht die wesentlichen Aspekte des Burnout-Syndroms in der emotionalen Erschöpfung, der Depersonalisierung (also Distanzierung von anderen Menschen und Problemen) und einer Leistungseinbuße. (Sonneck et al. 2016, S. 41)

Freudenberger und North haben die Entwicklung von Burnout in einem zwölfphasigen Zyklus zusammengefasst (Freudenberger und North 1992)

1. **Der Zwang, sich zu beweisen**
   Es beginnt mit einem Leistungswunsch und überhöhten Erwartungen an sich selbst, die zum Leistungszwang werden.

2. **Verstärkter Einsatz**

   Hier herrscht das Gefühl vor, alles selbst machen zu müssen und sich zu beweisen.

3. **Vernachlässigung der eigenen Bedürfnisse**

   Der Wunsch nach Ruhe, Entspannung und sozialen Kontakten tritt mehr und mehr in den Hintergrund. Das Gefühl, diese Bedürfnisse gar nicht zu haben wird deutlicher.

4. **Verdrängung von Konflikten und Bedürfnissen**

   Hier treten bereits Fehlleistungen, wie Unpünktlichkeit, Verwechslung von Terminen, etc. auf.

5. **Umdeutung von Werten**

   Prioritäten verschieben sich, soziale Kontakte und Partnerschaften werden als belastend angesehen. Wichtige Ziele im Leben werden neu bewertet.

6. **Verstärkte Verleumdung der aufgetretenen Probleme**

   Diese ergeben sich aus den bisherigen Reaktionen und dem Verdrängen eigener Bedürfnisse und Konflikte. Die Verdrängung ist in diesem Stadium bereits lebenswichtig, um weiterhin zu funktionieren. Es zeigen sich Ungeduld, Intoleranz und aggressives Verhalten, sowie körperliche Beschwerden.

7. **Rückzug**

   Das soziale Netz, das normalerweise stützt, wird als feindlich und fordernd erlebt. Alkohol, Medikamente und Drogen kommen als Ersatzbefriedigung verstärkt zum Einsatz.

8. **Verhaltensveränderung**

   Da jede Aufmerksamkeit und Zuwendung der Umwelt als Angriff verstanden wird, kann es zu paranoiden Reaktionen kommen.

9. **Verlust des Gefühls für die eigene Persönlichkeit**

   Das Gefühl, nicht mehr man selbst zu sein.

10. **Innere Leere**

    Der Mensch fühlt sich ausgehöhlt, mutlos und leer. Es kann zu Panikattacken und phobischen Zuständen kommen.

11. **Depression**

    Es herrscht Verzweiflung, Erschöpfung und das Gefühl von Abgestorben sein. Suizidgedanken treten spätestens jetzt auf.

12. **Völlige Burnout-Erschöpfung**
Geistige, körperliche und emotionale Erschöpfung
(Sonneck et al. 2016, S. 45 ff.)

> Ab der 6. Phase bedarf es im Normalfall professioneller Hilfe, um diese Entwicklung zu bewältigen!

21.4 Boreout

Vermutlich denken viele Menschen bei Boreout an die Stelle in einem abgelegenen Amt, wo der Mitarbeiter den ganzen Tag lang sitzt und sich fadisiert. Die zwei unwichtigen Aufgaben, die er an einem Tag zu erledigen hat, teilt er sich so ein, dass er zumindest eine am Vormittag und eine am Nachmittag erledigt. Sie nehmen jedoch nur einen kleinen Teil seines Arbeitstages ein. Die restliche Zeit versucht er, sich mit Ablenkungsmanövern einen kleinen Teil seines Interesses zu behalten, um nicht gänzlich im tristen Sumpf der Sinnlosigkeit zu versinken. Für die wenigen Besuche seines Vorgesetzten hat er sich vorbereitet, indem er alte Akten auf seinem Schreibtisch stapelt und Strebsamkeit vortäuscht.

Aber wer hätte gedacht, dass auch in agilen, geschäftigen Unternehmen Boreout auftritt? Wie kann mir langweilig werden, wenn ich in Arbeit untergehe?

Ich habe bereits im Kapitel Kreativität darauf hingewiesen, dass kreative Menschen meist Schwierigkeiten mit sich wiederholenden Aufgaben haben, da sie stets auf der Suche nach Neuem sind. Überhäuft man einen kreativen Menschen nun mit für ihn weniger interessanten Aufgaben, ist er zwar mit der Fülle der Aufgaben überfordert, jedoch mit den Aufgaben selbst unterfordert. Viele Menschen haben Skrupel dies zuzugeben. Sie versuchen ihre Unterforderung mit mengenmäßiger Überforderung auszugleichen – was natürlich nicht gelingt.

Als Führungskraft kann man dem nur entgegenwirken, wenn man die eigentlichen Stärken des betroffenen Mitarbeiters kennt. Ich habe selbst erlebt, wie angegriffen sich solche Menschen fühlen, wenn man ihnen helfen möchte. Sie klammern sich verbissen an ihre viel zu vielen Aufgaben, nur aus Angst Langeweile zu verspüren. Gleichzeitig gehen sie bis an ihre körperlichen Grenzen. Es scheint als wären sie erst beruhigt, wenn sie physisch krank werden. Erst dann können sie akzeptieren, dass sie nicht mehr schaffen.

Würde man ihnen die für sie richtigen Aufgaben stellen, kämen sie nicht in diese Problemzonen. Doch leider ist es nicht so einfach, die richtigen Aufgaben zu finden. Den Menschen ist oft selbst nicht bewusst, welche Aufgaben sie brauchen, um Sinn zu verspüren. Der Ursprung für dieses Verhalten liegt womöglich weit zurück.

Ein weiteres Paradoxon liegt darin, dass trotz der vielen Aufgaben, um nicht unterfordert zu sein, zusätzlicher Frust auftritt, wenn die Aufgaben nicht fristgerecht erledigt werden können. Man fühlt sich also unterfordert und nimmt sich daher zu viel vor, um sich dann wieder schlecht zu fühlen, weil man die Aufgaben nicht erledigen kann.

Als Führungskraft kann man nur versuchen, diese Menschen aus ihrem Sumpf der Verzweiflung zu holen. Mit ehrlicher Anteilnahme und mit Interesse kann man den für sie sinnvollen Tätigkeiten auf die Spur kommen. Am leichtesten und wirkungsvollsten sind Fragen. Zudem fühlt sich der betroffene Mitarbeiter dadurch nicht angegriffen.

Stellt man nun fest, dass der Mitarbeiter vollkommen falsch an seinem Arbeitsplatz ist, da sein wirkliches Interesse ganz anderen Tätigkeiten gilt, sollte man als Führungskraft ehrlich darüber nachdenken, in wie weit man die Situation ändern kann. Finden sich innerhalb des Unternehmens keine Möglichkeiten, macht es keinen Sinn, den Mitarbeiter in gleicher Art und Weise weiterarbeiten zu lassen. Wiederum sollte ein offenes, ehrliches Gespräch folgen, um die Sachlage klar darzulegen.

So schwierig es sein kann, den Mitarbeiter von seinem Problem zu überzeugen, so wichtig ist es. Ein Weiterarbeiten gefährdet nicht nur den Erfolg, sondern in erster Linie den Menschen selbst und die Gruppe, in die er eingegliedert ist. Aufgrund seines Verhaltens, sich zu viel aufzubürden und keinen Sinn in seinen Aufgaben zu finden, bringt er damit den Rest des Teams in Unruhe.

Literatur

Freudenberger, H., & North, G. (1992). *Burn-Out bei Frauen. Über das Gefühl des Ausgebranntseins*. Frankfurt: Fischer Taschenbuch.

Grossmann, P., Niemann, L., Schmidt, S., & Walach, H. (2004). Mindfulness-based stress reduction and health benefits: A meta-analysis. *Journal of Psychosomatic Research, 57*, 35–43.

Janssen, B., & Grün, A. (2017). *Stark in stürmischen Zeiten: Die Kunst, sich selbst und andere zu führen*. München: Ariston.

Kahler, T., & Capers, H. (1974). The Miniscript. *Transactional Analysis Bulletin, 4*, 26–42.

Kaluza, G. (2004). *Stressbewältigung: Trainingsmanual zur psychologischen Gesundheitsförderung*. Berlin: Springer.

Lazarus, R. S., & Launier, R. (1981). Stressbezogene Transaktion zwischen Person und Umwelt. In J. R. Nitsch (Hrsg.), *Stress. Theorien, Untersuchungen, Maßnahmen* (S. 213–259). Bern: Huber.

Lehrhaupt, L., & Meibert, P. (2010). *Stress bewältigen mit Achtsamkeit. Zu innerer Ruhe kommen durch MBSR*. München: Kösel.

Malik, F. (2006). *Führen, Leisten, Leben*. Frankfurt a. M.: Campus.

Obermaier, P., & Täuber, M. (2016). *Gewinner grübeln nicht. Richtiges Denken als Schlüssel zum Erfolg*. Berlin: Goldegg.

Sonneck, G., Kapusta, N., Tomandl, G., & Voracek, M. (2016). *Krisenintervention und Suizidverhütung*. Wien: Facultas Universitätsverlag.

22

Teambildung und Einzelgänger

Zusammenfassung In diesem Kapitel wird das Führen sowohl temporärer Teams, also über Projekt- oder Arbeitsgemeinschaften, als auch langfristiger Teams beschrieben, ergänzt durch wertvolle Tipps. Es gibt jedoch noch weitere Aspekte, wie z.b. Gruppen- und Rangdynamiken, zu berücksichtigen.

Laut Reinhard Sprenger besteht das produktivste Team aus drei Menschen. Es entstehen selten Untergruppen und es kommt auf jeden einzelnen an. (Sprenger 2018, S. 237)

Um ein Team zusammenzuführen und das „Wir-Gefühl" zu entwickeln oder zu stärken, braucht es ein gemeinsames Ziel. Wenn jeder nur seine eigenen Ergebnisse im Kopf hat, entsteht keine Kooperation. Und Kooperation ist wichtig, wenn unterschiedliche Aufgabenbereiche für das Erreichen eines gemeinsamen Ziels zu bearbeiten sind.

Als Möglichkeit dieses „Wir-Gefühl" zu stärken, beschreibt Anselm Grün das gemeinsame Gebet bei Mönchen. Sie tun etwas gemeinsam, ohne zu vergleichen oder zu bewerten. Es geht nicht darum, wer schneller

© Springer Fachmedien Wiesbaden GmbH, ein Teil von Springer Nature 2020   **225**
P. Hennerfeind et al., *Soziale Aspekte der Führung*,
https://doi.org/10.1007/978-3-658-29510-3_22

oder besser betet. Das Gemeinsame zählt und stärkt. (Janssen und Grün 2017 S. 38)

Ein anderes Beispiel erlebt man im Fußballstadion, wenn ein Foul passiert, ein Tor geschossen wird, ein Ball neben das Tor geht oder Schlachtgesänge gesungen werden. Das gemeinsame Gefühl, wenn 50.000 Menschen zugleich aufschreien, ist unbeschreiblich. Das veranlasst selbst zurückhaltende Menschen mitzumachen. Die gemeinsame freigewordene Energie lässt einen Schauer über den Rücken laufen.

Wenn man es schafft, so ein Gefühl in ein Team zu bringen, braucht man nicht über Motivation nachzudenken. Daher ist es wichtig, innerhalb eines Teams nur von „Wir" zu sprechen. In einem Team gibt es kein „Ich".

Fördern Sie den Teamzusammenhalt. Tun Sie etwas Gemeinsames, das Überwindung erfordert, jedoch nicht vergleicht oder bewertet. Sobald die Einzelleistung mehr zählt als die Teamleistung, schießt man am Ziel vorbei. Daher belohnen Sie das ganze Team, wenn es erfolgreich ist.

Damit ein Team wirklich erfolgreich sein kann, sollten einige Faktoren berücksichtigt werden:

- Das gemeinsame Ziel wird kommuniziert und von jedem Mitglied verstanden.
- Jedes Mitglied des Teams trägt für einen bestimmten Bereich Verantwortung. Teammitglieder, die nur zwecks der Information dabei sind, zerstören das Wir-Gefühl.
- Innerhalb des Teams wird eine gemeinsame Fehlerkultur etabliert.
- Das Tempo wird durch das Mitglied mit den meisten Bedürfnissen vorgegeben. Wenn der vereinbarte Zeitrahmen nicht der Geschwindigkeit dieses Mitglieds entspricht, scheitert das Team. Beachten sie dabei, dass jedes Mitglied des Teams in diese Situation geraten kann.
- Der Informationsfluss innerhalb des Teams ist transparent. Wer Informationen zurückhält, schwächt das Teamvertrauen.
- Die Entscheidungsfindung innerhalb des Teams ist klar geregelt. Es entscheiden entweder alle solidarisch oder es gibt einen, der entscheidet.
- Das Team ist mit dem Teamergebnis einverstanden. Solange nicht jedes einzelne Mitglied das Ergebnis akzeptiert, ist die gemeinsame Aufgabe nicht abgeschlossen.

Ein Merkmal für mangelhaftes Teamvertrauen sind Gespräche über abwesende Teammitglieder.

„Wer dem anderen nicht vertraut, spricht über ihn und nicht mit ihm."

Aus der Erfahrung hat sich gezeigt, dass Teams effektiver zusammenarbeiten, wenn sie sich an einem Ort befinden. Je einfacher die Kommunikation ist, desto schneller können Teammitglieder aufeinander reagieren. Auch bei Google wurde das so beobachtet:

> Fast jedes Projekt bei Google wird von einem Team bearbeitet, und Teams müssen kommunizieren. Die beste Möglichkeit, die Kommunikation zu vereinfachen ist, die Mitglieder des Teams möglichst nahe nebeneinander arbeiten zu lassen. (Haas Edersheim 2007, S. 235)

Betrachtet man langfristige Teams, ist der soziale Umgang miteinander wesentlich wichtiger als organisatorische Maßnahmen. Freilich gelten auch hier Punkte, wie gemeinsame Ziele oder Entscheidungsbefugnis, aber noch wichtiger ist der Blick auf das Betriebsklima, das bereits beschriebene Herz des Unternehmens – das gemeinsame Verständnis von Richtig und Falsch.

Um langfristig miteinander auszukommen und um langfristig erfolgreich zusammenzuarbeiten, müssen sich Gewohnheiten etablieren, die allen Teammitgliedern zugutekommen. Ich spreche von gemeinsamen Ritualen, von Selbstverständlichkeiten, wie einem toleranten Umgang miteinander und von Transparenz. Je mehr ich von anderen erwarten kann, je besser in gewissen Situationen gemeinsam umgegangen wird, je automatisierter gemeinsame Handlungen werden, desto mehr Energie bleibt über, um besondere Leistungen zu erbringen.

Es ist ein Irrglaube, dass organisatorische Maßnahmen diese automatisierte Selbstverständlichkeit erzeugen können! Wenn nicht soziale Aspekte die Basis dafür bilden, gibt es keine Zuverlässigkeit. Zu guter Letzt bleiben Menschen übrig, die sich gegenseitig helfen können. Das kann man insbesondere bei Engpässen oder Krisen beobachten. Dort nämlich steigt die Organisation als erstes aus. Und in vielen Fällen ist sie der Grund für den Engpass oder die Krise.

Wenn Menschen miteinander arbeiten, die sich auch menschlich begegnen, bilden sie ein humanes Auffangnetz, das viele Probleme und Veränderungen kompensiert.

22.1 Das Führen temporärer Teams

Braucht es eine Teamleitung bei temporären Teams?

Im kreativen Prozess wohl eher weniger, denn Autorität hemmt den Ideenfluss. Es reicht eine Richtung oder Tendenz zu haben. Möchte man jedoch ein konkretes Thema nach klar definierten Regeln abhandeln, wo eindeutige Verantwortungen delegiert werden, ist eine Teamleitung sinnvoll. Ihr werden die Ergebnisse mitgeteilt und sie entscheidet, ob die Qualität ausreichend ist und kümmert sich weiter um terminliche und kostenrelevante Aspekte. Betrachtet man die Aufgabe der Teamleitung unter sozialen Gesichtspunkten, so stellen sich ihr verschiedene Aufgaben:

a. Sie entscheidet, wieviel Eigendynamik jedem Teammitglied zugestanden wird. Dies hängt sehr stark von der jeweiligen Aufgabe ab.
b. Sie stellt die Balance zwischen den Teammitgliedern her. Dabei beachtet sie unter anderem mentale Stärke oder Erfahrung.
c. Sie entscheidet welche Kommunikationskultur unter den Teammitgliedern herrscht. Dies kann den Dialog, den Umgangston oder auch den Informationsaustausch betreffen.
d. Sie entscheidet über die Hierarchie im Team, und auch darüber, keine Hierarchie zuzulassen.

22.2 Das Führen langfristiger Teams

Wie bereits beschrieben, bilden die sozialen Aspekte die Grundlage für langfristig bestehende Teams. Daher sehe ich es als Aufgabe der Führungskraft, diese sozialen Aspekte zu etablieren und zu stärken. Die Kunst liegt im Entwickeln der individuellen Umgangsweise mit einzelnen Mitarbeitern zu einer gesamthaften Umgangsweise, bei der das Gesamtklima im Vordergrund steht.

In diesem Buch behandeln wir sehr intensiv, wie mit einzelnen Menschen umgegangen wird. Dies ist auch die Basis für eine gesamthafte Betrachtung einer Gesellschaftsstruktur. Je mehr Menschen jedoch ein Team umfasst, desto schwieriger wird es für einzelne Menschen, diese individuellen sozialen Aspekte zu berücksichtigen. Einfach gesagt: Der

CEO eines 100.000 Mann Betriebes hat nicht die Möglichkeit auf einzelne Bedürfnisse einzugehen. Wie also kann er den sozialen Aspekten gerecht werden?

Meiner Meinung nach besteht seine einzige Möglichkeit darin, eine dementsprechende Kultur zu etablieren. Er kann sich seiner nächsten Führungsebene annehmen und die dazu veranlassen, dies in der nächsten Ebene so weiterzuführen. Wenn von oberster Stelle sozialer Umgang vorgelebt wird, reicht er meist bis ganz nach unten. Leider gilt das auch für das Gegenteil.

Ein Aspekt für sozialen Umgang und für ein tolerantes Unternehmensgefüge ist die gelebte Hierarchie. In Unternehmen mit sozial denkenden Führungskräften wird nicht von oben oder unten gesprochen, wenn es um Hierarchieebenen geht. Dort spricht man eher von horizontalen Verbindungen. Dort kennen sich Menschen, auch wenn deren Gehalt vollkommen unterschiedlich ist. Andererseits erlebt man in gegenteiligen Unternehmen, dass Mitarbeiter für ihr zehnjähriges Firmenjubiläum ausgezeichnet werden, von denen die nächsthöhere Führungsebene noch nie gehört hat. In solchen Unternehmen wird immer von unten und oben gesprochen.

Das Führen langfristiger Teams, in welcher Größe auch immer, ist also ein ständiges Abwägen. Zum einen hat man den wirtschaftlichen Erfolg im Auge, die Weiterentwicklung des Unternehmens, die Marktlage, also sehr strategische Überlegungen und andererseits hängt dies vom sozialen Gefüge der Mitarbeiter, der einzelnen Teams ab. Das eine ist mehr oder weniger messbar, das andere ist meist nur fühlbar. Daher ist es wichtig zu beobachten und vorzuleben.

22.3 Was tun mit Einzelgängern?

Einzelgänger wird es immer geben. Sie in ein Team zu drängen, ist meist wenig erfolgreich. Aus welchen Gründen sie Teams verweigern, sei dahingestellt. Sie werden wegen ihrer meist hohen fachlichen Kompetenz benötigt. Man kann und sollte also nicht auf sie verzichten. Dies beschreibt auch Fredmund Malik:

„Sie sind nicht wegen ihrer Mitarbeiter und deren Führung wichtig, sondern wegen ihrer persönlichen Expertise, ihrer speziellen Sachkenntnis." (Malik 2006, S. 50)

Vorsicht ist jedoch geboten, wenn Einzelgänger Führungsaufgaben verrichten sollen. Da sie mehr auf sich selbst konzentriert sind, fällt es ihnen oft schwer, sich auf ihre Mitarbeiter einzustellen. Nicht selten beobachtet man Frust und innere Kündigung, wenn Mitarbeiter sich selbst überlassen werden; insbesondere in Zeiten, wo sie Unterstützung benötigen.

„Management ist für Personen dieser Art nicht wichtig wegen der Führung anderer, sondern weil sie sich selbst führen müssen." (Malik 2006, S. 50)

22.4 Gruppendynamiken

Der Begriff Gruppendynamik steht für Muster, in denen Vorgänge und Abläufe in einer Gruppe erfolgen. Die Theorie der Gruppendynamik entstand als Forschungsbereich im Jahr 1945 innerhalb der Sozialpsychologie in den USA. Basis dafür war Kurt Lewins Feldtheorie. Lewin ging davon aus, dass das in einer Gruppe wirkende Kräftefeld, welches durch Interaktionen der Gruppenmitglieder entsteht, letztendlich zu bestimmten Verhaltensweisen führt.

Die Arbeit mit und in Teams und Gruppen gehört zur elementaren menschlichen Grunderfahrung, in der persönlichen wie kollektiven Entwicklungsgeschichte. Wer mit Teams und Gruppen arbeitet, erlebt eine doppelte Erfahrung:

- Zum einen erfährt man eine Fülle von Eindrücken, die in ihrer Vielfalt oft eine Überflutung darstellen und mannigfache Emotionen auslösen. Gerade zu Beginn zeigt sich dies in einer Spannung mit Angst und Neugier zugleich.
- Zum anderen und vor allem bei einer Arbeitsgruppe, die sich täglich über einen längeren Zeitraum trifft, zeigt sich wie wirkungsvoll, aber auch wie belastend Teams für Führungskräfte sein können.

Die Dynamik einer Gruppe spielt sich stets auf zwei Ebenen ab:

- An der Oberfläche geht es um das sichtbare und meist rational begründete Verhalten zwischen den Gruppenmitgliedern.
- Auf der zweiten Ebene, die meist unbewusst stattfindet, schwingen die unausgesprochenen Erwartungen oder auch Befürchtungen jedes Einzelnen mit.

Doch wann spricht man von einer Gruppe? In der Forschung wurden folgende Kriterien für Kleingruppen definiert (König und Schattenhofer 2018, S. 15):

- Mindestens drei Mitglieder
- Eine gemeinsame Aufgabe
- Die Möglichkeit der direkten Kommunikation
- Sowie eine gewisse zeitliche Dauer

Aus diesem Gruppengefüge bilden sich:

- Ein Wir-Gefühl
- Gemeinsame Normen und Werte
- Sowie aufeinander bezogene soziale Rollen

„Jedes Team ist eine Gruppe, aber nicht jede Gruppe ist ein Team." (Guzzo und Salas 1995, S. 9)

In der Literatur finden sich unterschiedliche Definitionen zu Team und Gruppe. Manchmal werden die Begriffe als ident gesehen, andere machen hier einen Unterschied: Zur Unterscheidung stützen sich viele Autoren auf Merkmale wie Zusammenhalt und Mannschaftsgeist, Interdependenz, Aufgabenorganisation sowie eine höhere persönliche Verantwortung.
Richard Guzzo betont vor allem den Leistungsgedanken als zusätzliche Charakteristik eines Teams. (Guzzo und Salas 1995, S. 115)
Als Teamarbeit kann also – vor allem im Unternehmenskontext – das erfolgreiche, gemeinsame Zusammenwirken bei der Umsetzung der Unternehmensziele verstanden werden.

22.4.1 Teamentwicklungsuhr nach Tuckman

Gerade wenn es darum geht, ein neues Team zu gründen, ist es von Vorteil, das Modell der Teamentwicklungsuhr vom amerikanischen Psychologen Bruce W. Tuckman genauer zu betrachten. Tuckman erkannte in Experimenten mit Gruppen einen idealtypischen Verlauf vom ersten Kennenlernen bis zum gemeinsamen Arbeiten (Abb. 22.1). (Tuckman 1965; Tuckman und Jensen 1977)

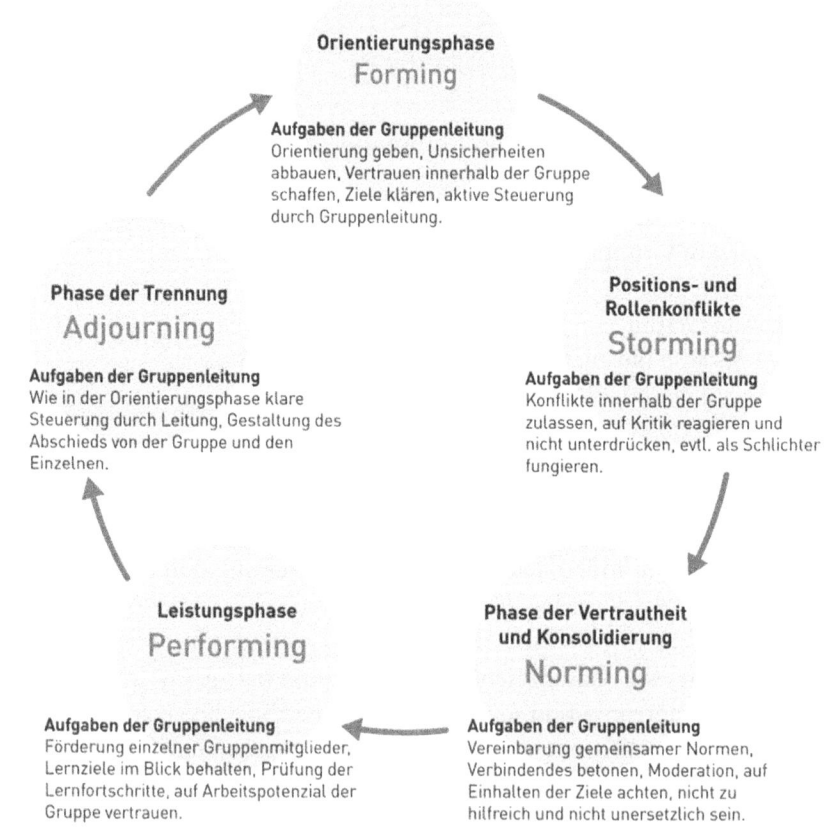

Abb. 22.1 Die fünf Teamphasen nach Bruce Tuckman (Sorgalla 2015, CC BY-SA 3.0)

Forming = Orientierungsphase
In dieser Phase lernen sich alle Mitglieder kennen. Auf der Sachebene werden Informationen gesammelt und Ziele geklärt. Parallel dazu findet auf der Interaktionsebene ein „Beschnuppern" statt. Die Kommunikation zeichnet sich durch Höflichkeit, Freundlichkeit und Small Talk aus und orientiert sich sehr an der Wirkung auf die anderen Mitglieder. In dieser Phase ist die Aufgabe der Führungskraft, Vertrauen innerhalb der Gruppe zu schaffen bzw. zu stärken. Dies gelingt durch eine gezielte und klare Steuerung – es soll vor allem Sicherheit für alle Mitglieder vermittelt werden. Die Führungskraft gilt in dieser Phase auch als Vorbild – vor allem was den Kommunikationsstil, den zwischenmenschlichen Umgang und die Pünktlichkeit betreffen.

Storming = Konfrontation und Konflikt
Ist die Forming Phase gut verlaufen, dann verfügt das Team nun über eine gemeinsame Basis. Zu diesem Zeitpunkt treten persönliche Ziele sowie Bedürfnisse wieder stärker in den Vordergrund. Dies kann sich auf der Sachebene zeigen (Diskrepanz zwischen persönlichen Erwartungen und der tatsächlichen Aufgabe) oder auch auf der Beziehungsebene (Machtpositionen, Kampf um Aufmerksamkeit, Streitigkeiten). Die persönlichen Befindlichkeiten und Muster werden ausgeprägter – es können jetzt sogar sachliche Einwände als persönliche Angriffe interpretiert werden. Um den Teammitgliedern das Storming zu erleichtern und es in eine konstruktive Richtung zu lenken, hilft es, in dieser Phase folgende Punkte zu beachten:

- **Auf Energie im Team achten:** Zeigt sich innerhalb des Teams ein Verlust an Energie und Aufmerksamkeit, dann können dies gute Indizien sein, dass im Verborgenen bereits Konflikte ausgetragen werden.
- **Konflikte in der Gruppe zulassen:** Das Team muss darüber informiert werden, dass es hilfreich ist, Konflikte produktiv auszutragen. Dafür ist es aber notwendig, dass die Führungskraft selbst über Konfliktlösungsfähigkeiten verfügt.
- **Auf Kritik reagieren und darauf eingehen:** Es ist wichtig, das Thema des Konfliktes so gut es geht herauszufinden und so präzise wie

möglich anzusprechen, und dabei klar die Sach- und Beziehungsebene zu trennen.

* **Die Haltung des Mediators zu übernehmen:** Hier gilt es abzuklären, wer die Konfliktpartner sind bzw., ob es sich um einen Gruppenkonflikt handelt. Alle Mitglieder sind dazu eingeladen, Stellung zu beziehen. Dadurch kommt es innerhalb des Teams zu einem Norming-Check – dies ist der Übergang zur nächsten Phase.

Norming = Konsens, Kompromiss, Koalition

In der Norming Phase können nun anhand der Erkenntnisse aus der Storming Phase neue Regeln aufgestellt werden. Die Regeln werden gemeinsam im Team vereinbart. Die Führungskraft fungiert eher in der Rolle des Moderators. Eine gut erarbeitete Storming Phase zeigt hier ihre Früchte, wenn es den Teammitgliedern gelingt, ihre Bedürfnisse und Stimmungen klar äußern können. Damit sich einzelne Mitglieder nicht als Verlierer fühlen, sollten vom Teamleiter eventuelle Kompromissvorschläge kommen. Aber auch hier gilt für die Rolle der Führungskraft: Nicht zu hilfreich, aber auch nicht zu unersetzlich zu sein.

Performing = Integration und Wachstum

In dieser Phase kann mit der zuvor gestalteten Vereinbarungsstruktur gearbeitet werden. Das Team ist leistungsfähig, das „WIR"-Gefühl nimmt zu, die Teammitglieder spornen sich gegenseitig an und die anfängliche Führungsabhängigkeit wird je nach Aufgabe von wechselnder Führung innerhalb der Gruppe abgelöst. Die Verantwortung für das Ergebnis wird nicht mehr allein bei der Führungskraft gesehen; ihre Rolle ist nun eher durch Präsenz und weniger durch Vorgaben geprägt.

Adjourning = Auflösen und Trennung

Tuckman hat im Jahr 1977 das Phasenmodell noch um eine fünfte Phase erweitert: die Adjourning- Phase. Diese Phase bezeichnet die Auflösung des Teams und betrifft vor allem Projektteams, die nach Abschluss des Projektes getrennte Wege gehen. Hier gilt es als Führungskraft vor allem darauf zu achten, dass sich innerhalb des Teams Sorgen und Ängste über die eigene Zukunft nach Beendigung des Projektes bilden können. Dies kann sich häufig in Energieverlust und unbewusstem Verlangsamen der Beendigung zeigen.

Diese fünf Phasen laufen nahezu gesetzmäßig in jeder Gruppe ab. Als Führungskraft können Sie lediglich die Intensität und die Dauer der Phasen durch das eigene Engagement beeinflussen. Wichtig ist, dass die Gruppe, durch das Ausscheiden von Mitgliedern, in ihrer Entwicklung zurückfallen kann. Auch laufen die einzelnen Phasen nicht immer linear ab. Einer der häufigsten Fehler von Führungskräften ist die Erwartung, dass Teams nach Neubildung sofort gute Ergebnisse und Höchstleistungen liefern können. (Stahl 2012)

> Zusammengefasst bedeutet dies, dass die Teammitglieder im Laufe der Zeit selbst die Verantwortung für die eigene Entwicklung übernehmen sollten.

22.4.2 Rangdynamik in Teams nach Schindler

Das rangdynamische Modell von Raoul Schindler geht davon aus, dass in einer Gruppe beziehungsweise einem Team, von den Mitgliedern unterschiedliche Rollen besetzt werden. Diese unterschiedlichen Positionen können der gemeinsamen Aufgabe der Gruppe und deren Entwicklungsprozess förderlich sein, können aber auch zu Gruppenkonflikten führen. (König und Schattenhofer 2018)

Die Alpha-Position
Alpha ist der Kern der Gruppe. Er übernimmt eine Führungsrolle und verteidigt die Gruppe nach außen hin. Der Großteil der Gruppe identifiziert sich mit ihm, und er tritt aktiv für die Erreichung der Gruppenziele ein. Eine essenzielle Aufgabe von Alpha ist es, das Wir-Gefühl der Gruppe aufrecht zu erhalten. Gelingt es ihm nicht, die Identität der Gruppe aufrecht zu erhalten oder von den Mitgliedern als der Gruppe zugehörig angesehen zu werden, treten Zweifel und Unsicherheiten auf, eventuell auch Aggressionen, die bis zum Zerfall der Gruppe führen können.

Die Beta-Position

Beta ist die Fachkraft im Team. Er verfügt über die notwendigen Sachkenntnisse und übernimmt eine Beraterposition. Er hat zwar eine unabhängige Rolle, ist jedoch von der Anerkennung Alphas abhängig und muss Leistung vorweisen, um seine Rolle in der Gruppe zu legitimieren. Dies geschieht mit einleuchtenden Begründungen und zweckdienlichen Ergebnissen. Dazu bedient er sich sachlicher Argumentation. Er ist Experte und Profi.

Die Gamma-Position

Der Großteil der Gruppe besteht üblicherweise aus Gamma-Positionen. Gamma übernimmt die Ausführung der Gruppenaufgaben. Er folgt Alpha und identifiziert sich mit ihm – zumindest solange Alphas Aktivitäten Erfolg versprechen! Die Gamma-Position lässt eine anonyme Beteiligung zu – ein Verschmelzen mit der Gruppe – ohne aufzufallen.

Die Omega-Position

Omega übernimmt die Rolle des Außenseiters. Er ist zwar Teil der Gruppe, steht jedoch am Rande und fühlt sich oft der Außenwelt näher als der Alpha-Position. Er ist der Zweifler in der Gruppe und stellt sowohl die Gruppe als auch deren Ideale in Frage. Während Alpha Identität und Kontinuität verkörpert, steht Omega für Verunsicherung und Veränderung. Dadurch zieht er die Aggressionen der anderen Gruppenmitglieder auf sich und gerät in Gefahr, als „Buh-Mann" ausgeschlossen zu werden. Dadurch verhindert er aber auch, dass die Aggressionen der Gruppe sich auf andere Mitglieder der Gruppe richten und hält Alpha damit indirekt den Rücken frei. Aus gruppendynamischer Sicht ist er damit dem Zusammenhalt der Gruppe dienlich.

Die G-Position

G steht für „Gegenüber" und stellt die äußere Umwelt, das Umfeld der Gruppe dar. Die Gruppe benötigt G, um eine Gruppenidentität entwickeln zu können. G kann dabei eine Person oder eine andere Gruppe darstellen, der gegenüber die Gruppenideale verteidigt werden. (König und Schattenhofer 2018, S. 51 f.)

Die unterschiedlichen Positionen müssen jedoch nicht langfristig besetzt sein, sondern können auch situationsbedingt wechseln.

Das Modell macht deutlich, dass aus gruppendynamischer Sicht Verhaltensweisen und Aktionen von Einzelnen auf dem Hintergrund der Gruppe interpretiert werden müssen, sollen sie hinreichend verständlich gemacht werden. […] Wofür stehen die jeweiligen Positionsinhaber? Welche Funktion haben sie in der Gruppe? Was erledigen sie stellvertretend? (König und Schattenhofer 2018, S. 52)

> Das Modell der Gruppendynamik ermöglicht eine nachvollziehbare Analyse von internen Konflikten sowie ein besseres Verständnis für die einzelnen Rollen innerhalb der Gruppe.

Die Aufgaben der Führungskräfte in Zusammenhang mit der Gruppendynamik

Für die Führungskraft empfiehlt es sich, die Rollenverteilung innerhalb des Teams schnellstmöglich zu identifizieren. So können Teammitglieder zum einen besser eingeschätzt werden, zum anderen deren Positionen derart gestaltet werden, dass sie den bestmöglichen Nutzen für das Team ergeben und die Gruppendynamik positiv beeinflussen.

Umgang mit Alpha

Die Aufgabe als Führungskraft ist es, von Beginn an den „Alpha" in der Gruppe auszumachen. In den meisten Fällen positioniert sich Alpha direkt dem Vorgesetzten gegenüber. Die Rolle als Führungskraft verlangt nun nicht, sich mit Alpha zu koalieren oder seine Meinung zu 100 % zu teilen, es ist jedoch von Vorteil, dieser Rolle Beachtung zu schenken und diese aktiv miteinzubeziehen.

Umgang mit Beta

Die Aufgabe der Führungskraft ist es, einer Beta-Position die nötige Aufmerksamkeit bei fundiertem Fachwissen zu schenken. Im besten Fall kann Beta informativen und wichtigen weiterführenden Input zum Fachwissen des Vorgesetzten liefern. Oft ist die Beta-Rolle durch die Führungskraft selbst besetzt (die dann meist aufgrund ihrer Kompetenz und ihrem Fachwissen aufgestiegen ist). Von der Beta-Position heraus haben Gruppen-Interventionen eine hohe Wahrscheinlichkeit von allen angenommen zu werden.

Umgang mit Gamma

Hat die Führungskraft die Rolle des Alphas in der Gruppe erkannt und auch respektiert, kann sie sich auch der Gunst der Gammas erfreuen. Damit wird das Gruppenziel durch die Anwesenheit der Gammas unterstützt. Verfügt die Führungskraft über einen hohen Alpha-Anteil, ist so auch die Chance gegeben, die Gammas – und somit den Großteil der Gruppe – für sich zu gewinnen.

Umgang mit Omega

Die Aufgabe der Führungskraft liegt darin, durch die Haltung des Omega einerseits das Konfliktlösungspotenzial in der Gruppe zu etablieren, andererseits die konstruktive Kritik von Omega in das Führungskonzept miteinzubeziehen. Geht die Kritik über die Konstruktivität hinaus oder ist das Gruppenziel gefährdet, ist es als Vorgesetzter unerlässlich, entsprechende Interventionsmaßnahmen zu setzen.

Verwendet man als Führungskraft das rangdynamische Modell zur Intervention innerhalb des Teams, kann dies zu einer besseren Reflexion und einer größeren Rollenflexibilität führen. Die identifizierten Rollen und ihre Träger erfahren beabsichtigt die Vor- und Nachteile ihrer jeweiligen Rolle. So können die Teammitglieder auch gemeinsam erarbeiten, wie Rollenverfestigungen vermieden werden können. (Schindler 1957)

Literatur

Guzzo, R. A., & Salas, E. (1995). *Team Effectiveness and Decision Making in Organizations*. San Francisco: Jossey-Bass.
Haas Edersheim, E. (2007). *Peter F. Drucker: Alles über Management*. Heidelberg: Redline.

Janssen, B., & Grün, A. (2017). *Stark in stürmischen Zeiten: Die Kunst, sich selbst und andere zu führen.* München: Ariston.

König, O., & Schattenhofer, K. (2018). *Einführung in die Gruppendynamik.* Heidelberg: Carl Auer.

Malik, F. (2006). *Führen, Leisten, Leben.* Frankfurt a. M.: Campus.

Schindler, R. (1957). Grundprinzipien der Psychodynamik in der Gruppe. *Psyche, 11,* 308–314.

Sorgalla, M. (2015). Gruppendynamik. www.die-bonn.de/wb/2015-gruppendynamik-01.pdf. Zugegriffen am 21.04.20.

Sprenger, R. (2018). *Radikal Digital: Weil der Mensch den Unterschied macht – 111 Führungsrezepte.* München: Deutsche Verlagsanstalt.

Stahl, E. (2012). *Dynamik in Gruppen; Handbuch der Gruppenleitung.* Beltz: Weinheim.

Tuckman, B. W. (1965). Developmental sequence in small groups. *Psychological Bulletin., 63*(6), 384–399.

Tuckman, B. W., & Jensen, M. A. C. (1977). Stages of Small-Group Development Revisited. *Group & Organization Management Nr., 2,* 419–427.

23

Effektive Kommunikationskultur

„Information ist Energie. Bei jeder Weitergabe verliert sie etwas davon."

(Wolfgang Herbst)

Zusammenfassung Kommunikation ist wichtig, sie entwickelt sich jedoch in vielen Unternehmen zu einem enormen Zeitfresser. Heutzutage wird man nicht nur mit E-Mails zugemüllt, man hetzt von Meeting zu Meeting. Die Kernfrage lautet: Wie können wir notwendige Informationen austauschen, ohne uns gegenseitig wertvolle Zeit zu stehlen? Dieses Kapitel liefert neue Ansätze und Beispiele, wie man zu einem effektiveren Umgang mit jeglicher Art von Information und Meetings kommt. Zusätzlich wird die Wichtigkeit von Verständlichkeit und sinnvoller Einsatzsteuerung anhand von Beispielen aufgezeigt.

Effektive Kommunikationskultur bedeutet: qualitativ besser, organisierter, eindeutiger und wirtschaftlicher zu kommunizieren! Im Prinzip be-

© Springer Fachmedien Wiesbaden GmbH, ein Teil von Springer Nature 2020
P. Hennerfeind et al., *Soziale Aspekte der Führung*,
https://doi.org/10.1007/978-3-658-29510-3_23

schreiben wir hier eine Verzichtskultur. Denn alles was zusätzlich zu berücksichtigen wäre, würde den ohnehin umfangreichen Apparat nur noch weiter aufblähen. Alles was wegfällt, erleichtert und erhöht die Bewegungsfreiheit eines Menschen, einer Gruppe, eines Unternehmens. Eine Eigenschaft, die in der heutigen Zeit wichtiger geworden ist als Besitz und Sicherheiten. In einem offenen Markt, der immer globaler wird, wo der Kunde mehr Macht besitzt als je zuvor, ist es unverzichtbar, wendig zu sein und sich schnell anpassen zu können, ohne aufwendige Strukturen umkonstruieren zu müssen. Je weniger die Installation von neuen Systemen kostet, desto leichter ist es, sie auch wieder abzustoßen und sich Neuem zu widmen.

Neue Systeme werden immer dann installiert, wenn Probleme auftreten. Wenn man der Zeit hinterherhinkt oder wenn zu viele Hierarchien ein Miteinander vermeiden. Je mehr Ebenen man schafft, desto schwieriger ist es, dasselbe Ziel zu verfolgen. Denn jede Ebene hat unweigerlich ihre eigenen Ziele. Ein Unternehmen kann jedoch nur effektiv und erfolgreich fungieren, wenn alle an einem Ziel orientiert sind. Um das zu erreichen, muss man miteinander kommunizieren. Und zwar so, dass sich jeder mit dem Unternehmensziel identifiziert und sich seiner Position entsprechend verhält. Es ist unabdingbar, die wichtigsten Informationen zu teilen – und mehr ist nicht erforderlich!

„Strukturieren Sie die Kommunikation, damit schnelle Entscheidungen getroffen werden können." (Haas Edersheim 2007, S. 169)

Wenn sich jeder dem Wichtigsten bewusst ist und das Wichtigste tut, und nur das Wichtigste, ist der größtmögliche Erfolg garantiert. Sobald sich Menschen um unwichtige, weniger wichtige oder nur zum Teil wichtige Aufgaben kümmern, kränkelt das Management. Und ich behaupte, dass dieses Kränkeln immer an der Kommunikation liegt. Denn egal mit wem oder worüber – wenn man etwas erreichen will, muss man darüber sprechen.

23.1 Informationen

Eine Information wird vom berühmten englischen Anthropologen Gregory Bateson als Unterschied definiert, der einen Unterschied macht.

„Ein Unterschied, der einen Unterschied macht, ist eine Idee. Er ist ein »Bit«, eine Informationseinheit." (Bateson 1983, S. 353)

Daraus könnte man schließen, dass jede Information, die keinen Unterschied macht, keine Information ist. Würde man also sagen: „Das Wetter bleibt beständig", so wäre das keine Information in diesem Sinne. Geht man nun soweit, dass die Information, die als Unterschied, der einen Unterschied macht, eine gewisse Tragweite haben sollte, entfällt ein weiterer großer Anteil diverser Informationen. Wenn man also nur mehr Informationen mit Tragweite als Informationen zulässt, könnte dies den Arbeitsalltag völlig umkrempeln. Das abgelaufene Joghurt im allgemeinen Kühlschrank wäre ebenso kein öffentliches Diskussionsthema mehr, wie das prognostizierte Wetter am Wochenende. Die Flut an Informationen wäre drastisch dezimiert, würde jedoch wesentlich mehr Beachtung erfordern. Wahrscheinlich ist dies nicht möglich, da es keine allgemein gültige Wichtigkeitsskala gibt, an der man sich orientieren kann. Es liegt also grundsätzlich daran, so eine Skala zu etablieren. Dann würden Zusätze wie „wichtig" bei Informationen entfallen.

Heutzutage macht man sich mehr Gedanken über das Verteilen und Organisieren von Informationen, statt diese auf das Wesentlichste zu minimieren. Wir leben in einer Gesellschaft, wo man täglich – auch im Privatleben – mit einer Fülle von Informationen konfrontiert wird. Es kostet viel Zeit und Energie die Informationen zu ordnen. Was ist wichtig und was nicht? Daher greift man eher dazu, Informationen zu speichern, um sie wieder aufrufen zu können, wenn sie irgendwann einmal wichtig werden könnten. Welchen Prozentanteil Ihrer gespeicherten Informationen haben Sie je wieder benötigt? Stellen Sie sich vor, Informationen würden mit zunehmendem Alter zu stinken beginnen. Wie wäre die Luft bei Ihnen?

23.2   E-Mail-Verkehr

Dieser Punkt betrifft hauptsächlich größere Unternehmen, in denen sich tagtäglich eine ungeheure Menge von neuem Wissen und neuen Informationen ansammelt. Hat sich schon einmal jemand darüber Gedanken gemacht, wieviel Zeit und Geld das Organisieren dieser Menge an Wissen und Informationen kostet?

Beispiel

Beginnen wir ganz von vorne:
Jede *interne* E-Mail, die versendet wird kostet Geld. Und ich spreche nicht von den IT-Kosten, sondern von der, in Geld umgelegten Arbeitszeit, die es erfordert. Zum einen beim Erstellen und zum anderen beim Lesen, Bewerten, Ablegen oder Löschen. Es geht nicht um die eventuelle Bearbeitungszeit, die das Thema einer E-Mail verursacht, sondern lediglich um die Zeit, die man für die vorher beschriebenen Aktionen aufwendet. Um die Sache greifbarer zu machen, nehme ich ein paar Faktoren an:
Ich bewerte *interne* E-Mails mit einer Durchschnittszahl von drei Sätzen. Die Dauer für das Lesen, Bewerten, Ablegen oder Löschen beträgt etwa eine Minute.
Ich nehme als Beispiel ein Unternehmen mit 100 Angestellten. Jeder dieser Angestellten schreibt pro Tag etwa 20 *interne* E-Mails (Das entspricht etwa meinem Aufwand an einem ruhigen Tag). Gleichzeitig erhält man etwa 20 *interne* E-Mails, von denen ein Drittel mit Handlungsbedarf direkt an den Empfänger gerichtet sind. Zwei Drittel beinhalten lediglich Informationen ohne Handlungsbedarf.
Das Drittel mit Handlungsbedarf wird nicht näher beachtet. Interessant sind die restlichen 14 E-Mails ohne direkten Handlungsbedarf. Rechnet man die Anzahl hoch kommt man auf 1400 E-Mails pro Tag ohne direkten Handlungsbedarf auf die ganze Belegschaft gerechnet. Je E-Mail eine Minute Bearbeitungszeit ergibt eine Gesamtdauer von 1400 Minuten pro Tag oder 23,3 Stunden pro Tag. Auf einen ganzen Monat aufgerechnet sind das ca. 700 Stunden an Zeit, die man dazu verwendet, *interne* E-Mails zu bearbeiten, die keinen direkten Handlungsbedarf erfordern. Die Belegschaft verbraucht also den Vergleichswert an Stunden einer Halbtagskraft, nur um *interne* E-Mails ohne direkten Handlungsbedarf zu bearbeiten! Erhöht man die Anzahl der Angestellten eines Unternehmens, erkennt man schnell, wohin die ungreifbaren Kosten verschwinden.

Wie kann man dagegen steuern?
Indem man eine Kommunikationskultur etabliert. Der Ersteller der E-Mail überlegt sich, was er mit der E-Mail bezweckt. Will er lediglich informieren, denkt er darüber nach, wer die Information dringend benötigt. Stellt er eine Frage, überlegt er, an wen er die Frage richtet. Und genau an diese Personen sendet er die E-Mail und an sonst niemanden.

> Es ist ungefährlicher, eine E-Mail nicht zu senden, als sie zu oft zu senden!

Ich erlebe es jeden Tag: Die Anzahl und Fülle der E-Mails werden in ihrer Gesamtheit nicht mehr bewältigbar. Ich habe nicht die Zeit, jede E-Mail gewissenhaft zu studieren, sie in der geforderten Zeit zu bearbeiten und sie dann noch sinnvoll zu ordnen. Bei den meisten E-Mails weiß ich nicht exakt, ob ich sie speichern oder löschen soll. Sicherheitshalber hebe ich sie auf, man weiß ja nie.

Diese falsche Kultur kostet Geld, viel Geld! Und sie überfordert mich. Nach einer gewissen Zeit finde ich mich nur mehr schwer zurecht, und wenn ich in der Fülle des abgelegten Materials die erforderliche Information suche, brauche ich sehr lange und im schlimmsten Fall finde ich sie gar nicht mehr.

Ein weiterer Nachteil ist die fehlende Bearbeitungszeit, aufgrund der zu vielen E-Mails. Oft werden E-Mails dann schnell und oberflächlich beantwortet oder gar weitergeleitet, in der Hoffnung, dass sich der nächste Adressat dem Thema annimmt. Wichtige E-Mails nicht mehr konzentriert zu bearbeiten, ist fahrlässig und kann zu ernsthaften Problemen führen. Und dass nur, weil man durch unwichtige E-Mails davon abgelenkt und abgehalten wird. Verschiebt man die Bewertung der Dringlichkeit einer E-Mail zum Absender, erspart man sich wertvolle Zeit.

Diese Kultur der Kommunikation erfordert Disziplin und Vertrauen. Man versendet keine schnellen E-Mails mehr, denn jede E-Mail ist gut durchdacht; der Empfänger wird sie als wichtig einstufen und seine Aufmerksamkeit darauf richten. Man ist also nicht nur für seine eigene Zeit, sondern auch für die des Empfängers verantwortlich.

246 P. Hennerfeind et al.

Insbesondere als Führungskraft ist es daher umso wichtiger, diese Kultur vorzuleben und nicht Informationen an alle zu verteilen, nur weil man sich unsicher ist. Eine E-Mail an die ganze Belegschaft kostet hundertmal so viel, wie eines an einen einzelnen, ausgesuchten Absender.

Wenn man es schafft, so die Anzahl der internen E-Mails zu reduzieren, spart man Geld und vor allem Zeit, die wesentlich effektiver genützt werden kann.

Eine zusätzliche Möglichkeit der schnelleren Bearbeitung von E-Mails ist das Verwenden von vorgefertigten Textbausteinen und eines organisierten E-Mail-Ablaufes. Wenn jede E-Mail gleich aufgebaut ist, vergisst man keine wichtigen Informationen und der Empfänger erfasst sofort, was von ihm verlangt wird. Der effektivste Zugang wäre, das Anliegen stark gekürzt in der Betreffzeile zu formulieren. Dies würde den Absender fordern, seine Frage oder seine Information auf wenige Wörter herunterzubrechen. Er würde also darauf trainiert werden, kurz und prägnant zu denken und zu schreiben. Zudem erkennt der Empfänger auf einen Blick, was von ihm verlangt wird. Da er ohnehin nur mehr wichtige, an ihn gerichtete E-Mails bekommt, entfällt ein Großteil der Bearbeitungszeit. Er kann sich umgehend darum kümmern. Denn wenn man davon ausgeht, dass die E-Mail wichtig ist, wäre es ein Vertrauensbruch dem Absender gegenüber, sich nicht umgehend darum zu kümmern – und da man wesentlich weniger E-Mails bekommt, hat man auch mehr Zeit, die wichtigen derer zu beantworten.

23.3 Besprechungen, Sitzungen, Meetings

Fragen

- Wer entscheidet über die Teilnehmer eines Meetings?
- Wer entscheidet über die Wichtigkeit eines Meetings?
- Wer beruft ein Meeting ein?
- Und warum tut er das?

Im heutigen Arbeitsalltag, insbesondere in der Planung, nehmen Meetings den größten Teil der Arbeitszeit ein.

Warum ist das so? Was verlangt die Vielzahl an Meetings?
Meist ist es die fehlende Zeit, sich auf ein Problem zu konzentrieren. Da es einer Entscheidung bedarf, ruft man alle möglichen Wissensträger zusammen, um so das Problem zu diskutieren und zu einer Entscheidung zu kommen. Klingt soweit einleuchtend. Das Problem dahinter ist jedoch der Umstand, dass den Beteiligten wiederum Zeit für ihre Arbeit gestohlen wird und sie deshalb auch nicht genug Zeit finden, um ihre Probleme zu lösen, und sie ihrerseits ebenfalls auf ein Meeting beharren. Somit kommt man in ein Hamsterrad von Meetings, die alle dem Zweck dienen, Probleme einzelner zu lösen.

Ein weiterer Anwendungsfall für eine Zusammenkunft ist die Mitteilung. Sehr oft bekommt man in Meetings Dinge und Sachverhalte mitgeteilt. Es scheint einfacher zu sein, alle an einen Tisch zu holen, als ihnen die Information auf anderem Wege mitzuteilen. Was wiederum an der Flut von Mitteilungen liegt, die man ohnehin bekommt und daher meinen manche findige Besprechungsleiter „Wenn ich mir alle an einen Tisch hole, ist gewährleistet, dass alle informiert sind. Ihre E-Mails oder sonstige Mitteilungen lesen sie sowieso nicht."

Die dritte Form von Meetings sind Jour Fixe Termine, die wiederholend abgehalten werden. In vielen Fällen deswegen, um das Vorbesprochene zu wiederholen und eventuelle neue Probleme aufzunehmen. Die Gefahr liegt auf der Hand: „Warum sollte ich mir über ein Thema Gedanken machen, wenn es sowieso beim nächsten Mal wiederholt wird. Wenn ich Glück habe, hat sich das Problem ohne mein Zutun gelöst."

Es kam vor, dass Jour fixe Protokolle so lang wurden, dass nur das Abhandeln der einzelnen Punkte Stunden dauerte und dieser Zustand somit eingeladene Teilnehmer dazu veranlasste, der Besprechung fernzubleiben, da sie nicht genug Zeit dafür fanden. Sobald man also erkennt, dass Protokolle die übliche Seitenanzahl überschreiten, sollte man sich auf die Suche nach „Dauerbrennern" machen. Wenn ein Punkt öfter als zweimal besprochen wird, muss er aus dem Protokoll genommen werden. Dann beauftragt man am besten eine Person oder eine Gruppe damit, das Problem endgültig zu lösen. Wie leicht festzustellen ist, gibt es eine Vielzahl von Gründen, warum Meetings nicht effektiv sind.

Wie macht man Meetings effektiv, bzw. welche Meetings sind wirklich erforderlich?

Auch das Einfordern und Abhalten eines Meetings braucht Kultur.

Fragen

- Was ist der Zweck meines Meetings und wen brauche ich unbedingt dazu?
- Wer ist mein wichtigster Ansprechpartner im Meeting?

Wenn man diese Frage beantworten kann, weiß man, wen man zu einem Meeting einlädt: **Nämlich genau diese Person!**

Alle anderen Beweggründe, jemand zusätzlich einzuladen, kosten enorm viel Zeit und Geld.

„Ein Mitglied aus dem Stab von Microsoft, der freier Mitarbeiter wurde, merkte dazu an, dass seine Produktivität an dem Tag anstieg, als er aus dem Arbeitsverhältnis ausstieg und von der Drehtür der Konferenzen befreit wurde, die bis dahin sein Arbeitsleben dominiert hatten." (Haas Edersheim 2007, S. 206)

Würde man, wie schon beim vorigen Punkt E-Mailverkehr betrachtet, die Zeit von Personen zusammenrechnen, die sie untätig und unproduktiv bei Meetings verbringen, und dies in Geld ausdrücken, würde so mancher CEO wiederbelebt werden müssen. Und ich spreche wiederum nur von firmeninternen Meetings, denn externe Meetings lassen sich, wenn dann nur bedingt beeinflussen.

Dazu ein Zitat von Fredmund Malik:

Wenn aber für die Erledigung jeder Angelegenheit immer acht oder zehn Leute zusammenkommen müssen – weil man so organisiert ist –, um sich zu koordinieren und abzustimmen, bevor überhaupt etwas getan werden kann, dann ist man eben falsch organisiert. (Malik 2006, S. 199)

Wichtige Maßnahmen für Meetings

- Ist man der Meinung, das Meeting ist dringend erforderlich und die unbedingt notwendigen Teilnehmer sind eingeladen, erstellt man vor dem Meeting eine Agenda, wiederum nur mit den unbedingt zu besprechenden Themen. Eine sinnvolle Agenda beinhaltet „maximal" fünf Besprechungspunkte.
- Jeder der Teilnehmer soll vor Beginn der Besprechung ausreichend Zeit finden, um sich dementsprechend vorzubereiten. Wenn er sich vor dem Meeting nicht vorbereiten muss, ist der Besprechungspunkt nicht wichtig, bzw. ist der Teilnehmer nicht unbedingt erforderlich.
- Jedes Meeting hat einen definierten Besprechungsleiter, der sich um die Einhaltung der Meeting Kultur kümmert.
- Nach der Begrüßung durch den Besprechungsleiter beginnt man umgehend mit den abzuhandelnden Punkten.
- Persönliche Gespräche werden auf später verschoben. Da im Normalfall jeder, der zu einer Besprechung geladen wird, unter Zeitdruck leidet, werden persönliche Gespräche im Nachhinein eher kurz ausfallen.
- Während des Meetings gibt es keine Verköstigung. Für Kaffee und Kuchen gibt es definierte Pausen.
- Alles, was die Konzentration beeinflusst, soll vermieden werden. Wenn Teilnehmer unkonzentriert sind, wurden sie zu Unrecht eingeladen.
- Wenn die Punkte auf der Agenda besprochen wurden, endet die Besprechung und der Besprechungsraum wird umgehend verlassen.
- Punkte wie „Sonstiges" haben auf einer Agenda nichts verloren. Wenn etwas nicht so wichtig ist, um es in den fünf Punkten unterzubringen, ist die Zeit für die zuteilwerdende Aufmerksamkeit nicht gerechtfertigt.

Diese streng wirkende Meeting-Kultur bringt den Vorteil, dass sich die richtigen Menschen um die richtigen Themen kümmern und sich dessen konzentriert annehmen, und das sich die anderen Menschen in einem Unternehmen um deren richtige Themen kümmern können. Je konzentrierter man sich einem Thema widmet, desto schneller und erfolgreicher kann man es erledigen.

Nimmt man interne Abstimmungsgespräche und Fragen von Mitarbeitern dazu, die zu faul sind, um die Antworten selbst zu finden, ergibt sich ein Horrorszenario. Dann nämlich erkennt man, wie viel produktive Zeit übrig bleibt. Nimmt man diesen Wert und vergleicht ihn mit der Bearbeitungszeit, die budgetiert wurde, erkennt man warum manche

Ziele nicht erreicht werden und warum man trotz Burnout-gefährdeter Mitarbeiter keinen nennenswerten Erfolg einfährt.

Gingen die Menschen in Unternehmen verantwortungsvoller mit ihrer Zeit und mit der Zeit anderer um, würden sie sich selbst den größten Gefallen damit tun. Wenn die oben beschriebene Kultur in Fleisch und Blut übergeht, passieren weniger Fehler, bleibt mehr Zeit für konzentriertes Arbeiten und wertvolle Pausen; und dadurch bekommt man gesündere, leistungsfähigere und vor allem zufriedenere Mitarbeiter.

„Das Management sollten es sich zur Gewohnheit machen zu überprüfen, wie die Mitarbeiter ihre Zeit am Arbeitsplatz verbringen und dann unwesentliche Elemente beseitigen, die lediglich die Konzentration stören und Zeit fressen." (Haas Edersheim 2007, S. 206)

Ein Mensch ist dann zufrieden, wenn er dazu in der Lage ist, die ihm gestellte Aufgabe erfolgreich zu erledigen. Und das gilt für alle Lebenslagen.

Das Umsetzen dieser Meeting-Kultur erfordert Disziplin und Vertrauen. Disziplin, weil ich mich immer wieder daran erinnern muss, dass ich mit einer falschen Entscheidung Zeit raube. Und Vertrauen, weil ich mich auf den anderen verlasse: Er raubt mir keine Zeit und ich widme ihm daher meine volle Aufmerksamkeit.

> **Ein gutes Management bzw. eine gute Kultur erkennt man an der niedrigen Anzahl von internen Meetings! Die Führungskraft ist der Motor, der diese Kultur antreibt; und zwar in jeder Hierarchieebene.**

Dazu ein Zitat von Fredmund Malik:

„Die Verbesserung der Sitzungseffektivität beginnt mit dem Streichen von Sitzungen." (Malik 2006, S. 272)

Fredmund Malik meint weiter, dass der Sitzungsleiter so wenig als möglich an den Themen mitwirken sollte, und dass Sitzungen, die von Präsentationen dominiert werden, weitgehend wirkungslos sind. (Malik 2006, S. 276)

23.4   Auf den Punkt kommen

Während meiner Arbeit für eine große internationale Organisation lernte ich das Zusammenarbeiten in einem interkulturellen Team. Unsere Arbeitssprache war Englisch. Und dass, obwohl nur ein kleiner Anteil der Personen, Englisch als Muttersprache hat, also Native Speaker ist. Es war notwendig, sich untereinander zu verständigen, weil wir an einem sehr komplexen und schwierigen Projekt zusammengearbeitet haben. Aufgrund der unterschiedlichen Arbeitsbereiche stießen wir auf Probleme, wenn zu viele Fachausdrücke und Fremdwörter verwendet wurden. Auch die Floskeln und Redewendungen der „Native Speaker", also der Englischsprechenden verursachten Probleme in der Konversation.

Mit der Zeit hat sich eine einzigartige Konversationskultur eingestellt: Aufgrund des zum Teil fehlenden Vokabulars wurde in Besprechungen nur mehr das Wichtigste gesprochen. Die Leute lernten die wichtigsten Fachausdrücke, die immer wieder vorgekommen sind. Entgegen früherer Besprechungen in deutscher Sprache, wurden wesentlich mehr Punkte abgearbeitet. Obwohl man eigentlich davon ausgehen konnte, dass aufgrund der schlechteren Verständlichkeit das Gegenteil eintreten sollte. Dem war nicht so. Die Konversation wurde auf den Punkt gebracht. Das war der sicherste Weg allen Beteiligten die Sache klar zu machen. Je kürzer und je exakter, desto einfacher. Wenn wir davon ausgehen, dass wir uns im Durchschnitt lediglich sieben zusammengehörende Wörter merken, wird alles einfacher, wenn man nicht mehr als sieben Wörter hört.

Kaum hat eine Besprechung unter Deutschsprechenden stattgefunden, dauerte sie länger und brachte weniger Klärung. Es wird einfach mehr zerredet, mehr manipuliert, mehr abgewehrt und mehr angegriffen. Die Kunst, auf den Punkt zu kommen, ist eine wesentliche. Sie spart Zeit und Nerven.

„Da es nicht darum geht, sein Publikum mit dem eigenen umfangreichen Wissen zu beeindrucken, liegt die Kunst darin, die Inhalte auf das Wesentliche zu reduzieren, zu komprimieren." (Kraus 2010, S. 139)

Dies findet sich auch in Kurzpräsentationen, wie dem „Elevator Pitch" wieder, wo man in 60 Sekunden ein Anliegen oder eine Idee vorstellt. Hier ist es ganz besonders wichtig, zu priorisieren, da nicht mehr Zeit bleibt als wenige Sekunden. Der Elevator Pitch ist erfolgreich, wenn das Gegenüber darauf reagiert, im besten Fall agiert; nämlich genau entsprechend dem vorgetragenen Anliegen. Wenn man im Berufsleben effektiv kommunizieren möchte – und davon gehe ich aus -, dient eine derartige Kurzpräsentation dem besseren Verständnis. Im Elevator Pitch oder auch Elevator Speech betrachtet man die Vorteile der vorgetragenen Angelegenheit immer aus Sicht des Gegenübers; da man etwas von ihm möchte. Es ist also grundlegend für den Erfolg, über sein Gegenüber Bescheid zu wissen. Nimmt man dieses „Bescheid wissen" als Basis für jeden beruflichen Dialog, versetzt man sich also immer in die Lage seines Gegenübers, so fallen unnötige Kommentare und Erklärungen von Beginn an weg.

Beispiel

Ein ehemaliger Vorgesetzter, dem ich berichtete, verlangte von mir stets eine „List for Dummies", die nicht länger als eine halbe Seite sein sollte – auch wenn es um einen 100seitigen Bericht ging, akzeptierte er nur eine halbe Seite. Selbst das Zusammenführen der Überschriften hätte mehr Platz erfordert, also stand ich des Öfteren vor einer kniffligen Aufgabe. Erst als ich verstand, dass ihn nur Fakten interessierten, die sein Handeln erforderten, wurde die Sache einfacher. In seinem Fall musste er mit Zahlen und wesentlichen Fakten vor internationalem Publikum groß aufzeigen. Er musste Investoren beruhigen, überzeugen und für neue Projekte gewinnen. Die Details hinter seinen Zahlen und Fakten interessierten ihn nicht im Geringsten, sowie der Rest an Informationen, der nicht seinen Bereich betraf. Nachdem er allen seinen Mitarbeitern seinen Standpunkt klargemacht hat, bekam er nur mehr einen Bruchteil der Emails, die er zu Beginn des Projektes bekommen hat.

Fazit

Auf den Punkt zu kommen, erfordert Wissen über mein Gegenüber. Welche Information benötigt mein Gegenüber? Ab welchem Informationsgehalt ist mein Gesprächspartner zufriedengestellt? Je kürzer und eindeutiger ich die Fragen beantworten kann, desto leichter kann mein Gesprächspartner die Information annehmen und desto weniger Konfliktpotenzial oder Unsicherheit entsteht.

23.5 Fachausdrücke und Verständlichkeit

„Es hört doch jeder nur, was er versteht" (Johann Wolfgang von Goethe)

Je verständlicher Texte verfasst werden, desto weniger besteht die Möglichkeit zur Interpretation. Die vielen Fachausdrücke in den jeweiligen Berufssparten machen es Außenstehenden schwer zu verstehen. Daher stammt auch das mangelnde Interesse zwischen unterschiedlichen Berufsgruppen, das immer wieder zu beobachten ist. Wenn ich nur die Hälfte des Gesprochenen verstehe, fühle ich mich ausgeschlossen. Eine Führungskraft, die vor seinen Mitarbeitern mit Management-Fachausdrücken herumwirft, kommt selten gut an. Und das bedeutet nicht, dass man sich nicht zivilisiert und stilistisch gehoben ausdrücken kann. Wenn schon Fremdwörter oder Fachausdrücke, dann mit nachfolgender Erklärung, damit auch alle verstehen, was man ihnen mitteilt.

Um dem „Turm zu Babel" großräumig auszuweichen, empfiehlt es sich, eine Sprache zu wählen, die jeder im Arbeitsumfeld versteht. Eine gute und effektive Gruppe richtet sich immer nach den am meisten bedürftigen Mitgliedern, um so gesamthaft stark zu sein. Sieht man das Unternehmen als Gruppe und die Sprache als wesentlichsten Teil des gemeinsamen Verständnisses, ist es umso wichtiger, Missverständnisse innerhalb der Sprache auszuräumen. Dies beginnt bei Fachausdrücken, die nicht jeder versteht und die sich nicht einfach beschreiben lassen und endet mit der gewaltfreien Kommunikation.

Ich spreche deutlich, ohne Hintergedanken, ohne Manipulation und ohne zweideutige Interpretation. Wenn ich meine Frage oder mein Anliegen so vorbringe, dass mein Gegenüber eine eindeutige Antwort geben kann, vermeide ich Unsicherheit und Fehlinterpretation.

Verständlichkeit bedeutet auch, Gefühle mitzuteilen. Wenn ein Gefühl hinter einer Frage steht, dann ist es erforderlich, dieses auch mitzuteilen, damit der andere ehrlich darauf reagieren kann. Sehr oft wird falsch interpretiert und dementsprechend falsch gehandelt. Führungskräfte, die lediglich Aufgaben anordnen, hinterlassen hingegen ein Gefühl der Ungewissheit.

„Verwirrung ist immer ein Zeichen dafür, dass unklar geführt wird." (Janssen und Grün 2017, S. 46)

Wenn Mitarbeiter verwirrt sind, machen sie Fehler.

Beispiel

Eine Führungskraft geht zu einem Mitarbeiter und fragt forsch: „Warum haben Sie den Brief nicht aufgegeben?"

Der eingeschüchterte Mitarbeiter stammelt vor sich hin und sucht nach einer Entschuldigung. Er ist in diesem Moment unsicher und fühlt sich schuldig. Die Führungskraft ärgert sich und geht davon.

Der Mitarbeiter war mit der Frage überfordert. Er fand nicht die richtigen Worte und fühlte sich schlecht. Die verbale Bestrafung seines Vorgesetzten nimmt er entweder hin oder er ärgert sich darüber.

Wie hätte dieselbe Situation mit gewaltfreiem Zugang aussehen können?

Die Führungskraft geht zu seinem Mitarbeiter und sagt: „Ich fühle mich enttäuscht, weil ich dachte, dass Sie meine Order, den Brief aufzugeben, verstanden haben."

Der Mitarbeiter reagiert: „Das tut mir leid. Ich habe verstanden, dass ..."

„Na, ok. Dann erledigen Sie das jetzt bitte."

Der Mitarbeiter reagiert umgehend. Er ist sich seines Fehlers bewusst, doch er fühlt sich nicht unsicher oder überfordert. Die gegenseitige Wertschätzung führt zu mehr Leistung und zu mehr Vertrauen.

Im Berufsalltag ist leider sehr oft das Gegenteil zu beobachten. Die Behandlung von oben herab scheint noch aus dem Mittelalter zu stammen, und manche Führungskräfte glauben noch immer, dass sie sich so Respekt sichern. Das Gegenteil ist der Fall! Die Begegnung auf einer Ebene ist die einzige Möglichkeit, sich ausreichend zu verstehen und sich gegenseitig zu achten. Wenn ich einem Menschen zeige, dass er weniger wert ist als ich, wird er sich irgendwann dafür revanchieren. Mir persönlich ist das Gefühl, dass mir geholfen wird, wenn ich es brauche viel wertvoller, als zu wissen, dass ich gefürchtet werde statt respektiert.

> Die verständliche Sprache hat die Macht, Menschen zu vereinen!

Insbesondere Führungskräfte sollten diese Möglichkeit nutzen. Ein richtig gewähltes Wort kann Brücken bauen, wo entgegen ein falsches Wort Vertrauen zerstört. Da unsere Gesellschaft in Fachausdrücken, teils in Anglizismen, erstickt, ist es umso wichtiger, auf Verständlichkeit zu achten. Wenn die Führungskraft aufgrund höherer Bildung oder umfangreicherer Erfahrung mit Fachausdrücken um sich wirft, ist der Mitarbeiter selten beeindruckt, sondern eher verunsichert. Dazu ein Zitat von Fredmund Malik:

„Sie wollen dem anderen, vor allem ihren Mitarbeitern nicht beweisen, wie klug sie sind, sondern sie wollen sich verständlich machen und dadurch etwas bewirken." (Malik 2006, S. 105)

23.6 Assignment Control – Einsatzsteuerung

Üblicherweise findet man in seinem Dienstvertrag eine Beschreibung über die geforderten Tätigkeiten und Zuständigkeiten. Doch betrachtet man den Berufsalltag eines Menschen, insbesondere eines Wissensarbeiters, so fällt auf, dass er sich den Großteil seiner Arbeitszeit mit anderen Tätigkeiten beschäftigt. Warum ist das so?

Einen wesentlichen Aspekt habe ich vergessen: Ich spreche hauptsächlich von guten Mitarbeitern oder Führungskräften.
Wer sich nicht angesprochen fühlt, kann die nächsten Zeilen überspringen. Gute Mitarbeiter oder Führungskräfte erkennt man daran, dass sie

gerne um Rat gefragt werden. Und dabei geht es nicht ausschließlich um fachliche Auskünfte. Gute Leute kooperieren, helfen, vermitteln, zeigen vor, dienen als Beispiel und vieles mehr. Sie sehen ihre Arbeit nicht nur in der Erfüllung einer Aufgabe, sondern im Zusammenhalt des gesamten Arbeitsgefüges. Sie wollen nicht nur sich, sondern auch ihre Umgebung zum Erfolg führen.

Genau dort findet man den Grund für die oben genannte Frage: Sie beschäftigen sich mit anderen Tätigkeiten als in ihrer Positionsbeschreibung beschrieben, da sie das Gesamtergebnis des Unternehmens im Kopf haben und nicht nur ihr eigenes. Sie gleichen damit die Mängel schlechter Mitarbeiter oder Führungskräfte aus. Warum faltet ein Business Manager seine Pläne selbst? Warum schreibt ein Geschäftsführer seine Briefe selbst? Weil die Personen, deren Aufgaben es wären, aus irgendwelchen Gründen nicht dazu fähig sind.

Doch derartige Entwicklungen sind fatal! Wer erledigt die Aufgaben der guten Leute, wenn sich diese anderen Aufgaben widmen? Wenn der beste Mann, den Job des zweit- oder drittbesten erledigt?

Das Assignment Control ist genau deswegen so wichtig, um dem entgegenzusteuern. Überprüfen Sie, ob ihr bester Mitarbeiter in diesem Moment das tut, wofür er am besten geeignet ist. Fragen Sie ihn, rufen Sie ihn an. Ich habe unzählige Male beobachtet, dass eine ganze Gruppe von Mitarbeitern frustriert an ihren Aufgaben sitzt, weil ihr Vorgesetzter, der sie eigentlich unterstützen und ausbilden soll, ständig bei Auswärtsterminen ist.

Assignment Control dient nicht nur der Steuerung von Mitarbeitern, sondern auch der der Führungskraft. Sinnvollerweise ist sie als Top-Down System zu verwenden. Das Wichtigste geschieht zuerst, im Sinne einer langfristigen Wirkung. Zudem haben größere Wirkungsbereiche Vorrang. Die langfristige Entwicklung eines Mitarbeiters steht vor der kurzfristigen Erledigung einer Aufgabe. Ist das nicht so, wird sich der Mitarbeiter nur sehr langsam entwickeln; und womöglich in eine andere Richtung als man es gerne hätte. Führungskräfte, die nicht führen, sondern Aufgaben selbst erledigen, sind keine Führungskräfte. Im Gegenteil: Sie behindern den Fortschritt!

In Projekten ist die Einsatzsteuerung meist genau geregelt. Es gibt Aufgaben, einen Zeitplan oder Ablaufplan und klare Zuständigkeiten. Zumindest bei größeren Projekten mit mehr Beteiligten regelt sich die

Einsatzsteuerung nahezu selbst, aufgrund der Abhängigkeiten. Ist ein Teil des Projektes nicht im Plan, spürt der Rest dies und reagiert unmittelbar. Blickt man nun auf ein gesamtes Unternehmen, so erkennt man, dass eine übergeordnete Einsatzsteuerung stets der Situation entsprechen sollte. Eine Führungskraft mit Auszubildenden hat andere Prioritäten als der Chef eines eingespielten Teams. Insbesondere wenn Innovationen umgesetzt werden, agiert die Führungskraft anders als im altbewährten Alltagsgeschäft. Die Einsatzsteuerung hat all dies zu berücksichtigen.

Ein wesentlicher Teil der Einsatzsteuerung ist die Dokumentation der erledigten Arbeiten, um feststellen zu können, ob sie wirksam war. Hier gilt es, größtmögliche Transparenz zu erreichen. Niemand soll mit Sanktionen rechnen, wenn er nicht dem Assignment Control entsprechend gearbeitet hat. Das ehrliche Feedback, warum dies nicht funktioniert hat, hilft die Einsatzsteuerung zu adaptieren oder über andere Maßnahmen nachzudenken. Je hilfreicher dieses Werkzeug von den Mitarbeitern und Führungskräften angenommen wird, desto wirkungsvoller wird deren Beschäftigung werden. Je besser man sich auf seine wirklich wichtigen Arbeiten konzentrieren kann, ohne sich ständig um andere Bereiche kümmern zu müssen, desto schneller kann man Erfolge einfahren und desto größer wird die Motivation.

Zudem wird ein tieferes Verständnis für schwierige Tätigkeiten geschaffen. Indem man Zuständigkeiten festsetzt, eröffnet man Entwicklungsmöglichkeiten. Wenn ich mich für die nächsthöhere Aufgabe bereit fühle, kann ich dies im Assignment Control einfordern. Zudem hat man stets eine Übersicht über die erforderlichen Tätigkeiten und kann Engpässe plakativ darstellen.

Das Assignment Control hilft dabei, sich leichter zu positionieren und seine Stärken besser ausspielen zu können. Daher macht es Sinn, jeden Mitarbeiter in die Planung miteinzubeziehen. Insbesondere junge oder neue Mitarbeiter haben so die Möglichkeit, sich schnell mit ihrer neuen Aufgabe auseinanderzusetzen.

Ich bin der Meinung, dass dies alle Mitarbeiter gemeinsam tun sollten. Jeder Mitarbeiter definiert seine Arbeitspakete selbst. Die Führungskraft übernimmt dabei eine kontrollierende Haltung. Sie kontrolliert jedoch

Fragen

- Wer kümmert sich um das Assignment Control?
- Wer teilt die Aufgaben zu?

nicht den Mitarbeiter in seiner Ausarbeitung, sondern den Gesamtablauf. Sie achtet auf mögliche Synergien, auf Terminkongruenzen, auf wirtschaftliche Belange und die Kundenzufriedenstellung. Auch in der Dokumentation der erledigten Arbeiten spielen die Mitarbeiter die führende Rolle. Nur wer seinen Erfolg selbst erkennt, kann ihn auch sinnvoll planen. Wie in vielen anderen Bereichen der Führung, nimmt die Führungskraft unterstützende Haltung ein. Ein Eingreifen in den Ablauf geschieht nur, wenn Gefahr droht.

„Die Anwendung des Assignment Control führt zu einer erstaunlichen und fast immer sofort spürbaren Verbesserung der Umsetzungskraft eines Unternehmens." (Malik 2006, S. 314)

Aus strategischer Sicht wird das Assignment Control mit dem Budget verankert, um weniger wirkungsvolle Anteile schnell erkennen zu können, oder im Gegensatz dazu, die Höhe des produktiven Anteils plakativ darzustellen.

Literatur

Bateson, G. (1983). *Ökologie des Geistes: Anthropologische, psychologische, biologische und epistemologische Perspektiven.* Frankfurt a. M.: Suhrkamp.

Haas Edersheim, E. (2007). *Peter F. Drucker: Alles über Management.* Heidelberg: Redline.

Janssen, B., & Grün, A. (2017). *Stark in stürmischen Zeiten: Die Kunst, sich selbst und andere zu führen.* München: Ariston.

Kraus, O. (Hrsg.). (2010). *Managementwissen für Naturwissenschaftler und Ingenieure: Leitfaden für die Berufspraxis* (2. Aufl.). Heidelberg: Springer.

Malik, F. (2006). *Führen, Leisten, Leben.* Frankfurt a. M.: Campus.

24

Modernes Recruiting

„Stellen Sie Charaktere ein. Trainieren Sie Fähigkeiten. "

(Peter Schutz, Vorstandsvorsitzender Porsche 1981–1987)

Zusammenfassung Gut vorbereitet oder gut geeignet? Welchem Bewerber geben Sie den Vorzug? In diesem Kapitel beantworten wir die Frage, wie Jobausschreibungen idealerweise formuliert werden, um sich im Recruiting-Prozess wertvolle Zeit zu sparen. Nach welchen Kriterien sollten schlussendlich Bewerber ausgewählt werden? Gleich eines vorweg: Das Bauchgefühl darf dabei durchaus eine tragende Rolle spielen!

In Stellenausschreibungen wird meist die ganze Bandbreite von Fähigkeiten verlangt. Somit wird sich der kluge Bewerber vorbereiten und die „richtigen" Antworten geben, egal ob es seiner Wesensart entspricht oder nicht.

Man wird auf kreative Formulierungen oder ein außergewöhnliches Design treffen, die vielleicht den späteren Ausschlag geben, sich für genau diesen Bewerber zu entscheiden. Der, der sich am besten vorbereitet,

© Springer Fachmedien Wiesbaden GmbH, ein Teil von Springer Nature 2020
P. Hennerfeind et al., *Soziale Aspekte der Führung*,
https://doi.org/10.1007/978-3-658-29510-3_24

hat die größten Chancen und nicht der, der vielleicht am besten geeignet wäre.

Interaktive Selbsttests für die eigene Einschätzung auf Basis arbeitspsychologischer Methoden. Klingt dermaßen abgehoben, dass es nur sinnvoll und wichtig sein kann.

Ich möchte mit all dem Raster- und Normdenken abschließen! Denn was kommt dabei heraus? Jeder sollte alles wissen und können.

> Ich halte daher sowohl die Suche nach idealen Anforderungsprofilen als auch ihre Anwendung in der Praxis für wenig nützlich. Es ist das Paradebeispiel von Unmenschlichkeit, von Menschen Dinge zu verlangen, die sie nicht und niemals leisten können. (Malik 2006, S. 39)

Die Natur sieht es anders vor. Jeder Mensch bekommt bestimmte Grundtendenzen quasi in die Wiege gelegt. Danach nimmt die Erziehung großen Einfluss. Später die schulische oder akademische Ausbildung. Dazu kommen viele Erfahrungen.

Jeder Jobbewerber hat also andere Voraussetzungen und definitiv ein anderes Wesen. Einer ist extrovertiert und enorm zielorientiert, ein anderer ist introvertiert und extrem empathisch. Trotzdem bewerben sich beide für denselben Job, weil in der Jobbeschreibung steht: man soll zielorientiert, kreativ und mit gutem Umgang ausgestattet sein. Trifft also zum Teil auf beide Bewerber zu. Der Erste denkt sich „zielorientiert", perfekt und guten Umgang hat er sowieso, da er als extrovertierter Mensch gerne auf Menschen zugeht. Der andere denkt sich „kreativ", super und guten Umgang habe ich auch, da ich mitfühlend bin und gut zuhören kann. Die andere Eigenschaft, welche meinem Naturell nicht so entspricht werde ich trainieren, bzw. werde ich mich gut auf Fragen vorbereiten, um nicht ertappt zu werden. Wenn sich also beide ordentlich vorbereiten, wird man zwei durchschnittlich gute Bewerber bekommen, die einen zumindest zum Teil ordentlich anlügen. Ist der ausgeschriebene Job eher im kreativen Bereich angesiedelt, wird man – wenn man Glück hat – den kreativen Bewerber bekommen, aufgrund der guten Vorbereitung der Bewerber, kann jedoch auch der Falsche zum Zug kommen und dann in seiner Position vollkommen überfordert und falsch am Platz sein.

Daher ist es meiner Meinung nach enorm wichtig, den Job richtig aus-
zuschreiben und nur tatsächlich erforderliche Wesensmerkmale anzufüh-
ren. Zudem lauert eine andere Gefahr hinter zu vielen Anforderungen:
Der Bewerber kann seine Stärken nicht ausspielen. Er muss auf „alles"
vorbereitet sein. Oder wie Fredmund Malik es beschreibt:

> „Jobs mit ‚ein bisschen von allem' führen zur Flucht aus der Leistung und
> aus der Verantwortung." (Malik 2006, S. 201)

Er meint damit, dass die Fähigkeit zur Selbstmotivation durch Erfolg
nicht gegeben ist. Wer sich nicht auf eine Aufgabe konzentrieren kann,
verliert die Möglichkeit Erfolge einzufahren; sein Handeln wird im besten Fall bemüht, doch nicht erfolgsverwöhnt sein.

Die sogenannten Hard Skills sind einfach. Erfahrung, nachweisbar,
Ausbildung, nachweisbar, Sprachenkenntnisse nachweisbar, EDV-Kennt-
nisse nachweisbar … ich spare ihnen den Rest, jeder kennt den tabellari-
schen Lebenslauf.

Wobei zu beachten ist, dass auch bei den Hard Skills geflunkert werden kann. Wer sich's traut?

Die Soft Skills jedoch sind wesentlich komplizierter abzuschätzen. Betrachtet man einen durchschnittlichen Berufsalltag, erkennt man, dass
man fast immer von anderen Menschen abhängig ist. Man will was,
braucht was, empfängt was, gibt was, hört was, sagt was … das Ganze
zusammengeführt in dem Wort Kommunikation.

Um jedoch kommunizieren zu können, müssen mindestens zwei Personen beteiligt sein. Und die müssen sich zuhören, etwas vom anderen
lesen, Anordnungen empfangen usw.

Damit der eine tut, was der andere will, sollte er es verständlich kommuniziert bekommen, zudem sollte er es im besten Fall auch gern tun,
denn dann wird er es beim nächsten Mal wieder gern tun. Im umgekehr-
ten Fall kann es geschehen, dass man etwas nur einmal tut und beim
zweiten Versuch verweigert. Die Kommunikation benötigt also eine Art
von Höflichkeit und im besten Fall Sympathie. Wenn sich die beiden
Personen gut verstehen, wird der Erklärungsaufwand wesentlich geringer
als umgekehrt.

Überforderte Vorgesetzte denken oft, dass es vollkommen egal ist, ob man sich leiden kann oder nicht. Befehle werden erteilt und müssen ausgeführt werden, immerhin fließt ja Geld.

Ich weiß nicht wie sie es sehen, aber wenn ich meinen Chef nicht leiden kann, werde ich mir die Aufgabenstellungen ganz genau erklären lassen und werde mein Leistungsbild genau abgrenzen. Genauer gesagt: Der Erklärungsaufwand erfordert mehr Zeit und ich werde nicht erklärte Arbeiten nicht von alleine machen. Ich werde die erledigte Arbeit vorlegen und mir die nächste erklären lassen. Ich habe das in der Praxis oft genug erlebt, leider auch als Vorgesetzter. Leider, weil ich damals noch nicht wusste, dass es meine eigene Schuld war, dass der Mitarbeiter nur Dienst nach Vorschrift machte und ich ständig erklären musste. Ich konnte ihm lediglich vorwerfen, dass er mehr Enthusiasmus an den Tag legen könnte, jedoch nicht, dass er seine Arbeit nicht erledigt hat. Glauben Sie mir, das ist auf Dauer zermürbend. Vielleicht hätte schon eine kleine Geste des Vertrauens gereicht, um seine Einstellung zu ändern, oder er war völlig falsch eingesetzt.

Ein weiteres Problem im Recruiting sehe ich bei der Festlegung von Positionen für bestimmte Gruppierungen, wie etwa Akademiker. Es wird davon ausgegangen, dass jemand, der eine gewisse Richtung studiert hat, die erforderlichen Kenntnisse mitbringt. Was dabei völlig übersehen wird, ist die Möglichkeit, dass dieselbe Leistung auch von einem Nichtakademiker erbracht werden kann. Es geht doch um das Erledigen von Tätigkeiten; um das erfolgreiche Erledigen. Warum also nicht speziell nach Menschen suchen, die ähnliche Aufgaben bereits erfolgreich erledigt haben?

Betrachtet man große Unternehmen, so sitzen in den Vorständen oft Menschen ohne akademischen Hintergrund. Zwei oder mehr Führungsebenen darunter werden jedoch nur Akademiker eingestellt? Man geht davon aus, dass Nichtakademiker der Aufgabe nicht gewachsen sind, obwohl das Unternehmen von Nichtakademikern geleitet wird. Ein Paradoxon erster Güte. Ich habe konkret bei einem Vorstandsmitglied eines großen österreichischen Unternehmens diesbezüglich nachgefragt und als Antwort erhalten: „Früher war die Ausbildung besser. Heut braucht es eben Akademiker." Ich glaube, dass die Ausbildungsstätten das anders sehen, und obwohl ich eine „frühere" Ausbildung genoss, sehe ich das auch anders. Fakt ist, dass es heutzutage wesentlich mehr Akademiker gibt als vor 30 Jahren; vielleicht hat sich dieser Trend daher entwickelt. Meiner Meinung nach ist es falsch, zukünftige Tätigkeiten nicht nach bereits erfolgreich Geleistetem zu bewerten.

24.1 Was erwarte ich wirklich?

Wie setzt sich nun eine Stellenbeschreibung sinnvoll zusammen? Üblicherweise wird eine Position ausgeschrieben, die aufgrund ihres Tätigkeitsprofils, eine gewisse Zahl von Tätigkeiten beinhaltet. Diese Tätigkeiten können jedoch vollkommen divergierend sein. Ein Projektleiter in einem technischen Unternehmen soll Fachwissen im jeweiligen Bereich haben. Er soll kommunikativ sein, er soll kaufmännisches Verständnis haben, er soll Führungsqualitäten aufzeigen, er soll im Umgang mit EDV sattelfest sein und er soll zumindest zwei Sprachen sprechen. Geht man fachlich ins Detail soll er Wissen über Ausschreibungswesen haben, diverse Anwenderprogramme beherrschen, das Normen- und Regularien-Universum überblicken und vieles mehr. Die Anforderungsliste an einen technischen Projektleiter ist also sehr umfangreich. Verlangt man alles in gleicher Qualität von einem Bewerber, sucht man nach der Nadel im Heuhaufen.

Sinnvollerweise bezieht man das Assignment Control, die Einsatzsteuerung mit ein in die Beschreibung. Dort steht z. B., dass der technische Projektleiter für diese und jene Tätigkeiten herangezogen wird, und dass von seiner Seite der erfolgreiche Abschluss solcher Tätigkeiten nachzuweisen ist. Somit minimiert man das Risiko, die falsche Person am falschen Ort einzusetzen. Zudem werden sich nicht nur jene Bewerber melden, die von allen Anforderungen Ahnung haben, sondern auch jene, die genau die beschriebenen Tätigkeiten bereits erfüllt haben.

> Es macht auf Dauer keinen Sinn, nur Bewerber zu suchen, die alles abdecken. Wenn sie die mittelfristig erforderlichen Aufgaben positiv erledigen können, kann man sie währenddessen auf spätere Aufgaben vorbereiten.

„Aber es ist eine alte Wahrheit der Motivationstheorie, dass Standards, die völlig jenseits jeder Erreichbarkeit liegen, nicht nur nicht motivierend sind, sondern dass sie die Menschen entmutigen." (Malik 2006, S. 40)

Jede Tätigkeit, die sich in einer Jobbeschreibung wiederfindet, sollte einem Produkt und einer Verantwortung zugrunde liegen. Und es sollte klar definiert sein, wem gegenüber man diese Verantwortung hat; im besten Fall natürlich dem Kunden. Tätigkeiten ohne Verantwortung laufen Gefahr ineffizient zu sein. Am besten beschreibt man nicht die Tätigkeit, sondern das erwartete Ergebnis, das einem Erfolg gleicht.

Ein weiteres Thema ist der Kontakt mit anderen Menschen
Welche Erfahrung hat der Bewerber im Umgang mit anderen Menschen gemacht? Hatte er Kundenkontakt? War er in einer Führungsposition? Sehr oft erlebt man bestens ausgebildete Fachkräfte, die in Gegenwart des Kunden kein vernünftiges Wort herausbringen oder respektlos und abwertend agieren. Sie haben nie gelernt, wie man mit Menschen umgeht, ohne ihre eigenen Triebe dabei auszuleben. Innerhalb des Unternehmens wird dies meist geduldet, da der Mitarbeiter gute Arbeit leistet, doch an der Arbeitsfront hat so ein Benehmen nichts verloren. Daher ist es wichtiger, nach Menschen mit einem gewinnenden Wesen zu suchen, wenn häufiger Kundenkontakt verlangt wird. Ein freundliches und sicheres Auftreten wirkt beim Kunden allemal besser als mürrisch oder unsicher vorgetragenes Fachwissen.

Legen Sie Wert auf Kooperation. Bewerber, die nur des Geldes wegen arbeiten, legen keinen besonderen Wert auf Kooperation und gemeinsame Ziele. Wenn Sie sich nur an Fachexperten halten, denen Kooperation eher im Wege ist, dann werden diese Fachexperten auch nur andere Fachexperten respektieren. In einem Team zu arbeiten, heißt noch nicht, das gemeinsame Ziel erreichen zu wollen. Leider gibt es auch Menschen, die ihren Spaß damit haben, Teams scheitern zu sehen. Sie werden immer auf ihre und niemals auf die Teamleistung hinweisen. Daher, fragen Sie nach besonderen Teamerfolgen.

Wird ein Mitarbeiter gesucht, der sich in ein Team integrieren soll, macht es Sinn, das Team in die Entscheidung miteinzubeziehen. Neue Mitarbeiter verursachen Veränderung, daher ist eine breite Akzeptanz des Teams von vornherein sinnvoll.

24.2 Bauchgefühl

Was hat Bauchgefühl beim Recruiting verloren? Wahrscheinlich ist es die wichtigste Entscheidungsgrundlage, einen Menschen einzustellen. Wenn wir uns schlecht fühlen, Stress verspüren oder aufgeregt sind, spüren wir das im Bauch. Wenn wir uns auf etwas freuen oder verliebt sind, spüren wir das im Bauch. Wissenschaftlich gesehen gibt es eine Verbindung von Nervensträngen zwischen dem Bauch und jenen Gehirnteilen, die auf soziale Beziehungen reagieren. Wenn ich also eine Arbeitsbeziehung mit einem anderen Menschen eingehe, sagt mir mein Bauch, ob ich richtig oder falsch liege. Und falsch zu liegen, kann fatal sein. Nicht unbedingt nur wegen Mitarbeitern, die wieder kündigen, sondern besonders wegen denen, die nicht mehr kündigen.

> „Hat man sich für einen Mitarbeiter entschieden, bei dem sich dann herausstellt, dass er nicht passt, muss man damit rechnen, dass er nie von selbst kündigen wird." (Janssen und Grün 2017, S. 91)

Solche Mitarbeiter machen Dienst nach Vorschrift, lassen sich nichts zu Schulden kommen, weil sie sich von jeder Verantwortung drücken. Sie machen den Job auf Lebenszeit und sind gegen alle Veränderungen resistent. Mit ihnen zu arbeiten, sie zu führen, ist schwierig und nervenaufreibend. In vielen Fällen drängen solche Menschen in den Betriebsrat, um unkündbar zu sein.

> „Das Einzige, das mehr Zeit erfordert (und auch mehr Arbeit) als die richtigen Mitarbeiter einzustellen ist es, eine falsche Personalentscheidung rückgängig zu machen." (Haas Edersheim 2007, S. 190)

Daher sollte die Entscheidung, einen Menschen einzustellen, immer durch positives Bauchgefühl bestätigt sein. So esoterisch das klingen mag, ich habe darüber mit vielen Führungskräften gesprochen, und alle haben mir in diesem Punkt Recht gegeben.

Auch Sympathie spielt eine Rolle. Die Führungskraft darf sich gegen Menschen entscheiden, die ihr nicht sympathisch sind … immerhin verbringt sie fast 50 % ihrer Tageszeit mit diesem Menschen. Außerdem wäre es auch für ihn ungerecht, da er definitiv anders behandelt werden würde als andere.

Literatur

Haas Edersheim, E. (2007). *Peter F. Drucker: Alles über Management*. Heidelberg: Redline.
Janssen, B., & Grün, A. (2017). *Stark in stürmischen Zeiten: Die Kunst, sich selbst und andere zu führen*. München: Ariston.
Malik, F. (2006). *Führen, Leisten, Leben*. Frankfurt a. M.: Campus.

Teil III

Horizontale Beziehungen

In jeder Führungsposition ist man zumindest manchmal der Geführte. Fredmund Malik behauptet sogar, dass „Das ganze immer wieder propagierte anspruchsvolle Managementarsenal – Kommunikation, Kooperation, Überzeugungsfähigkeit, Durchsetzungsvermögen usw. – braucht man nicht in erster Linie dort, wofür es empfohlen und vermittelt wird, nämlich für die Führung der Mitarbeiter", sondern „Man braucht es für die Führung der anderen Teile des organisatorischen Netzwerks, in das man eingebunden ist, für das Management der seitwärts und nach oben gerichteten Beziehungen." (Malik 2006, S. 52)

Ich nenne die Abhängigkeit der Führungskraft von anderen Menschen „Horizontale Beziehungen". Im Gegensatz dazu sind Führungsaufgaben „Vertikale Beziehungen". In horizontalen Beziehungen habe ich als Führungskraft nur beschränkten Einfluss was die Führung betrifft. Es geht mehr darum, ein akzeptables Einverständnis zu schaffen.

Literatur

Malik, F. (2006). *Führen, Leisten, Leben*. Frankfurt a. M.: Campus.

25

Der Kunde

*„Der Zweck eines Unternehmens beginnt schon außerhalb, beim Kunden …
es ist der Kunde, der bestimmt, was ein Unternehmen ist, was es herstellt und
ob es Erfolg haben wird.“*

– Peter F. Drucker (Haas Edersheim 2007, S. 63)

Zusammenfassung In diesem Kapitel wird die Beziehung mit dem
Kunden erläutert. Aufgrund vieler Beispiele, unterstützt durch Zitate
namhafter Business Coaches und Wirtschaftsforscher, werden Möglichkeiten zur Integration des Kunden in den eigenen Kernprozess beschrieben. Welche Rechte, Pflichten und Abhängigkeiten ergeben sich für die
Führungskraft in Bezug auf den Kunden?

Die wichtigste horizontale Beziehung bildet der Kunde (Markt). Auf-
grund des weltweiten Bewertungsbooms und der sich verändernden
Märkte, hat der Kunde eine stärkere Position eingenommen als je zuvor.
Somit rücken Firmenstrategien, sofern sie sich nicht vorrangig um den
Kunden drehen, in den Hintergrund.

© Springer Fachmedien Wiesbaden GmbH, ein Teil von Springer Nature 2020   **269**
P. Hennerfeind et al., *Soziale Aspekte der Führung*,
https://doi.org/10.1007/978-3-658-29510-3_25

„Nicht Pläne und Ziele des Unternehmens stehen am Anfang der Wertschöpfungskette, sondern der Kunde." (Sprenger 2018, S. 26)

Unternehmen wie Amazon haben es vorgemacht. Sie sind ausschließlich um den Kunden herum organisiert.

„Halten Sie sich immer vor Augen, was den Erfolg der großen Plattform-Firmen wie Google oder Amazon ausmacht: Sie sind zu ihren Kunden einfach entgegenkommender." (Sprenger 2018, S. 27)

Dieses Entgegenkommen, das Reinhard Sprenger anspricht, hat zu Beginn kollektives Kopfschütteln heraufbeschwört. Die damaligen Marktbegleiter belächelten die Vorgehensweise und gaben den Unternehmen keine Chance auf längeres Bestehen. Das Gegenteil trat ein: So manche der Kopfschüttler sind vom Markt verschwunden.

Heutzutage können es sich nur mehr große Telekomanbieter erlauben, den Kunden weitgehend zu ignorieren, weil sie aufgrund mangelnder Konkurrenz (zumindest in Österreich) Narrenfreiheit haben. Die Kundenbetreuung wird quasi auf null heruntergefahren, um im Gegensatz dazu die Preise zu erhöhen. Aufgrund mangelnder Alternativen wählen die Kunden zwischen Not und Elend. Doch diese Unternehmen bilden die Ausnahme, und es ist zu hoffen, dass auch sie in Zukunft für ihre Kundenignoranz bestraft werden.

Andere, meist traditionelle Unternehmen bieten ihre Leistung als Sorglospaket an, um damit den Kunden zufriedenzustellen, und auch, um sich langwierige Abstimmungen mit dem Kunden zu ersparen. Diese Sorglospakete werden in gewohnten Abläufen organisiert, was so viel heißt wie: Die Organisation dahinter bleibt immer gleich. Dies mag in der Vergangenheit einigermaßen funktioniert haben, doch in Zeiten der rasanten Veränderung, scheitern solche Sorglospakete. Alles was nicht im vorgefertigten Sorglospaket inkludiert ist, verursacht organisatorische Probleme. Eingefahrene Strukturen lassen sich nicht von heute auf morgen umgestalten. Das kostet Zeit. Und diese Zeit geht nie zu Lasten des Kunden; sie wird vom Unternehmen selbst bezahlt – entweder durch Geld oder durch Qualitätsverlust, der sich schlussendlich wieder in Geld wandelt. Ein weiterer Nachteil eines Sorglospaketes ist der unnütze Inhalt, der gratis mitgeliefert wird. Zum einen braucht ihn der Kunde nicht, zum anderen kostet er dem Unternehmen Geld.

Beispiel

Früher war es der Verkaufsrenner, wenn Personal-Computer unzählige Anwendungsmöglichkeiten hatten. Je mehr – zum Teil unnötige – Funktionen so ein Teil besessen hat, desto öfter wurde es von Kunden gekauft. Heute ist das ganz anders: Heute stellt sich der Kunde seinen PC nach seinen eigenen Bedürfnissen zusammen. Er achtet auf die wichtigen Funktionen und auf die Qualität der eingebauten Teile. Er möchte kein Sorglospaket, sondern ein auf ihn abgestimmtes System. Heute gibt es sogar Computerspiele, die lediglich das Zusammensetzen eines PCs zum Inhalt haben. So wird mit unterschiedlichen Komponenten getestet, wie sich die Geschwindigkeit des Gerätes ändert. Freilich wird auch auf das Optische wert gelegt, auf die Lebensdauer oder die Beanspruchbarkeit. Somit sind Computerteilehersteller angehalten, in diesen PC Spielen vorzukommen und auch dementsprechend gut abzuschneiden. Denn auf kurz oder lang werden Computer vor dem Kauf so einem Test unterliegen. Immer weniger Menschen werden auf vordefinierte Gesamtpakete zugreifen. Das bedeutet, dass die Hersteller von Computern grundlegend anders organisiert sein müssen: Sie müssen schnell und flexibel arbeiten. Sie müssen stets die Möglichkeit der Vergleichbarkeit bieten, und sie müssen mit wesentlich mehr Lieferanten zusammenarbeiten.

Und das ist wohl die größte Herausforderung für Traditionsunternehmen, die umfangreiche und starre Organisationsformen haben: sich auf jeden einzelnen Kunden zu konzentrieren, statt nur einen Markt zu beliefern. Der Kunde gibt die Richtung vor, und die Unternehmen mit ihren Führungskräften orientieren sich danach. Jedes andere Unternehmen, das glaubt, noch immer selbst die Richtung bestimmen zu können und den Kunden außen vor zu lassen, wird nach Aufbrauchen der Ressourcen vom Markt verschwinden. Wer die Bedürfnisse seiner Kunden am besten befriedigen kann, wird am erfolgreichsten sein und am längsten bestehen.

25.1 Kundenverständnis

Wenn ich den Kunden verstehen will, werde ich selbst zum Kunden. So erkenne ich schnell, was ich mir von meinem Unternehmen wünschen würde. Eine einfache Möglichkeit ist das Verwenden eines Fake-Kunden, den ich selbst beauftrage, mein Unternehmen so richtig auf die Probe zu stellen. Wo läuft alles einwandfrei? Wo treten Widerstände auf? Wo werden Zeitpläne eingehalten und wo nicht? Wie fühlt man sich als Kunde? Wie wird man behandelt? Die Möglichkeiten sind enorm.

Wer ist Kunde? Ist nur der Endverbraucher Kunde?
Bestimmt nicht. Kunde ist jeder, der sich in einer Wertschöpfungskette befindet und mit einem anderen ein Abhängigkeitsverhältnis hat. Einfach erklärt: Jeder der von mir eine Leistung oder ein Produkt erhält, ist Kunde.

„Kunde ist nicht nur der letzte Verbraucher eines Produktes, sondern jeder – auch in der eigenen Organisation – dem ich etwas liefere und der es mir abnimmt." (Kraus 2010, S. 192)

Somit erweitert sich die Kundendefinition auf viele unterschiedliche Ebenen. Zudem bin ich immer auch selbst Kunde, denn egal was ich herstelle oder anbiete: Es gibt immer eine Verbindung zu einem anderen Lieferanten, Hersteller oder Logistikunternehmen. Irgendwann ist jeder Kunde.

Wie kann ich Kundenwünsche und Meinungen in meine Arbeitsabläufe integrieren?
Der Endkunde erwartet sich ein Ergebnis. Je nach Projektgröße gibt es Zwischenergebnisse, die meist mit fixen Fertigstellungsterminen hinterlegt sind. Idealerweise ist die Organisation, der Arbeitsablauf genau an diese Termine angepasst. Je größer aber ein Unternehmen, desto mehr Kundenbeziehungen gibt es.

„Der Kunde war einst der Motor des Unternehmens. Dann aber wuchsen die Unternehmen, drehten sich zunehmend um sich selbst." (Sprenger 2018, S. 16)

Wie oben erwähnt, ist der Kollege aus der anderen Abteilung, der auf meine Arbeit angewiesen ist, ebenfalls ein Kunde. Er wiederum trägt ebenso Verantwortung gegenüber dem Endkunden. Genauso zählen diverse Stabstellen als Kunden, obwohl sie nicht unbedingt dem Endkunden gegenüber Verantwortung tragen. Sie dienen dem internen Ablauf, eventuell der Kundenstrategie, sind also ebenfalls wichtig und erforderlich. So gesehen, ist es in größeren Unternehmen zunehmend schwieriger, sich in erster Linie dem Endkunden zu widmen. Stabstellen haben ja meist völlig andere Ziele und Verpflichtungen. Ihre Termine sehen völlig anders aus. Und doch werden sie aus dem Kerngeschäft heraus am Leben erhalten. Und, was meist im Wertschöpfungsprozess nicht berücksichtigt wird: Sie verbrauchen Zeitressourcen und sie ändern den Ablaufplan. Sie blähen die Organisation auf. Für die Führungskraft bedeutet das, Anfragen und Weisungen entgegenzunehmen, die nicht direkt mit dem Wertschöpfungsprozess zu tun haben. Es ist also ratsam, Zeit einzuplanen und diese auch darzustellen.

> Wenn man erkennt, dass der interne Zeitaufwand größer wird als der dem Wertschöpfungsprozess zugeordnete, hat man den Blick auf den Kunden vernachlässigt.

Denn wie Reinhard Sprenger sagt, kommt zuerst der Markt (Kunde), dann die Organisation, dann der Mitarbeiter und ganz zuletzt die Technologie. (Sprenger 2018, S. 38)

Wobei ich persönlich den Mitarbeiter an die zweite Stelle setze, denn die Organisation richtet sich nach dem Mitarbeiter. Es ist wichtiger, die Verbindung Kunde – Mitarbeiter zu stärken, um danach die richtige Organisation herum bauen zu können. Der Mitarbeiter leistet seine Arbeit nicht wegen der Führungskraft, sondern wegen dem Kunden. Wenn ihm das bewusst ist, wird er darauf achten, die richtigen Prioritäten zu setzen und auf nicht kundenbezogene Arbeitsabläufe hinzuweisen.

Um die Verbindung Kunde – Mitarbeiter aufzubauen gehen erfolgreiche Unternehmen wie Amazon neue Wege. Wie Reinhard Sprenger in seinem Buch „Radikal Digital" beschreibt, lässt Amazon seine Mitarbeiter vor einer Neuentwicklung interne Pressemitteilungen erstellen, die in kurzen Worten den Kundennutzen beschreiben. (Sprenger 2018, S. 34)

So verhindert man nicht nur Arbeitsleerläufe, sondern sucht die Lösung immer im Bewusstsein des Kunden. Betrachtet man die sozialen Aspekte dahinter, versetzt man sich also in den Kunden und überlegt sich „Wie geht es dem Kunden mit meinem Produkt? Wie fühlt er sich damit?". Dann eröffnen sich dadurch völlig neue Perspektiven: Möglicherweise erkennt man sogar eine neue sinnvollere Art und Weise, den Kunden zu befriedigen. Fehler in der Organisation werden leichter von außen erkannt. Daher macht es Sinn, auch neue Mitarbeiter einzubinden, die sich noch nicht vollständig in die Organisation eingebunden haben.

Eine andere Möglichkeit, den Kunden präsent zu halten, ist das Hinterfragen von internen Arbeitsabläufen. Was bringt es dem Kunden, dies zu tun? In manchen Sitzungen werden Probleme diskutiert, die keinerlei Kundenbezug aufweisen. Wenn man sich dessen bewusst wird, bekommt man die Möglichkeit, das zu verhindern. Im Prozess-Management werden Arbeitsabläufe auf ihre Effizienz hin überprüft. Warum nicht statt auf Effizienz auf Kundennutzen prüfen? Die am besten ausgeklügelten Prozesse sind sinnlos, wenn sie nicht dem Kunden dienen. Wenn ich mein Lager neu organisiere, dann doch nur, um den Kunden damit schneller beliefern zu können. Wenn ich mich neu einrichte, dann doch nur, um schnellere Ergebnisse für den Kunden zu bringen.

Beispiel

Nachdem Firma XY das neue Büro eingerichtet hatte, kam die Frage, warum dies geschah. Die Antwort lautete, weil sich die Mitarbeiter jetzt wohler fühlen. Dient dieses Wohlfühlen der Mitarbeiter einer höheren Effektivität? Nein. Hätte es nicht die Möglichkeit gegeben, sich so einzurichten, dass beides erreicht wird? Schnellere Wege, einfacheres Zusammenkommen, ruhigere Arbeitsplätze …

Mit einem Kunden von Angesicht zu Angesicht zu sprechen, ist etwas völlig anderes als per E-Mail zu kommunizieren. Man spürt und empfindet direkt, was der Kunde braucht. Insbesondere bei umfangreichen Projekten, vergisst man gerne, an den Endkunden zu denken. Aufgrund vieler interner Projektabläufe rückt der tatsächliche Verbraucher des Produktes in den Hintergrund. Umso wichtiger ist dann der direkte Kontakt mit diesen Menschen. Deren Meinung ist die Wichtigste. Denn sie müssen mit dem Ergebnis leben.

Wenn man betrachtet, wie sich diese direkten Kontakte durch immer modernere Übertragungsmöglichkeiten verringert haben, versteht man diverse menschenfeindliche Entscheidungen mancher Konzerne. Würden sich deren Mitarbeiter mit jedem Kunden direkt auseinandersetzen müssen, sähe die Kundenzufriedenheit anders aus. Daher sollte sich jedes Unternehmen die Frage stellen, wie viele seiner Mitarbeiter direkten Kontakt zum Kunden haben. Insbesondere strategische Abteilungen sollten diesen Kontakt suchen.

„Sie werden daran ablesen können, ob sie ihre Außensensibilität verlieren, sich an innen definierten Wirklichkeiten orientieren, am überall wuchernden Unternehmensautismus ...“ (Sprenger 2018, S. 73)

25.2 Produkt und Kunde

Was braucht der Kunde? Eine Brille oder ein Auto? Unternehmen denken an Produkte. Ich stelle Brillen her, also denke ich darüber nach, meine Produktionsabläufe zu optimieren, neue Absatzmärkte zu finden, billigere Materialien zu beziehen und so weiter. Doch was bringt das dem Kunden? Warum soll er meine Brille kaufen? Sein Bedürfnis ist ein anderes: Er möchte besser sehen, sich besser gegen die Sonne schützen, cooler aussehen, seine Brille beim Sport nützen ...

Freilich sind beide Sichtweisen erforderlich, um am Ende des Tages erfolgreich zu sein, doch ich behaupte, der Kundennutzen steht an erster Stelle. Erst wenn der Kunde vollkommen zufriedengestellt ist, denkt man an Effektivität oder Effizienz. Unternehmen, die Produkte ohne zusätzlichen Kundennutzen weiterentwickeln, werden daran scheitern.

> Die Frage lautet nicht: Was biete ich dem Kunden an? Die Frage lautet: Was braucht der Kunde und wie passen meine Fähigkeiten dazu?

Wenn ich in meiner Struktur zu sehr eingeschränkt bin, kann ich nicht auf veränderte Kundenwünsche eingehen. Dem Kunden gegenüber offen und flexibel zu bleiben, heißt die eigene Normierung und Standardisierung gering zu halten. So sehr das auch einer effektiven Arbeitsweise widerspricht. Wenn der Kunde es nicht kauft, bringt das schönste Produkt nichts. Viele Unternehmen, die ihr Scheitern dem veränderten Markt zuschreiben, haben sich zu sehr nach innen orientiert und den Kundennutzen außen vor gelassen.

Reinhard Sprenger ist der Meinung, dass eine Institution nur dann eine Existenzberechtigung hat, wenn sie ein Kundenproblem bearbeitet. (Sprenger 2018, S. 111)

Viele unserer Unternehmen sind in Abteilungen gegliedert, die wiederum in Abhängigkeit zueinanderstehen. Bis das fertige Produkt beim Kunden ankommt, durchläuft es nacheinander diese Abteilungen. Fallen Änderungen durch den Kunden an, beginnt die Reise von vorne. Könnte das auch anders aussehen? Könnte der Ablauf auch von hinten nach vorne geschehen, sternförmig oder zufällig? Ist es nicht das, was dem Kundennutzen am besten entspricht? Ein ständiges Miteinander direkt am Kundennutzen orientiert?

Für viele mag das vollkommen abwegig klingen, doch wenn man sich die aufgewendete Zeit in Zahlen vor Augen führt, erkennt man dahinter die erschreckende Wahrheit. Große Unternehmen haben oft das Problem, nur Aufträge einer gewissen Größe annehmen zu können, da ihr Apparat zu viele interne Kosten verursacht, und sie bei kleineren Aufträgen nicht gewinnbringend arbeiten können. Ein eindeutiges Zeichen für eine starre Unternehmenskultur.

> Flexible Unternehmen können jede Auftragsgröße mit Gewinn abschließen.

25.3   Der Kunde als Experte

Dem Kunden einen Teil des eigenen Expertenstatus zuzusprechen, ist eine der schwersten Entscheidungen, aber auch eine der klügsten. Denn heutzutage ist aufgrund des Internets jeder schnell dazu fähig, sich weiterzubilden und vor allem sich seine Meinung zu bilden. Akzeptiere ich dieses Kundenwissen nicht, muss ich eine Hürde überspringen: Ich muss den Kunden zuerst von meinem eigenen Expertenwissen überzeugen, um seine volle Aufmerksamkeit zu erhalten. Dann erst kann ich ihn zielführend beraten. Dabei muss ich mir aber sicher sein, mehr als der Kunde zu wissen.

Wenn ich den Kunden quasi von Beginn an abhole und mir sein angeeignetes Wissen zu Nutze mache, gehe ich mit ihm eine Partnerschaft ein. Die Beratung wird eher zu einer gemeinsamen Abstimmung. Der große Vorteil darin: Das Ergebnis steht auf beiden Beinen. Der Kunde wird die gemeinsame Entscheidung aus freien Stücken mittragen. Alles was es dazu benötigt, ist das Loslassen des eigenen Expertendranges.

> Statt als Experte zu handeln, ändert man die Strategie und wird zum Koordinator der gemeinsamen Entscheidungsfindung.

25.4   Das Verschwinden der geografischen Grenze

Früher, also sehr viel früher, kannte man seinen Kunden persönlich. Egal ob ein Produkt gekauft oder eine Dienstleistung angeboten wurde: Kunde und Verkäufer / Dienstleister sprachen miteinander. Später änderte sich dieser Zugang. Es gab mehr Möglichkeiten zu kommunizieren. Unternehmen wuchsen und persönliche Begegnungen wurden seltener. Trotzdem bewegte sich der Großteil der Unternehmen in einem ziemlich genau definierten Markt.

Durch das Internet wurde dieser Markt verzerrt. Plötzlich war es auf einfache Weise möglich, Waren aus anderen Märkten zu kaufen oder Waren in anderen Märkten zu verkaufen. Viele Unternehmen wurden globaler. Sie mussten sich dem internationalen Angebot stellen und sie mussten ihre Waren und Dienstleistungen an ein größeres Zielpublikum anpassen.

Betrachtet man unsere heutige Zeit, sind wir noch wesentlich weitergekommen. Kunden sind nicht nur weltweit miteinander vernetzt, sie agieren auch gemeinsam. Wenn man sich die Flut der Rezensionen ansieht, die täglich ganze Märkte beeinflusst, fragt man sich, wie man als Unternehmen noch darauf reagieren kann. Der asiatische Kunde hat eventuell andere Vorstellungen als der europäische und doch blasen sie in dasselbe Horn.

„Nie zuvor hatten die Kunden so sehr zu bestimmen, wohin die Reise geht." (Haas Edersheim 2007, S. 40)

Meiner Meinung nach kann man dem nur mit Kooperation entgegenwirken oder wie Peter Drucker es bezeichnete:

„Während Unabhängigkeit einst der Schlüssel zu Geschwindigkeit war und für Konkurrenten eine Einstiegsbarriere, wurde sie nunmehr ein Zeichen für Isolation. Und Isolation ist der Tod eines jeden Unternehmens." (Haas Edersheim 2007, S. 42)

25.5   Der Kunde als König

Auch wenn der Kunde König ist, heißt das nicht, dass er sich immer so verhalten muss: herablassend, fordernd und elitär. Zum Schutze des Eigenwohls und dem Wohl ihrer Mitarbeiter lässt die Führungskraft nicht alle Schikanen durchgehen. Man kann es nicht jedem rechtmachen, also gibt es auch Grenzen, die man sich als Führungskraft genau setzen sollte. Insbesondere wenn es um Rezensionen geht, erkennt man den Spaß so manch findiger Schreiberlinge, denen es nur um ihre eigene Aufmerksamkeit geht – die schlechte Rezensionen verfassen, um ihren eigenen Frust loszuwerden, und denen es nicht mehr um das eigentliche Produkt geht.

Der Kunde ist solange König, so lange er sich gerecht benimmt. Missachtet man die notwendige Abgrenzung von ungerechten Kunden, bringt man nicht nur das Unternehmen in Gefahr, sondern zerstört sich damit auch das zuvor etablierte Kundenverständnis seiner Mitarbeiter. Wenn sich in den Köpfen der Mitarbeiter der Kunde erstmal vom König zum Tyrannen wandelt, gibt es keinen Grund mehr, gute Qualität zu liefern. Daher sollte man als Führungskraft stets auf die Balance zwischen Kunden und Mitarbeiterverständnis achten. Mit einem schlechten Kunden kann man sich das ganze Unternehmen vergiften.

25.6 Konkurrenten und Marktbegleiter

Früher galt, die Konkurrenz genau zu beobachten und wenn möglich, einen Schritt schneller zu sein. Durch überschaubare Märkte waren Unternehmen hauptsächlich auf sich selbst konzentriert. Man versuchte alles selbst abzudecken, um am Markt in Führung zu liegen. War man erst einmal Marktführer, konnte man für längere Zeit die Richtung vorgeben. Die Konkurrenz war unter Zugzwang. Heute zeigt sich ein anderes Bild: Der Marktführer von heute kann morgen schon vom Markt verschwunden sein. Daher vernetzen sich Unternehmen, statt sich zu bekriegen.

> Es geht nicht mehr darum, wie gut man als Unternehmen Projekte realisiert, sondern welche Fähigkeiten man hat, um Projekte mit anderen zu realisieren.

Man hat nicht mehr alle Fähigkeiten im Haus, um Produkte herzustellen oder Projekte abzuwickeln, sondern man strebt nach den Fähigkeiten, die es braucht, um andere mit anderen spezifischen Fähigkeiten zu integrieren. Man setzt verstärkt auf Kooperation und genau definierte Schnittstellen. Große Konzerne bilden Arbeitsgemeinschaften statt sich in Konkurrenz zu begeben. Insbesondere wenn es um Menschen und Wissen geht, hilft man sich gegenseitig mit Ressourcen.

In den USA wandern ganze Gruppen von einem Unternehmen zum anderen. Statt sich gegenseitig Mitarbeiter abzuwerben, stellt man sie zur

Verfügung, um später bei Bedarf selbst zu profitieren. Diese Gangart hilft den Unternehmen und vor allem den Mitarbeitern.

In Österreich hat sich dieser Zugang noch nicht umgesetzt, doch über kurz oder lang, wird man auch hier beginnen umzudenken. Je mehr Startups entstehen und je weniger Tradition aufrechterhalten wird, desto eher wird man über Kooperation nachdenken. Tradition hat durchaus ihre Berechtigung, ebenso wie Startups – ich denke diese Mischung zeichnet den heutigen deutschsprachigen Markt aus.

> Wenn neue und traditionelle Unternehmen kooperieren, erhält man einen langfristig erfolgreichen Mix, der viel besser auf Veränderung eingestellt ist – der sie vielleicht sogar sucht.

Somit werden aus Konkurrenten wiederum Kunden.

Literatur

Haas Edersheim, E. (2007). *Peter F. Drucker: Alles über Management*. Heidelberg: Redline.

Kraus, O. (Hrsg.). (2010). *Managementwissen für Naturwissenschaftler und Ingenieure: Leitfaden für die Berufspraxis* (2. Aufl.). Heidelberg: Springer.

Malik, F. (2006). *Führen, Leisten, Leben*. Frankfurt a. M.: Campus.

Sprenger, R. (2018). *Radikal Digital: Weil der Mensch den Unterschied macht – 111 Führungsrezepte*. München: Deutsche Verlagsanstalt.

26

Technologien und Digitalisierung

„Technologie ist die Anwendung des Wissens von gestern …"

(Hass Edersheim 2007, S. 49)

Zusammenfassung Technologie und Digitalisierung: Segen oder Fluch? Ab welchem Zeitpunkt werden die Vorteile der Technologie ad absurdum geführt? Kommen wir noch mit der ständigen Etablierung neuer Systeme zurecht? Diesen Fragen ist dieses Kapitel gewidmet. Es ist mit anschaulichen Beispielen ergänzt.

Was meint Peter Drucker damit? Unsere heutige Welt dreht sich um Wissen, statt um Technologien. Es ist viel wichtiger, Wissen zu kombinieren und zu koordinieren, als bloß neue Technologien zu etablieren.

© Springer Fachmedien Wiesbaden GmbH, ein Teil von Springer Nature 2020
P. Hennerfeind et al., *Soziale Aspekte der Führung*,
https://doi.org/10.1007/978-3-658-29510-3_26

Beispiel

Heute muss alles „smart" sein. Denn bloße Technologie erfüllt nicht den geforderten Zweck. Das effizienteste Heizungssystem geht ad absurdum, wenn es zur falschen Zeit am falschen Ort betrieben wird. Zu Beginn sollte man also wissen, wann die Heizung benötigt wird und in welchem Ausmaß sie benötigt wird. Ich erlebe es tagtäglich, dass Häuser mit Technik überhäuft werden, die dann im Betrieb abgeschaltet wird. Und dass nur, weil zuvor niemand mit dem tatsächlichen Nutzer des Hauses gesprochen hat. Das Wärmeempfinden eines Menschen ist individuell und auch seine Bereitschaft, sich mit Technologie auseinanderzusetzen. Daher ist es umso wichtiger, das erforderliche Wissen darüber zu sammeln, um nicht zu viel effiziente Technik einzubauen, die dann, wenn sie gar nicht läuft, ineffizient wird.

Ein anderes Beispiel ist das ständige Etablieren von neuen Organisationssystemen. Kaum hat man ein wenig verstanden, wie man mit einem Tool umgeht, wird ein neues getestet. Die Digitalisierung schreitet dermaßen schnell voran, dass sie sich ständig selbst überholt. Der Mensch hechelt erschöpft hinterher, um irgendwann festzustellen, dass er sich wieder am Anfang befindet.

Beispiel

Nach der Veröffentlichung des neuen, extrem innovativen Organisationstools wurden alle Mitarbeiter angehalten, dieses auch entsprechend zu nutzen. Denn zum einen wurde eine Menge Zeit und Geld investiert und zum anderen ersparen sich einige Bereiche die Eingabe von Daten. Doch was hat man damit erreicht? Statt dem zusätzlichen Aufwand, den zuvor fünf Personen in fünf unterschiedlichen Abteilungen hatten, haben jetzt 5000 Mitarbeiter die Aufgabe, ein neues System zu erlernen. Bei näherer Betrachtung verblassen die innovativen Vorteile jedoch gegen den immensen Aufwand, den jeder der 5000 Mitarbeiter hat. Man kann sogar beobachten, dass ältere Mitarbeiter, die nicht so schnell mit neuer Software vertraut sind, auf die Digitalisierung pfeifen und wie vor 100 Jahren, die einzugebenden Daten auf ein leeres Blatt Papier kritzeln, um sie danach einen jüngeren Kollegen ins System eingeben zu lassen. Für mich ein klarer Fall von Anwenderignoranz – jedoch nicht wie man vermuten könnte, Ignoranz des Anwenders beim Anwenden, sondern Ignoranz des Anwenders vom Planer des Systems. Der nämlich ging davon aus, dass die Anwendung funktioniere, ohne sich zuvor damit auseinanderzusetzen, ob dies auch wirklich geschehen würde. Die Auswirkung ist fatal: Die benötigte Zeit für das Bedienen der neuen Software überschreitet die der alten um ein Vielfaches. Die einzig Zufriedenen sind die fünf Bearbeiter, die sich das mehrfache Eingeben von Daten ersparen.

Werden neue Systeme oder Organisationsformen installiert, passen sie meist nicht mehr zu den gewohnten Arbeitsabläufen. Die Gesellschaft wird vor ein Problem gestellt. Um dieses zu umgehen oder in den Griff zu bekommen, beginnt man neue richtungsweisende Vorstellungen oder Visionen zu etablieren. „Dies wird uns helfen, dies und dies zu vereinfachen." Da jedoch bei neuen Systemen stets auch neue Probleme geschaffen werden, indem man während des Gebrauchs erkennt, dass dies oder das einen anderen Arbeitsablauf einschränkt oder gar verhindert, werden wiederum Veränderungen vorgenommen.

Jeder, der mit Computern zu tun hat, kennt diese Vorgänge, wenn nach Etablierung eines neuen Betriebssystems hunderte von Updates zu machen sind. Ich weiß nicht, wie es Ihnen damit erging. Ich hatte schon öfter erlebt, nach einem Update, ein neues Problem zu bekommen.

Je intensiver nun die Etablierungsphase eines neuen Systems abläuft, desto breiter und unüberschaubarer wird der Bereich der Fehlerhäufigkeit. Da nun ständig darauf reagiert werden muss, um das System überhaupt am Leben zu erhalten, beschäftigt man sich länger mit der Problembehandlung als mit den Vorzügen des neuen Systems. Werden nun in größeren Unternehmen mehrere Systeme gleichzeitig eingeführt, kommt man irgendwann unweigerlich in die Ineffizienz-Phase. Nämlich dann, wenn mehr Zeit für das Bedienen von Systemen verwendet wird als für den eigentlichen Kernprozess oder wie Gerald Hüther es treffend beschreibt:

„Die betreffende Gesellschaft ist so schließlich irgendwann nur noch mit der Behebung der von ihr selbst erzeugten Probleme befasst." (Hüther 2014, S. 103)

Leider ist dies sehr oft zu beobachten, je größer und globaler Unternehmen werden. Der digitale Fortschritt und die digitalen Möglichkeiten verleiten uns leider immer öfter dazu, unser Heil in allesumfassenden Softwareprogrammen zu suchen. Was dabei gern vergessen wird, ist der Mensch, der entgegen der Software nicht dazu fähig ist, tausende Berechnungen und Vergleiche gleichzeitig auszuführen. Er muss sich auf das System verlassen und wird zunehmend machtloser, wenn das System ausfällt oder fehlerhaft arbeitet.

Früher war der Kernprozess einfacher zu erkennen. Der Tischler arbeitete so lange an einem Stück Holz, bis es die gewünschte Form hatte. Heute programmiert er Maschinen und organisiert Abläufe. Durch unsere Vielzahl an Systemen, die alle sinnvoll bedient werden wollen, ist es gar nicht mehr so einfach, den echten Kernprozess herauszufiltern.

Welche Arbeitsschritte sind tatsächlich erforderlich, um den Kunden zufriedenzustellen?

Wenn man bei seinen täglichen Arbeitsabläufen welche findet, die nicht direkt dem Kunden dienen, und diese eventuell noch den größeren Zeitanteil des Arbeitstages einnehmen, weiß man, dass man überorganisiert ist.

Technologien sind wichtig. Sie beschreiben unseren Drang, uns weiter zu entwickeln. Und was auch immer hinter der Entstehung einer neuen Technologie stehen mag, im unternehmerischen Bereich sind sie nur dann sinnvoll, wenn Menschen dadurch nicht überfordert werden und sie dem Kernprozess dienen oder zumindest nicht im Wege stehen.

> Achten Sie darauf, dass bei der Entwicklung einer neuen Technologie, ein Anwender beteiligt ist. Als Führungskraft ist es Ihre Aufgabe, Ihre Mitarbeiter vor ineffizienter Arbeit zu schützen – und nicht, sie damit zu überhäufen.

Obwohl ich mich selbst als Technikfreak bezeichnen würde, der den digitalen und technologischen Fortschritt mehr als begrüßt, weiß ich doch darüber Bescheid, wie viel Zeit man damit verschwenden kann.

Wie man privat damit umgeht, sei jedem selbst überlassen. Im Berufsalltag jedoch, sollte man genau abschätzen, wie viel Digitalisierung man wirklich sinnvoll nützt und wie viele Zeitfresser man sich damit ins Boot holt, die am wirtschaftlichen Erfolg und an der Leistungsfähigkeit der Mitarbeiter nagen.

Literatur

Haas Edersheim, E. (2007). *Peter F. Drucker: Alles über Management.* Heidelberg: Redline.
Hüther, G. (2014). *Die Macht der inneren Bilder. Wie Visionen das Gehirn, den Menschen und die Welt verändern.* Göttingen: Vandenhoeck & Ruprecht.

Nachwort

Zusammenfassung In diesem Kapitel wird auf die zukünftige Verantwortung einer Führungskraft hingewiesen, und darauf, dass man als Führungskraft auch nur ein Mensch ist, der ab und zu aus der Reihe tanzt.

Möglicherweise sind Sie jetzt klüger geworden, haben den für Sie hilfreichen Ansatz gefunden oder bereits vergessenes Wissen erneuert. Vielleicht finden Sie sich als Führungskraft bereits jetzt wieder in den vergangenen Zeilen. Jedes hilfreiche Wort hat seinen Zweck erfüllt, denn ohne auf die sozialen Aspekte Rücksicht zu nehmen, wird es in Zukunft nicht mehr funktionieren, Unternehmen zu leiten.

Der Wind hat bereits zu wehen begonnen. Immer mehr Unternehmen haben die Kraft und Möglichkeiten im sozialen Umgang erkannt. Wir werden in Zukunft noch mehr Digitalisierung erleben und der Mensch wird schlussendlich in allen Gebieten der Erde zum Wissensarbeiter. Unsere gemeinsame Vergangenheit dient als Beweis dazu, wie schnell die Menschheit voranschreitet. Die Entwicklung ist nicht mehr aufzuhalten.

© Springer Fachmedien Wiesbaden GmbH, ein Teil von Springer Nature 2020   **287**
P. Hennerfeind et al., *Soziale Aspekte der Führung*,
https://doi.org/10.1007/978-3-658-29510-3

Daher ist es dringend erforderlich, die Ressource Mensch so einzusetzen, wie es dem Menschen entspricht: mit Wertschätzung, Anerkennung, Verbindlichkeit, Rücksicht und Toleranz.

Unternehmen sind nur fiktive Darstellungen in den Köpfen der Menschen. Man kann sie nicht angreifen, nicht riechen und nicht schmecken. Wird ein Unternehmen aus dem Firmenbuch gelöscht, bleibt nichts übrig als Gedanken einzelner Menschen. Menschen bauen Unternehmen auf und andere Menschen schließen sie wieder. Systeme und Organisationsformen kommen und gehen. Was bleibt sind Menschen und unsere Umwelt.

Unser gemeinsames großes Ziel ist es langfristig gesehen, die Menschheit am Leben zu erhalten; weiter zu bestehen. Aus diesem Grund sollten wir (die Führungskräfte und zukünftigen Führungskräfte) auch so handeln. Wir sollten uns um Menschen bemühen, um sie stark genug werden oder sein zu lassen, um diese Aufgabe zu erfüllen.

Aus diesem Grund hat man als Führungskraft mehr Verantwortung als man denkt! Es geht nicht nur um den nächsten Tag oder das nächste Quartal – es geht um unsere Zukunft und um die unserer Kinder und weiterer Generationen.

Arbeit ist ein wesentlicher Teil unseres Daseins und sie beeinflusst das Geschehen der ganzen Welt, jedes einzelnen Menschen. Führungskräfte werden damit beauftragt, dieses Geschehen weltweit zu lenken.

Also denken Sie weiter als bis zu Ihrer Nasenspitze. Werden Sie sich Ihrer Verantwortung gegenüber anderen Menschen, Ihres Platzes im großen Plan bewusst, – und handeln Sie im Sinne der Menschlichkeit und für die Menschen.

Es sind die Ziele einzelner Menschen, die Unternehmen entstehen und wachsen lassen; nicht selten geht es dabei um Kindheitsträume. Wenn also etwas aus einem durchaus menschlichen Grund entsteht, dann sollte auch Menschlichkeit die Basis bilden.

Ein weiterer wesentlicher Aspekt, den Sie besser nicht vergessen, ist ebenfalls ein ganz menschlicher: Sie sind kein Übermensch. Niemand auf dieser Welt ist dazu fähig, alles stets in Perfektion zu meistern. Sie dürfen auch mal nicht bestehen. Sie dürfen auch mal rücksichtslos, egoistisch, unfreundlich, unkonzentriert, unnahbar, fehlerhaft, launisch, ungerecht, ängstlich, kurzsichtig, herablassend, feig, unentspannt oder überfordert sein. Wichtig ist nur, dass Sie sich danach wieder einkriegen und sich dessen bewusst werden. Es gibt nicht nur schwarz oder weiß. Wenn man die Toleranz als eines der wichtigsten Charaktermerkmale in der Zusammenarbeit mit anderen Menschen sieht, so ist sie gegenüber sich selbst genauso wichtig.

> Es ist nur allzu menschlich, manchmal zu scheitern. Ein Privileg, das auch die Führungskraft für sich so sehen darf.

„Wer keine üblen Gewohnheiten hat, hat wahrscheinlich auch keine Persönlichkeit." (William Faulkner)

Sehen Sie dieses Buch als Anleitung zur Selbsterforschung, als Absturzgeländer, um Sie auf den richtigen Weg zu führen oder, um auf dem richtigen Weg zu bleiben. Vielleicht ändern sich in Zukunft manche Systeme, Zugänge oder Vorstellungen, wie man als Führungskraft agieren sollte; wichtig ist unserer Meinung nach, dass sie in den Diensten des Menschen sind.

Zu guter Letzt ist es Ihre Entscheidung, welche Führungskraft Sie sein wollen: Sie können in Ihrer Mitte agieren, gut zu sich selbst und zu anderen Menschen sein. Sie können aber auch der Sklave ihres Egos sein und in ständiger Überforderung leben. Sie können ihre Effektivität in der Gruppe suchen oder sich ganz alleine um alles kümmern und ihre Mitarbeiter zu Erfüllungsgehilfen degradieren. Sie können das Gute im Menschen sehen und Stärken erkennen oder kritisieren und kontrollieren, bis Sie schlussendlich selbst die Kontrolle verlieren.

Bleiben Sie sich treu, denn Authentizität ist sichtbar und spürbar; doch geben Sie sich nicht damit zufrieden, alles hinzunehmen. Wenn Sie etwas ändern wollen, dann tun Sie es. Sich weiterzuentwickeln, ist eines der schönsten Erlebnisse, die man haben kann. Wenn man spürt, am richtigen Weg zu sein, verleiht das nahezu Superkräfte.

Bei aller Arbeit, bei allen Terminen und Erfolgen sollte man nicht vergessen, dass alles vergänglich ist. Sich zu sehr auf seine Karriere zu konzentrieren, kann den Nachteil haben, dass man sich vollkommen verloren fühlt, wenn eine grundlegende Veränderung eintritt. Menschen, die sich nicht um ihre Umwelt kümmern, die dem geschäftlichen Erfolg alles unterordnen, haben kein gesellschaftliches Auffangnetz. Wer sich um seine Mitmenschen kümmert und sich deren Erfolgen widmet, kann davon ausgehen, dass sie zum einen auf ihn abfärben und, dass sich auch jemand um ihn kümmert, wenn es erforderlich wird.

Es gibt Arbeitskollegen, die man gerne in den Ruhestand entlässt, obwohl sie ein großes Problem damit haben. Doch helfen will ihnen niemand. Im Gegenteil: Alle sind froh, wenn sie endlich weg sind. Wollen Sie so in Erinnerung bleiben?

Wie gesagt:

Zu guter Letzt ist es Ihre Entscheidung, welche Führungskraft Sie sein wollen.

The manufacturer's authorised representative in the EU is Springer Nature Customer Service Centre GmbH, Europaplatz 3, 69115 Heidelberg, Germany. If you have any concerns regarding our products, please contact ProductSafety@springernature.com

Printed and bound by CPI Group (UK) Ltd, Croydon, CR0 4YY

28/04/2026

02098494-0001